ISBN : 978-2-258-07474-3
Code éditeur : 477
Dépôt légal : septembre 2007
Imprimé en Espagne

remerciements
Nos remerciements s'adressent particulièrement à Andrée Maïofiss, qui s'est chargée de la recherche iconographique avec patience et efficacité.

Cet ouvrage a été réalisé par Copyright.
Conception graphique : Marina Delranc
Mise en page : Jean-Philippe Gauthier
Coordination éditoriale : Gracieuse Licari et Coraline Henry
Réalisation Photogravure : LC Photogravure et Poisson Rouge
Fabrication : Thomas Lemaître

Achevé d'imprimé : Août 2007

366
JOURS
DE POÉSIE

Textes réunis
par Albine Novarino
Photographies
de Michel Maïofiss

omnibus

Avant-propos

Il est merveilleux d'imaginer un monde aux lisières du réel. Plus de stress véritablement durable, plus de pathologies glauques, plus d'ennuis, de souffrances qui s'installent - tenaces et sans bruit. Plus d'heures grises et sinistres dans les embouteillages les plus éprouvants ou dans les files d'attente des supermarchés. En place d'un praticien perplexe, prescrivant des théories de médications plus chimiques les unes que les autres, un anthologiste patenté, Ancien Interne de la Bibliothèque de Poésie de la France et du Monde.

Son bureau est vaste et lumineux; il y circule un air frais, étonnamment vivifiant, qui rappelle celui qui nouait des écharpes blanches au-dessus des glaciers, avant le réchauffement de la planète.

En guise de pots d'apothicaire: des livres. Toutes sortes de livres. Il y a de forts volumes reliés en veau beige, dorés à l'or fin, aux signets vert olive, comme par exemple cette ancienne chrestomathie de la poésie occitane qui fleure bon la lavande, le foin fraîchement coupé et le juste et lourd repos à l'ombre des meules que gagnera tardivement un crépuscule violet. A son côté, modeste comme un myosotis perdu dans un parc royal, un petit carnet de récitations d'enfant sage, appliqué et rêveur; il est écrit à l'encre violette et sa couverture est en fort papier bleu. Auprès de lui un minuscule volume, dont le contenu est aussi beau qu'il est confidentiel; il s'agit de Poésies Rustiques *du charmant et oublié André Theuriet.*

Les anciens et les modernes, les célèbres et les inconnus, sagement alignés, forment un rempart contre les maux de l'âme et du corps. La muraille de Chine n'est que fétu de paille en comparaison de ces armées de sonnets, d'odes, d'hexasyllabes et autres versets qui défendent l'humanité contre des maux pernicieux quoique peu visibles tels que le désarroi, le sentiment d'être seul et incompris, la peur de manquer à jamais d'énergie, l'anxiété face à tout, à rien et à son contraire.

C'est un jour ordinaire. D'un air enjoué, le praticien demande:

Quel mauvais vent vous amène?

Le malade répond :

Le vent, docteur, justement le vent, le vent d'automne. Je suis sujet à des dépressions saisonnières et ce temps qui …

L'homme de l'art arrête le patient. Le cas à traiter est simple. Il sort une feuille d'azur et c'est à l'encre d'or qu'il commente son ordonnance au fur et à mesure qu'il la rédige.

« Deux ou trois fois au moins, au réveil, vous lirez – en prenant bien soin de vous laisser bercer par les rimes intérieures - ce poème de Paul Verlaine:

Les sanglots longs
Des violons
  De l'automne

Blessent mon cœur
D'une langueur
  Monotone.

(Paul Verlaine, 1er septembre)

Dans la journée, en cas de crise, récitez-vous en visualisant les images poétiques :

Automne malade et adoré
Tu mourras quand l'ouragan soufflera dans les roseraies
Quand il aura neigé dans les vergers.

(Guillaume Apollinaire, 8 septembre)

Pour le soir, ce sera à vous de voir. Soit vous vous sentez plutôt en forme et vous savourez toutes les douceurs d'un bienheureux confort d'une chaude maison en lisant et relisant à voix haute:

La grande plaine est blanche, immobile et sans voix.
Pas un bruit, pas un son; toute vie est éteinte.
Mais on entend parfois, comme une morne plainte,
Quelque chien sans abri qui hurle au coin d'un bois.

(Guy de Maupassant, 30 janvier)

En revanche, si votre journée a été difficile et que vous vous rendez compte que vous êtes fragile, prenez plutôt un peu de Bosco. Une faible dose est généralement suffisante pour vous embarquer vers des calanques d'or et d'azur :

Nous naviguions depuis le douze,
Très loin au sud de Malte et de Pantellerie
Quand nous vîmes une île avec des bergeries
Qui fumaient sur la mer, et c'était Lampédouze.

(Henri Bosco, 19 août)

Si pour autant le sommeil ne venait pas assez vite, complétez le traitement par un début d'Anna de Noailles ; un petit quelque chose comme par exemple :

La demeure en juillet, pendant l'après-midi
A l'ombre des volets, la chambre s'acclimate ;
Le silence est heureux, calme, doux, attiédi
Pareil au lait qui dort dans une fraîche jatte.

(Anna de Noailles, 28 juillet)

Outre les problèmes de dépressions plus ou moins saisonnières, l'Anthologiste Poétique soigne également efficacement les bleus à l'âme. Ainsi, à telle patiente que son époux a délaissée pour une plus jeune, une plus belle, une plus blonde (à moins que ce ne soit carrément l'inverse), il aura tendance à prescrire de répéter - jusqu'à ce que cessent de couler les larmes (celles que l'on verse et celles que l'on retient) - cette fin du poème de Paul Eluard :

Je ne me souviens pas
Du passé désolant.

(Paul Eluard, 27 juillet)

Dans un monde fait de parité, aux hommes dont l'épouse est partie convoler avec un autre, il ordonnera des injections régulières teintées d'exotisme :

Encore un peu
Et nous verrons les amandiers fleurir
Les marbres briller au soleil
La mer, les vagues qui déferlent

Encore un peu
Elevons-nous un peu plus haut.

(Georges Séféris, 6 février)

Et tout cela parce que la poésie, plus encore que les autres formes d'art et de littérature est consolation.

Elle est cette musique douce qui berce nos états langoureux et mélancoliques,

Elle est cette symphonie qui nous donne de l'énergie,

Elle est notre éternelle amie des matins glacés et des soirs d'insomnie.

Si la poésie nous console si bien, c'est qu'elle parvient au paradoxe unique de nous inscrire dans le temps ; le temps qu'il fait, celui de la bise et de l'autan, celui de la neige et du soleil de plomb, celui des frimas et des envols des pétales d'amandiers.

La poésie prend la pleine mesure du temps qu'il fait, au-dessus de nos têtes, et dans nos têtes, et dans nos cœurs ; puis elle transcende ce temps pour nous l'offrir embelli, vivifiant, tonifiant et chaque poème nous enchante, nous exalte et nous ressource, au fil des heures, au fil des ans, au fil des temps.

Albine Novarino
Semur-en-Brionnais, 21 juin 2007

1er Janvier

Calendrier

Janvier nous prive de feuillage ;
Février fait glisser nos pas ;
Mars a des cheveux de nuage,
Avril, des cheveux de lilas ;

Mai permet les robes champêtres ;
Juin ressuscite les rosiers ;
Juillet met l'échelle aux fenêtres,
Août, l'échelle aux cerisiers.

Septembre, qui divague un peu,
Pour danser sur du raisin bleu
S'amuse à retarder l'aurore ;

Octobre a peur ; Novembre a froid ;
Décembre éteint les fleurs ; et, moi,
L'année entière je t'adore !

Rosemonde Gérard
Les Pipeaux

2 Janvier

La nouvelle année

I

Nouvelle année, année nouvelle,
dis-nous, qu'as-tu sous ton bonnet ?

– J'ai quatre Demoiselles
toutes grandes et belles ;
la plus jeune en dentelles,
la seconde en épis,
la cadette est en fruits
et la dernière en neige,
voyez le beau cortège !
Nous chantons, nous dansons
la ronde des saisons.

II

Nouvelle année, qu'as-tu dans ta besace ?
Douze garçons tous forts et courageux ;

Douze garçons pour vous servir, Madame,
douze garçons pour vous servir, Monsieur.

Les trois premiers sont souvent en colère,
les trois suivants savent rire et chanter.

Les trois suivants remplissent vos corbeilles,
Monsieur, Madame, et même vos greniers.

Les trois derniers font ce qu'ils ont à faire
tout en pleurant, ils enterrent leur mère.

Ne pleurez plus, holà ! mes douze mois.
Morte l'Année, l'Année vit, me voilà !

Louisa Paulin
Poèmes

3 Janvier

Le premier jour de l'an

Les sept jours frappent à la porte.
Chacun d'eux vous dit : Lève-toi !
Soufflant le chaud, soufflant le froid,
Soufflant des temps de toute sorte,
Quatre saisons et leur escorte
Se partagent les douze mois.
Au bout de l'an, le vieux portier
Ouvre toute grande la porte
Et d'une voix beaucoup plus forte
Crie à tous vents : Premier Janvier !

Pierre Menanteau
À l'école du buisson

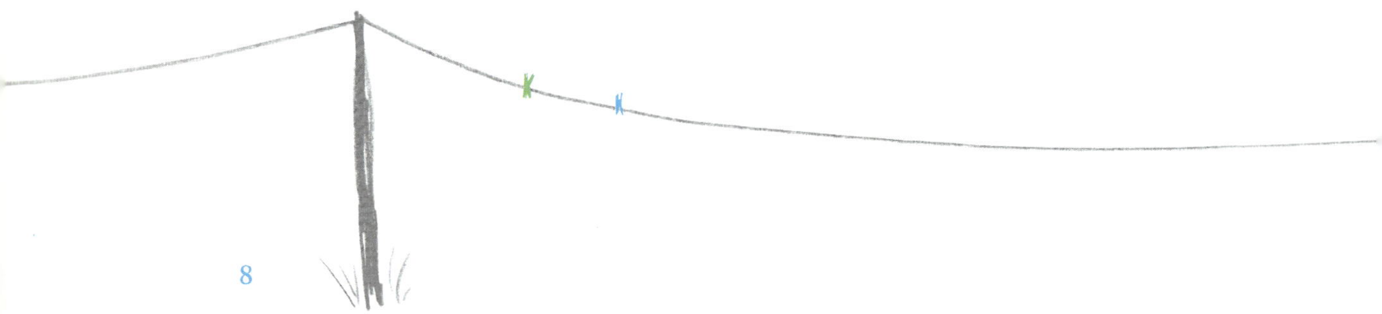

Lassitude de l'été

Ah ! revienne l'automne, et revienne l'hiver,
la mer déserte et grise
avec ses îles nues
et les nuages qui se déplacent
dans un ciel sans éclat.

Louis Brauquier
Feux d'épaves

5 Janvier

Quand la neige est épaisse

Qu'il est doux, qu'il est doux d'écouter des histoires,
Des histoires du temps passé,
Quand les branches d'arbres sont noires,
Quand la neige est épaisse et charge un sol glacé !
Quand seul dans un ciel pâle un peuplier s'élance,
Quand sous le manteau blanc qui vient de le cacher
L'immobile corbeau sur l'arbre se balance,
Comme la girouette au bout du long clocher !

Alfred de Vigny
Poèmes antiques et modernes

6 Janvier

Plainte d'hiver

Entends-tu cette plainte
Renaître avec la bise
Qui se traîne, indécise,
Sur la campagne éteinte ?

On dirait un enfant
Égaré sur la terre
Qui cherche dans l'hiver
Un foyer accueillant.

Et c'est lui, j'en suis sûr,
Qui, vêtu de brouillard,
Vient coller sa figure
À nos carreaux, le soir.

Maurice Carême
La Lanterne magique

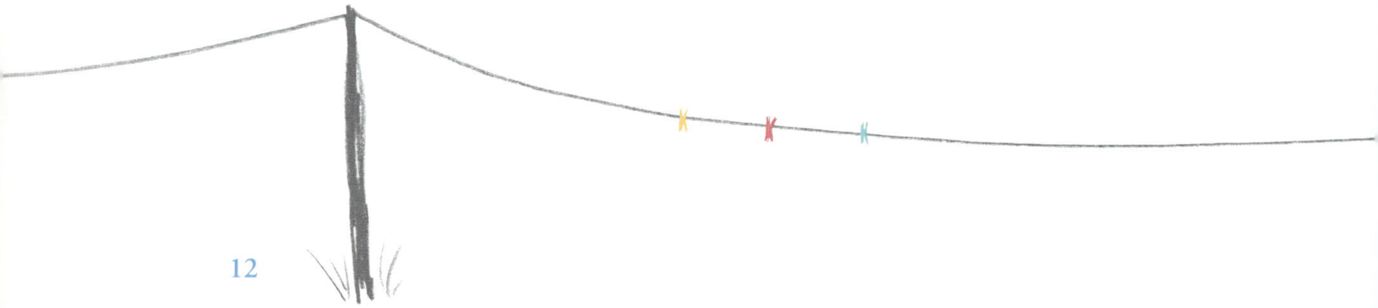

7 Janvier

Année nouvelle

Année nouvelle
donne-moi les oiseaux
qui possèdent les mots
doux et tendres
les mots du cœur
du grand large
et de l'évasion.

Année nouvelle
donne-moi les fruits d'or
dont chaque graine
égrène les notes
qui chantent la douceur
d'aimer en arpège
jusqu'aux montagnes bleues
derrière l'horizon.

Luce Guilbaud

8 Janvier

Épiphanie

Donc Balthazar, Melchior et Gaspard, les rois mages
Chargés de nefs d'argent, de vermeil et d'émaux
Et suivis d'un très long cortège de chameaux
S'avancent, tels qu'ils sont dans les vieilles images.

De l'Orient lointain, ils portent les hommages
Au pied du fils de Dieu, né pour guérir les maux
Que souffrent ici-bas l'homme et les animaux ;
Un page noir soutient leurs robes à ramages.

Sur le seuil de l'étable où veille Saint Joseph
Ils ôtent humblement la couronne du chef
Pour saluer l'enfant qui rit et les admire.

C'est ainsi qu'autrefois, sous Auguste César
Sont venus, présentant l'or, l'encens et la myrrhe
Les rois mages Gaspard, Melchior et Balthazar.

José Maria de Heredia
Les Trophées

9 Janvier

La romance de la tarte aux pommes

Fleur de farine et pommes douces,
il va neiger,
je pense aux arbres pleins de mousse
au vieux berger.
Graisse légère et sucre blanc,
des étincelles
sautent du feu rouge et tremblant
comme lèvres de demoiselle.
La neige va couvrir ce soir
les fronts des hommes,
on entend pleurer dans le noir
la tarte aux pommes.
Elle se dore au fond du four
Gonflé d'arômes.
Je pense à l'hiver, au ciel lourd
et je pense à la tarte aux pommes.

Pierre Gamarra
La Tarte aux pommes

L'âpre hiver fondait en avalanche

Il neigeait. On était vaincu par sa conquête.
Pour la première fois l'aigle baissait la tête.
Sombres jours ! l'empereur revenait lentement,
Laissant derrière lui brûler Moscou fumant.
Il neigeait. L'âpre hiver fondait en avalanche.
Après la plaine blanche une autre plaine blanche.
On ne connaissait plus les chefs ni le drapeau.
Hier la grande armée, et maintenant le troupeau.
On ne distinguait plus les ailes ni le centre :
Il neigeait. Les blessés s'abritaient dans le ventre
Des chevaux morts ; au seuil des bivouacs désolés
On voyait des clairons à leur poste gelés
Restés debout, en selle et muets, blanc de givre,
Collant leur bouche en pierre aux trompettes de cuivre.
Boulets, mitraille, obus, mêlés aux flocons blancs,
Pleuvaient ; les grenadiers, surpris d'être tremblants,
Marchaient pensifs, la glace entre leur moustache grise.
Il neigeait, il neigeait toujours ! la froide bise
Sifflait ; sur le verglas, dans des lieux inconnus,
On n'avait pas de pain et l'on allait pieds nus.
Ce n'étaient plus des cœurs vivants, des gens de guerre ;
C'était un rêve errant dans la brume, un mystère,
Une procession d'ombres sous le ciel noir,
La solitude vaste, épouvantable à voir,
Partout apparaissait, muette vengeresse.
Le ciel faisait sans bruit avec la neige épaisse
Pour cette immense armée un immense linceul.
Et, chacun se sentant mourir, on était seul.

Victor Hugo
Les Châtiments

11 Janvier

Tout dort dans un monde ouaté

La rue est blanche et sans passant,
La neige tombe
D'un ciel gris et bas qui se plombe.
Les flocons vont tourbillonnant
En masse drue,
Et l'on n'y voit pas dans la rue.
L'air d'aucun bruit n'est plus troublé ;
La cloche tinte
À peine, au loin, comme une plainte.
Tout dort, dans un monde ouaté,
C'est comme un charme
Qui nous enveloppe et nous calme ;
Et doucement le jour décroît.
Moelleux suaire,
La neige a recouvert la terre ;
Il n'existe plus nul endroit
Hors de son règne,
Ce soir elle est la souveraine.
Pour un temps court, car des saisons
La course brève
Est aussi rapide qu'un rêve.
Le printemps en ses floraisons
Déjà s'apprête,
Hiver a bien courte conquête.
J'ouvre à l'air qui semble adouci,
Grand ma fenêtre.
Il m'apporte l'espoir, peut-être,
Car sur mon cœur il neige aussi.

Marguerite Magnin

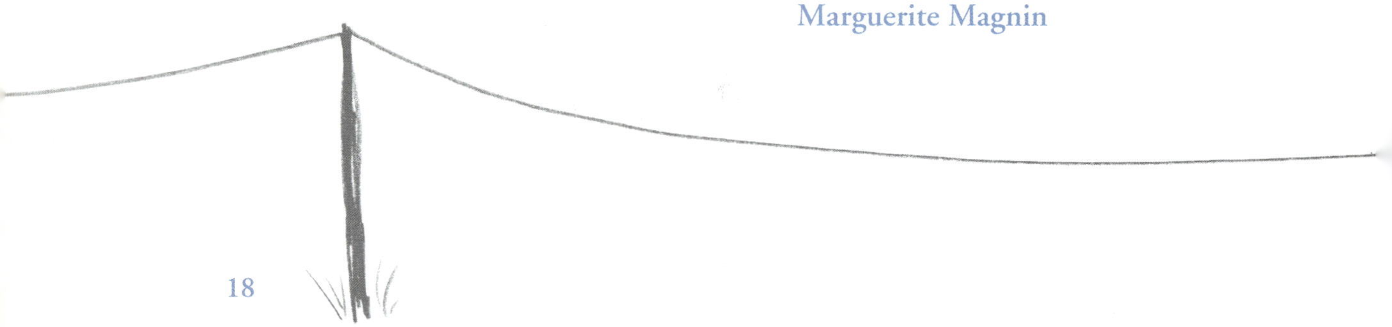

12 Janvier

Janvier

Dans le palais d'Hiver, écoutez bien, c'est l'aube
Et la Saint-Valentin entrebâillant les portes,
Et, par les escaliers en velours, toutes sortes
D'éveils, soupirs de pas et musiques de robes.

L'Enfant, si frêle sous d'énormes cheveux d'ambre,
Assise au lit, de ses deux yeux trop grands dévore
Les joujoux monstrueux que la nuit fit éclore.
Son âme en fête a parfumé toute la chambre.

La servante, jolie Abyssinienne, rêve
Et s'afflige aux carreaux, car la neige sans trêve
À tué le jardin, que c'est à n'y pas croire !

Et le rire ébloui de l'une ne s'achève
Encore, et l'autre enfant, petite Idole noire,
Se dresse étrangement sur la saison d'ivoire.

Germain Nouveau

13 Janvier

L'huile des moulins de janvier

La mer fraîchit, la bise est vive,
Le vent blanchit les oliviers,
Le moment est venu de cueillir mes olives,
Et de porter mon huile aux moulins de Janvier.
Tous les feux de Haute-Provence
S'éteignent un à un au flanc du Lubéron,
Et les vents de la neige ont, près de Sisteron,
Glacé les eaux de la Durance.
Ainsi l'huile, le vin, le maïs et le blé
Disparaîtront bientôt des celliers et des granges
Et l'hiver détruira l'enclos où je voulais
Planter des orangers pour manger des oranges.

Henri Bosco
Le Roseau et la source

14 Janvier

Pendant les tristes jours de l'hiver monotone

Le soir, au coin du feu, j'ai pensé bien des fois
À la mort d'un oiseau, quelque part, dans les bois.
Pendant les tristes jours de l'hiver monotone,
Les pauvres nids déserts, les nids qu'on abandonne,
Se balancent au vent sur un ciel gris de fer.
Oh ! comme les oiseaux doivent mourir l'hiver !
Pourtant, lorsque viendra le temps des violettes,
Nous ne trouverons pas leurs délicats squelettes
Dans le gazon d'avril, où nous irons courir.
Est-ce que les oiseaux se cachent pour mourir ?

François Coppée
Promenades et intérieurs

15 Janvier

Devant le feu

Par les hivers anciens, quand nous portions la robe,
Tout petits, frais, rosés, tapageurs et joufflus,
Avec nos grands albums, hélas ! que l'on n'a plus,
Comme on croyait déjà posséder tout le globe !

Assis en rond, le soir, au coin du feu, par groupes,
Image sur image, ainsi combien joyeux,
Nous feuilletions, voyant, la gloire dans les yeux,
Passer de beaux dragons qui chevauchaient en troupe !

Je fus de ces heureux d'alors, mais aujourd'hui,
Les pieds sur les chenets, le front terne d'ennui,
Moi qui me sens toujours l'amertume dans l'âme,

J'aperçois défiler dans un album de flamme,
Ma jeunesse qui va, comme un soldat passant
Au champ noir de la vie, arme au poing, toute en sang !

Émile Nelligan
Poésies complètes

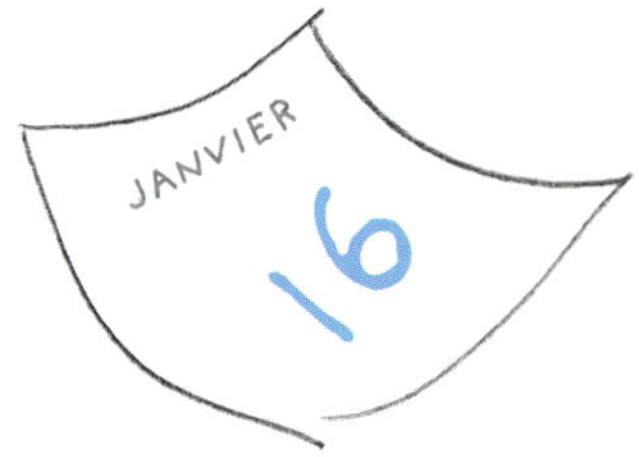

Hiver

Le ciel pleure ses larmes blanches
Sur les jours roses trépassés ;
Et les amours nus et gercés
Avec leurs ailerons cassés
Se sauvent, frileux, sous les branches.

Ils sont finis les soirs tombants,
Rêvés au bord des cascatelles.
Les Angéliques, où sont-elles ?
Et leurs âmes de bagatelles,
Et leurs cœurs noués de rubans ?...

Le vent dépouille les bocages,
Les bocages où les amants
Sans trêve enroulaient leurs serments
Aux langoureux roucoulements
Des tourterelles dans les cages.

Les tourterelles ne sont plus,
Ni les flûtes, ni les violes
Qui soupiraient sous les corolles
Des sons plus doux que des paroles,
Le long des soirs irrésolus.

Cette chanson – là-bas – écoute,
Cette chanson au fond du bois…
C'est l'adieu du dernier hautbois,
C'est comme si tout l'autrefois
Tombait dans l'âme goutte à goutte.

Satins changeants, cheveux poudrés,
Mousselines et mandolines,
Ô Mirandas ! Ô Roselines !
Sous les étoiles cristallines,
Ô songe des soirs bleu-cendré !

Comme le vent brutal heurte en passant les portes !
Toutes, – va ! toutes les bergères sont bien mortes.

Morte la galante folie,
Morte la Belle-au-bois-jolie,
Mortes les fleurs aux chers parfums !

Et toi, sœur rêveuse et pâlie,
Monte, monte, ô Mélancolie,
Lune des ciels roses défunts.

Albert Samain
Au jardin de l'infante

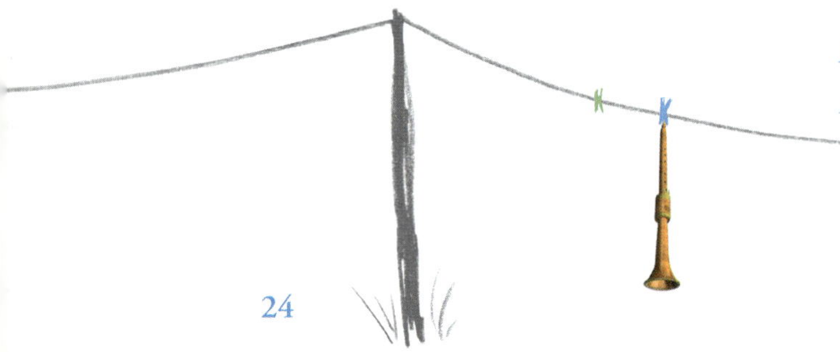

17 Janvier

L'hiver m'est fleur

J'ai une telle joie au cœur,
elle me dénature tout.
Fleur blanche, incarnat ou pâle,
me semble froidure.
Avec vent et pluie m'appelle l'aventure,
et s'élève mon chant,
et s'accroît mon mérite.
J'ai tant d'amour au cœur,
de joie et de douceur,
que l'hiver m'est fleur,
la neige, verdure.

Bernard de Ventadour

18 Janvier

Brumes et pluies

Ô fins d'automne, hivers, printemps trempés de boue,
Endormeuses saisons ! je vous aime et vous loue
D'envelopper ainsi mon cœur et mon cerveau
D'un linceul vaporeux et d'un vague tombeau.

Dans cette grande plaine où l'autan froid se joue,
Où par les longues nuits la girouette s'enroue,
Mon âme mieux qu'au temps du tiède renouveau
Ouvrira largement ses ailes de corbeau.

Rien n'est plus doux au cœur plein de choses funèbres,
Et sur qui dès longtemps descendent les frimas,
Ô blafardes saisons, reines de nos climats,

Que l'aspect permanent de vos pâles ténèbres,
– Si ce n'est, par un soir sans lune, deux à deux,
D'endormir la douleur sur un lit hasardeux.

Charles Baudelaire
Les Fleurs du mal

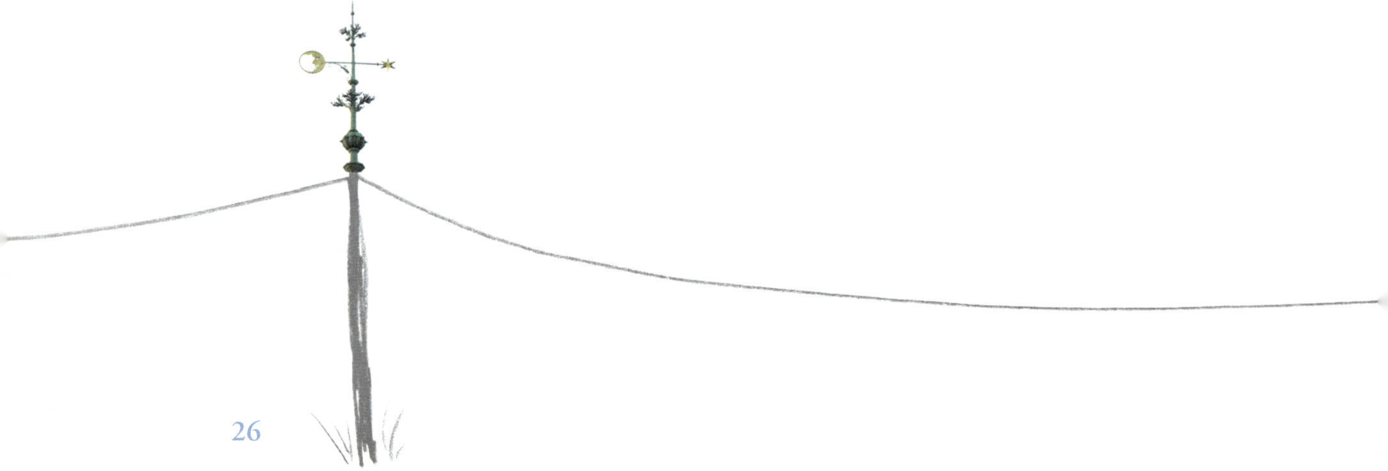

19 Janvier

La veillée des rêves

À Alexandre Piédagnel

En hiver, quand le vent de bise
Hurle au loup dans la forêt grise,
Et que la Muse entre au logis,
Les doigts rougis,

Heureux qui peut, sa porte close
Au froid noir, au souci morose,
Rêver son rêve le plus cher
Près d'un feu clair !

S'il est vrai que le feu recèle
Un esprit dans chaque étincelle,
Flotte, ô chimère, avec l'essor
Des mouches d'or !

Joséphin Soulary
Poèmes et Poésies

20 Janvier

Neige

Il paraît que le ciel et la terre
vont se marier.
Avant l'aube le fiancé
sur la fille
a jeté son voile de mousse
lentement et sans bruit
pour ne pas l'éveiller.

Elle sommeille encore il est tôt
mais déjà exaltés
impatients d'aller à la noce
les arbres ont mis leurs gants
par milliers
et les maisons leurs chapeaux blancs.

Gisèle Prassinos
Le ciel et la terre se marient

21 Janvier

Chemins du Nord

Lorsque « je pâlissais au nom de Vancouver »
et que j'étais du Nord
trop de froid traversait ma pelisse d'hiver
et mon bonnet de bêtes mortes.
Mes frères chassaient les oursons
jusqu'au fond des grottes de fées ;
du sang perlait sous leurs trophées,
les Tomtes se cachaient, le vent hurlait aux portes
et la glace barrait les fjords
lorsque j'étais du Nord.
Murs blancs du froid, prison.
Je ne voyais jamais passer Nils Holgerson.

Selma, Selma, pourquoi m'aviez-vous oubliée ?
Il fallait naître à Morbacka, le jour de Pâques.
Je savais bien pourtant que j'étais conviée…

Sabine Sicaud

Le bouquet garni

L'hiver captif gronde au fond des glacières.
Allez quérir les aloyaux vermeils !
Il est déjà dix heures au soleil
Et les cricris aiguisent la lumière.
Voici la viande à l'arôme engourdi ;
Pour l'embaumer les enfants ont cueilli

L'ardent bouquet des bonnes cuisinières,

Le persil fol et le laurier sévère,
Le thym brûlant qui grille les zéphyrs.
Entendez-vous l'huile rousse assaillir
Le bœuf saignant dans les cuisines claires ?
L'air se fleurit de fumets réveillés !
Petits enfants, il est temps de lier

L'ardent bouquet des bonnes cuisinières.

Sève de feu, suc vert, essence amère
Vont s'exalter dans les jus gazouilleurs
Et ranimer l'âme d'un vieux bonheur,
En déroulant la senteur familière
Qui pavoisait le matin des jeudis
Au temps léger où je cueillais aussi

L'ardent bouquet des bonnes cuisinières.

Lucienne Desnoues
Jardin délivré

23 Janvier

La fleur de pommier

Joli rossignol et fleur de pommier,
Si la neige tombe au mois de Juillet,
Joli rossignol et fleur de pommier,
C'est que le soleil en Janvier brillait,
Joli rossignol et fleur de pommier.

Robert Desnos
Chantefables et chantefleurs

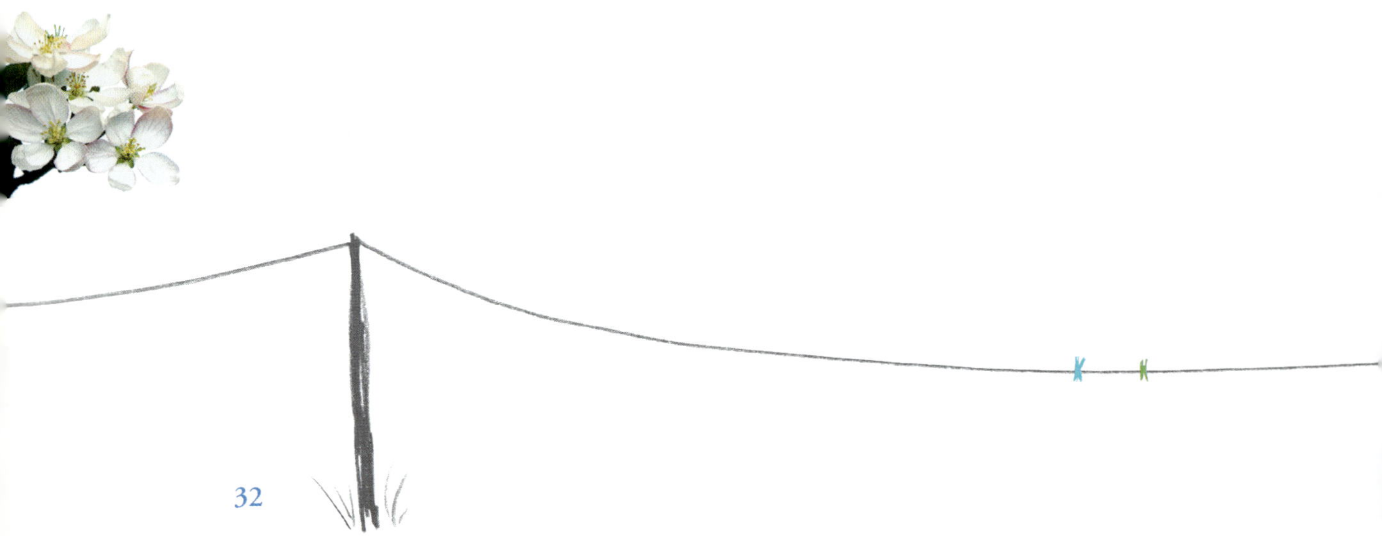

24 Janvier

Hiver

Nous sortirons encor par ces beaux jours de glace,
Quand les noirs bûcherons penchent sur leurs fardeaux,
Quand la terre est sonore et sévère l'espace,
Quand les feuilles dans l'arbre ont fait place aux corbeaux.

Vincent Muselli
Points et contrepoints

Petits Lapons

Tous nos malheurs viennent de ne savoir
demeurer enfermés dans une chambre.
(Blaise Pascal).

Dans leur cahute enfumée
bien soigneusement fermée
les braves petits Lapons
boivent l'huile de poisson !

Dehors on entend le vent
pleurer ; les méchants ours blancs
grondent en grinçant des dents
et depuis longtemps est mort
le pâle soleil du Nord !
Mais dans la hutte enfumée
bien soigneusement fermée
les braves petits Lapons
boivent l'huile de poisson…

Sans rien dire, ils sont assis,
père, mère, aïeul, les six
enfants, le petit dernier
bave en son berceau d'osier ;
leur bon vieux renne au poil roux
les regarde, l'air si doux !

Bientôt ils s'endormiront
et demain ils reboiront
la bonne huile de poisson,
et puis se rendormiront
et puis, un jour, ils mourront !
Ainsi coulera leur vie
monotone et sans envie…
et plus d'un poète envie
les braves petits Lapons
buveurs d'huile de poisson !

Georges Fourest
La Négresse blonde

26 Janvier

Les papillons

De toutes les belles choses
Qui nous manquent en hiver,
Qu'aimez-vous mieux ? – Moi, les roses ;
– Moi, l'aspect d'un beau pré vert ;
– Moi, la moisson blondissante,
Chevelure des sillons ;
– Moi, le rossignol qui chante ;
– Et moi, les beaux papillons !

Le papillon, fleur sans tige,
        Qui voltige,
Que l'on cueille en un réseau ;
Dans la nature infinie,
        Harmonie
Entre la plante et l'oiseau !...

Gérard de Nerval
Odelettes

27 Janvier

Rêve pour l'hiver

À… Elle

L'hiver, nous irons dans un petit wagon rose
Avec des coussins bleus.
Nous serons bien. Un nid de baisers fous repose
Dans chaque coin moelleux.

Tu fermeras l'œil, pour ne point voir, par la glace,
Grimacer les ombres des soirs,
Ces monstruosités hargneuses, populace
De démons noirs et de loups noirs.

Puis tu te sentiras la joue égratignée…
Un petit baiser, comme une folle araignée,
Te courra par le cou…

Et tu me diras : « Cherche ! » en inclinant la tête,
– Et nous prendrons du temps à trouver cette bête
– Qui voyage beaucoup…

Arthur Rimbaud

28 Janvier

La neige tombe

Toute blanche dans la nuit brune,
La neige tombe en voletant,
Ô pâquerettes ! une à une,
Toutes blanches dans la nuit brune.

Qui donc là-haut plume la lune ?
Ô frais duvet ! flocons flottants !
Toute blanche dans la nuit brune,
La neige tombe en voletant

Jean Richepin
La Chanson des gueux

29 Janvier

Et la neige âpre et l'âpre nuit

Avec ma brune, dont l'amour
N'eut jamais d'odieux manège,
Par la vitre glacée, un jour,
Je regardais tomber la neige.

Elle tombait lugubrement,
Elle tombait oblique et forte.
La nuit venait et, par moment,
La rafale poussait la porte.

Les arbres qu'avait massacrés
Une tempête épouvantable,
Dans leurs épais manteaux nacrés
Grelottaient d'un air lamentable.

Des glaçons neigeux faisaient blocs
Sur la rivière congelée ;
Murs et chaumes semblaient des rocs
D'une blancheur immaculée.

Aussi loin que notre regard
Plongeait à l'horizon sans borne,
Nous voyions le pays hagard
Dans son suaire froid et morne.

Et de la blanche immensité
Inerte, vague et monotone,
De la croissante obscurité,
Du vent muet, de l'arbre atone.

De l'air, où le pauvre oiselet
Avait le vol de la folie,
Pour nos deux âmes s'exhalait
Une affreuse mélancolie.

Et la neige âpre et l'âpre nuit
Mêlant la blancheur aux ténèbres,
Toutes les deux tombaient sans bruit
Au fond des espaces funèbres.

Maurice Rollinat
Les Névroses

Nuit de neige

La grande plaine est blanche, immobile et sans voix.
Pas un bruit, pas un son ; toute vie est éteinte.
Mais on entend parfois, comme une morne plainte,
Quelque chien sans abri qui hurle au coin d'un bois.

Plus de chanson dans l'air, sous nos pieds plus de chaumes.
L'hiver s'est abattu sur toute floraison.
Des arbres dépouillés dressent à l'horizon
Leurs squelettes blanchis ainsi que des fantômes.

La lune est large et pâle et semble se hâter.
On dirait qu'elle a froid dans le grand ciel austère.
De son morne regard elle parcourt la terre,
Et, voyant tout désert, s'empresse à nous quitter.

Et froids tombent sur nous les rayons qu'elle darde,
Fantastiques lueurs qu'elle s'en va semant.
Et la neige s'éclaire au loin, sinistrement,
Aux étranges reflets de la clarté blafarde.

Oh ! la terrible nuit pour les petits oiseaux !
Un vent glacé frissonne et court par les allées.
Eux, n'ayant plus l'asile ombragé des berceaux,
Ne peuvent pas dormir sur leurs pattes gelées.

Dans les grands arbres nus que couvre le verglas
Ils sont là, tout tremblants, sans rien qui les protège ;
De leur œil inquiet ils regardent la neige,
Attendant jusqu'au jour la nuit qui ne vient pas.

Guy de Maupassant
Des vers

Pantomime

Pierrot, qui n'a rien d'un Clitandre,
Vide un flacon sans plus attendre,
Et, pratique, entame un pâté.

Cassandre, au fond de l'avenue,
Verse une larme méconnue
Sur son neveu déshérité.

Ce faquin d'Arlequin combine
L'enlèvement de Colombine
Et pirouette quatre fois.

Colombine rêve, surprise
De sentir un cœur dans la brise
Et d'entendre en son cœur des voix.

Paul Verlaine
Fêtes galantes

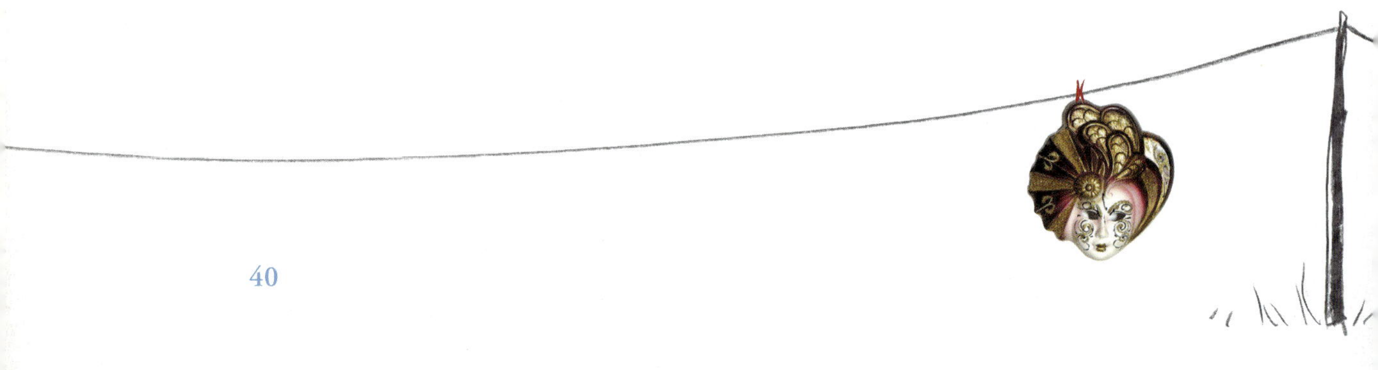

1er Février

Hiver

Hiver, vous n’êtes qu’un vilain.
Été est plaisant et gentil :
En témoignent Mai et Avril
Qui l’escortent soir et matin.

Été revêt champs, bois et fleurs
De son pavillon de verdure
Et de maintes autres couleurs
Par l’ordonnance de Nature.

Mais vous, Hiver, trop êtes plein
De neige, vent, pluie et grésil ;
On vous doit bannir en exil !
Sans point flatter, je parle plain :
Hiver, vous n’êtes qu’un vilain.

Charles d’Orléans

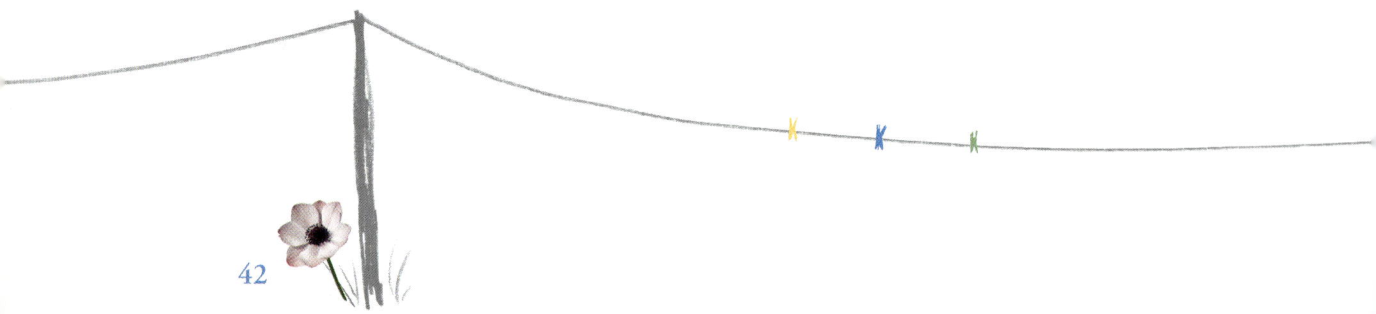

2 Février

Quand la bise souffle la neige sur les eaux

Le héron, quand il veut pêcher,
Trouvant l'eau toute de rocher,
Se paît du vent et de sa plume ;
Il se cache dans les roseaux,
Et contemple au bord des ruisseaux.
La bise, contre sa coutume,
Souffle la neige sur les eaux
Où bouillait autrefois l'écume.

Les poissons dorment assurés
D'un mur de glace remparé,
Francs de tous les dangers du monde,
Fors que de toi tant seulement,
Qui restreint leur moite élément,
Jusqu'à la goutte plus profonde.
Et les laisse sans mouvement
Enchâssés en l'argent de l'onde. [...]

Théophile de Viau

3 Février

Dans le ciel vert

Dans le ciel vert le jour va naître,
Il fait très doux ;
L'aube blanchit votre fenêtre,
Éveillez-vous.

Voyez : la ligne des collines
Est d'or, là-bas ;
Écoutez au fond des glycines
Et des lilas,

Écoutez au profond des treilles
Et des roseaux,
Écoutez toutes les abeilles,
Tous les oiseaux.

La vie est là qui vous appelle,
Voyez : tout luit.
La vie est là, la vie est belle,
Souriez-lui.

Émile Despax
La Maison des glycines

4 Février

Sous la cendre d'hiver

Toute allégresse a son défaut
Et se brise elle-même.
Si vous voulez que je vous aime,
Ne riez pas trop haut.

C'est à voix basse qu'on enchante
Sous la cendre d'hiver
Ce cœur, pareil au feu couvert,
Qui se consume et chante.

Paul-Jean Toulet
Rimes et contrerimes

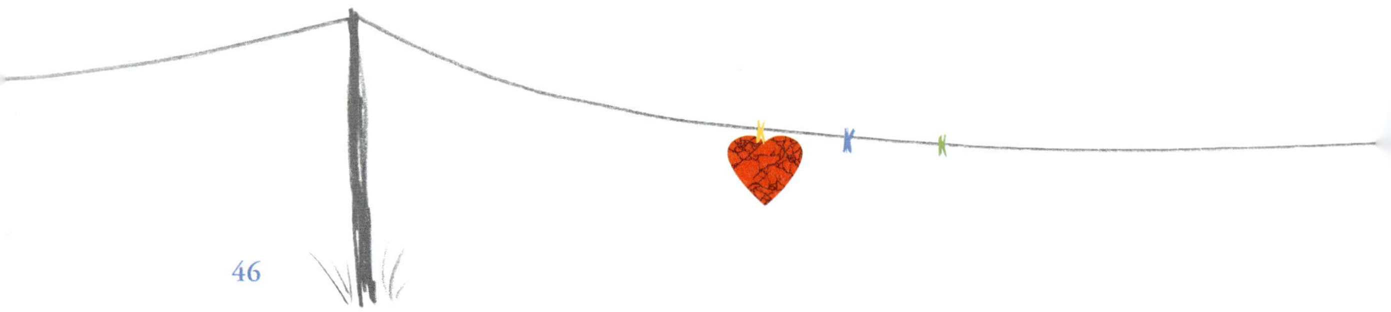

Pleurez, oiseaux de février

Ah! comme la neige a neigé!
Ma vitre est un jardin de givre.
Ah! comme la neige a neigé!
Qu'est-ce que le spasme de vivre
À la douleur que j'ai, que j'ai!

Tous les étangs gisent gelés,
Mon âme est noire : où vis-je? où vais-je?
Tous ses espoirs gisent gelés:
Je suis la nouvelle Norvège
D'où les blonds ciels s'en sont allés.

Pleurez, oiseaux de février,
Au sinistre frisson des choses,
Pleurez, oiseaux de février,
Pleurez mes pleurs, pleurez mes roses,
Aux branches du genévrier.

Ah! comme la neige a neigé!
Ma vitre est un jardin de givre.
Ah! comme la neige a neigé!
Qu'est-ce que le spasme de vivre
À tout l'ennui que j'ai, que j'ai!

Émile Nelligan
L'Hiver

6 Février

Voir fleurir les amandiers

Encore un peu
Et nous verrons les amandiers fleurir
Les marbres briller au soleil
La mer, les vagues qui déferlent.

Encore un peu
Élevons-nous un peu plus haut.

Georges Séféris
Mythologie

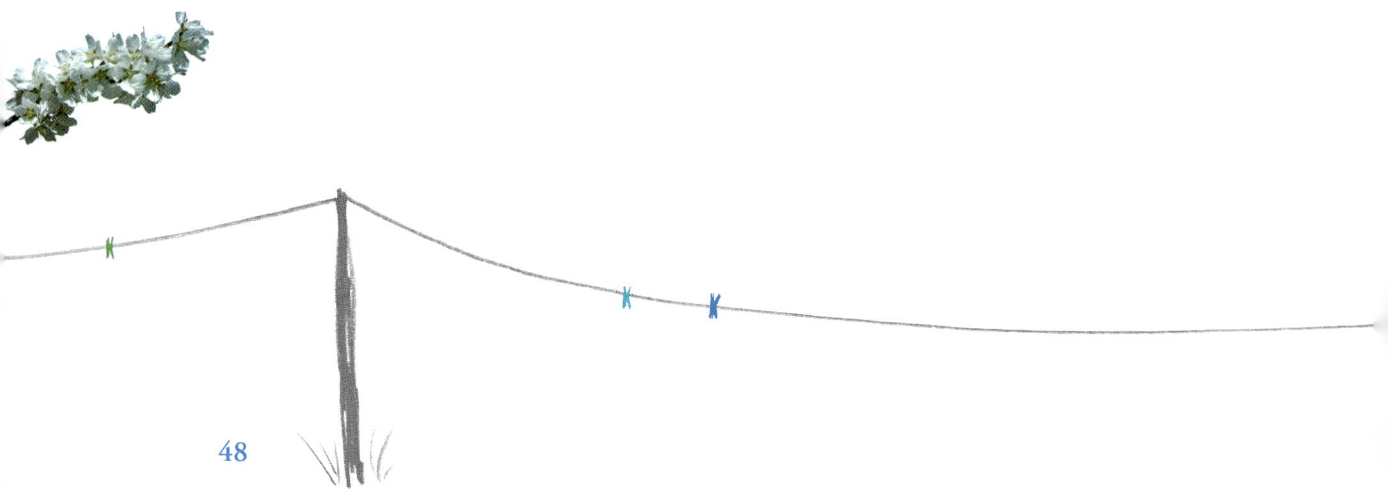

7 Février

Élégie

L'hiver a disparu : la frileuse hirondelle
Ramène les zéphirs voltigeant autour d'elle.
Au chant de mille oiseaux, déjà le doux printemps,
De roses couronné, descend sur nos rivages.
Il vient nous rendre encor les beaux jours, les ombrages,
Et ces jeunes gazons si connus des amants.
Sur nos champs refleuris il étend ses conquêtes ;
Il paraît : l'univers semble éclore à ses yeux ;
Il sourit, et les vents, déchaînés sur nos têtes ;
Courbent devant son char leurs fronts séditieux :
Le printemps est l'amour des mortels et des dieux ;
Il caresse les airs, il endort les tempêtes ;
Il éveille l'aurore, il épure les cieux,
Et prête au dieu du jour un char plus radieux.

Ponce-Denis Écouchard Lebrun

8 Février

Il est si beau que la rainette chante

Il est si beau que la rainette chante,
que le suc sous l'écorce,
qu'après fleurs, feuillage et ramure,
vienne le fruit sur l'arbre,
que le rossignol siffle et appelle
celle qu'il a conquise par la force de sa joie.
Il est si fier de lui, qu'il ne sent plus
ni froid, ni gel, ni glace, ni bise.

Marcabru

9 Février

Le coucou a chanté

Le coucou a chanté, l'hiver tire à sa fin ;
La bise sur le Rouergue est lasse de souffler
Et porte ses soufflets dans le pays de l'Ourse.
Le printemps se prépare et commence sa course.
Trop longtemps éclipsé, le grand astre du ciel
Quitte sa cape sombre, ôte son noir mantel,
Et du tiède zéphyr déjà la douce haleine
Des ruisseaux prisonniers a fait fondre la chaîne.
De la cime des rocs, à toute heure, un par un,
On voit se détacher des pendants de cristal
Et la neige qui fond, en lessivant les rues,
Jusqu'au fond de leur lit va troubler les rivières.
Sans craindre de l'hiver le funeste retour,
L'amandier de déploie à l'éclat d'un beau jour.

Peyrot de Pradinas

10 Février

Il pleut, il pleut, bergère

Il pleut, il pleut, bergère,
Rentre tes blancs moutons.
Allons sous ma chaumière,
Bergère, vite, allons.
J'entends sous le feuillage
L'eau qui tombe à grand bruit,
Voici venir l'orage,
Voici l'éclair qui luit.

Entends-tu le tonnerre ?...
Il roule en approchant.
Prends un abri, bergère,
À ma droite, en marchant.
Je vois notre cabane,
Et tiens : voici venir
Ma mère et ma sœur Anne
Qui vont l'étable ouvrir.

Bonsoir, bonsoir, ma mère,
Ma sœur Anne, bonsoir.
J'amène ma bergère
Près de nous pour ce soir.
Va te sécher, ma mie,
Auprès de nos tisons.
Sœur, fais-lui compagnie...
Entrez, petits moutons !...

Soignons bien, ô ma mère,
Son tant joli troupeau.
Donnez plus de litière
À son petit agneau.
C'est fait. Allons près d'elle.
Eh bien donc, te voilà !...
En corset, qu'elle est belle !...
Ma mère, voyez-la...

Soupons... Prends cette chaise,
Tu seras près de moi.
Ce flambeau de mélèze
Brûlera devant toi.
Goûte de ce laitage...
Mais... tu ne manges pas ?...
Tu te sens de l'orage :
Il a lassé tes pas.

Eh bien, voilà ta couche.
Dors-y bien jusqu'au jour.
Laisse-moi sur ta bouche
Prendre un baiser d'amour.
Ne rougis pas, bergère :
Ma mère et moi, demain,
Nous irons chez ton père
Lui demander ta main.

Fabre d'Eglantine

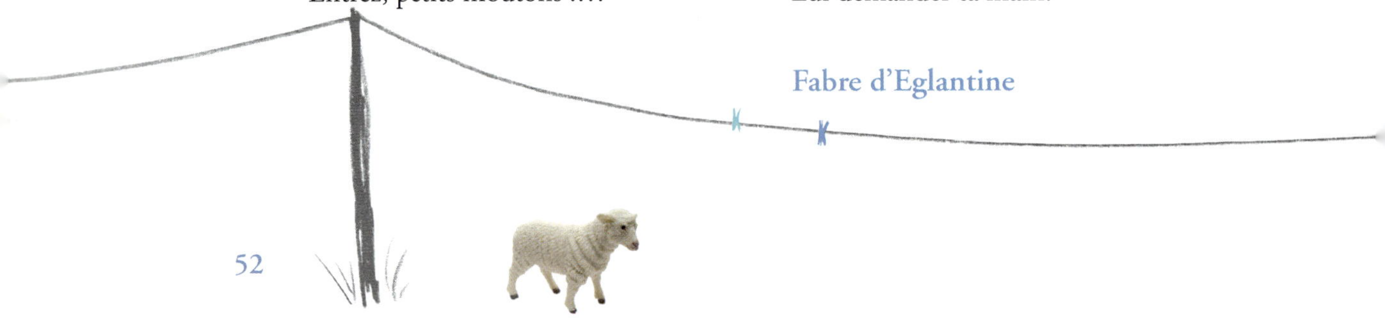

11 Février

Jours courts et longues soirées

Aux jours courts et aux longues soirées,
quand l'air vif s'assombrit,
je veux que branche et feuillage, mon savoir
devienne joie nouvelle et fruits et fleurs,
car je vois les chênes perdre leurs feuilles.
Se retirent dans la neige et la froidure,
le rossignol, la grive, le geai et le pivert.

Peire d'Auvergne

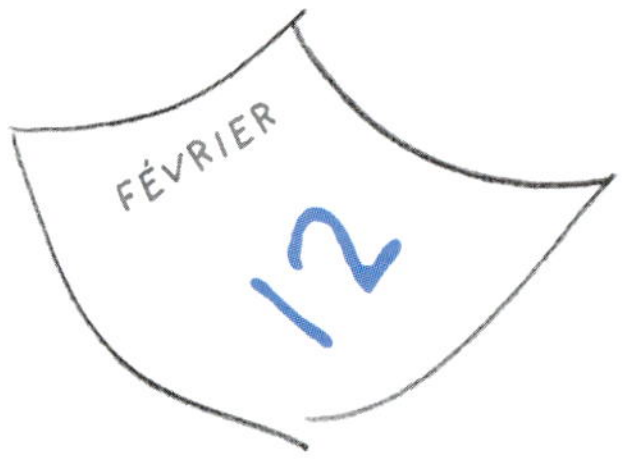

Le papillon

Naître avec le printemps, mourir avec les roses ;
Sur l'aile du zéphyr nager dans un ciel pur ;
Balancé sur le sein des fleurs à peine écloses,
S'enivrer de parfums, de lumière et d'azur ;
Secouant, jeune encor, la poudre de ses ailes,
S'envoler comme un souffle aux voûtes éternelles :
Voilà du papillon le destin enchanté.
Il ressemble au désir, qui jamais ne se pose,
Et sans se satisfaire, effleurant toute chose,
Retourne enfin au ciel chercher la volupté.

Alphonse de Lamartine
Nouvelles méditations poétiques

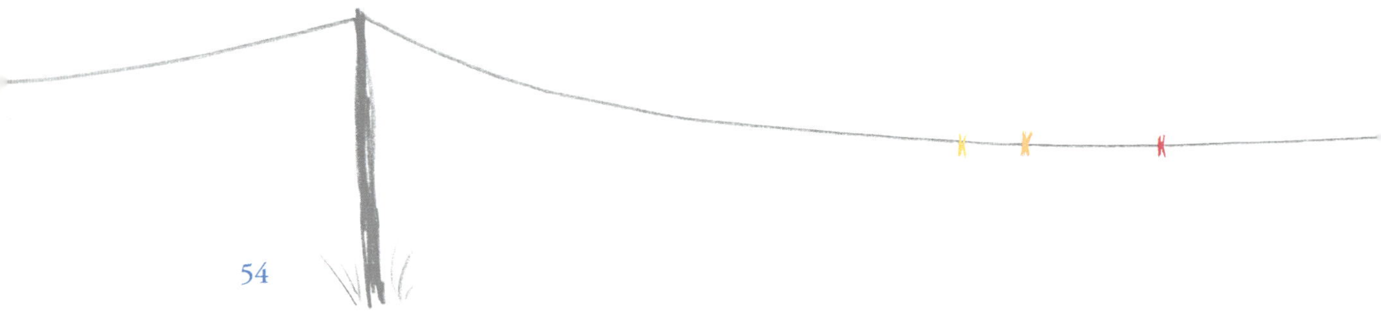

13 Février

La grenouille

Lorsque la pluie en courtes aiguillettes rebondit aux prés saturés, une naine amphibie, une Ophélie manchote, grosse à peine comme le poing, jaillit parfois sous les pas du poète et se jette au prochain étang.
Laissons fuir la nerveuse. Elle a de jolies jambes. Tout son corps est ganté de peau imperméable. À peine viande ses muscles longs sont d'une élégance ni chair ni poisson. Mais pour quitter les doigts la vertu du fluide s'allie chez elle aux efforts du vivant. Goitreuse, elle halète… Et ce cœur qui bat gros, ces paupières ridées, cette bouche hagarde m'apitoyent à la lâcher.

Francis Ponge
Pièces

14 Février

Le petit berger

(A poor young sheperd)

J'ai peur d'un baiser
Comme d'une abeille.
Je souffre et je veille
Sans me reposer.
J'ai peur d'un baiser !

Pourtant j'aime Kate
Et ses yeux jolis
Elle est délicate
Aux longs traits pâlis.
Oh ! que j'aime Kate !

C'est saint-Valentin !
Je dois et je n'ose
Lui dire au matin…
La terrible chose
Que saint-Valentin !

Elle m'est promise,
Fort heureusement !
Mais quelle entreprise
Que d'être un amant
Près d'une promise !

J'ai peur d'un baiser
Comme d'une abeille.
Je souffre et je veille
Sans me reposer.
J'ai peur d'un baiser !

Paul Verlaine

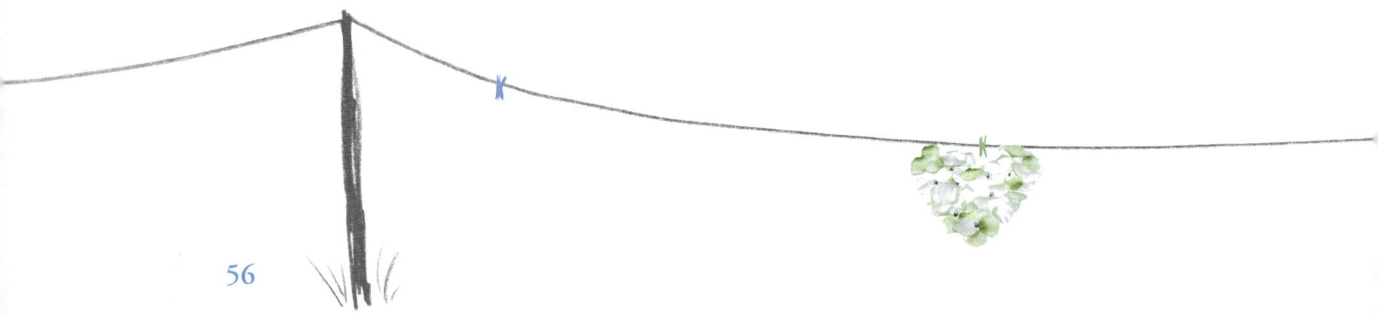

15 Février

Fleurir et reverdir prés et vergers

Puisque dans leur nouveauté vous voyez
fleurir et reverdir prés et vergers,
et chatoyer ruisseaux et fontaines,
l'air et le vent,
réjouissez-vous bien chacun de toute votre joie,
réjouissez-vous bien.

Guillaume IX d'Aquitaine

16 Février

La beauté du printemps

Ainsi, quand j'aurai dit combien je vous adore,
Combien je vous désire et combien je t'attends,
Ivresse de l'année, ineffable Printemps,
Tu seras plus limpide et plus luisant encore
Que mon rêve volant, éclatant et chantant !

Les délicats sureaux et la pervenche blanche
Me surprendront ainsi que des yeux inconnus,
Les lilas me seront plus vivants et plus nus,
Le rosier plus empli du parfum qu'il épanche,
Et le gazon plus droit, plus lisse et plus ténu ;

La juvénile odeur, aiguë, acide, frêle,
Des feuillages naissants, tout en vert taffetas,
Sera plus évidente à mon vif odorat
Que n'est aux dents le goût de la fraise nouvelle,
Que n'est le poids charmant des bouquets dans les bras.

Anna de Noailles
Les Éblouissements

17 Février

Les colombes

Sur le coteau, là-bas où sont les tombes,
Un beau palmier, comme un panache vert,
Dresse sa tête, où le soir les colombes
Viennent nicher et se mettre à couvert.

Mais le matin elles quittent les branches :
Comme un collier qui s'égrène, on les voit
S'éparpiller dans l'air bleu, toutes blanches,
Et se poser plus loin sur quelque toit.

Mon âme est l'arbre où tous les soirs, comme elles,
De blancs essaims de folles visions
Tombent des cieux en palpitant des ailes,
Pour s'envoler dès les premiers rayons.

Théophile Gautier
Poésies

18 Février

La brise vagabonde

La brise vagabonde
A caressé les fleurs.

Je t'écoute de tout mon cœur,
Chant du premier matin du monde.

Ivresse matinale,
Rayons naissants, pétales
Tout poissés de liqueur…

Cède sans plus attendre
Au conseil le plus tendre
Et laisse l'avenir
Doucement t'envahir.

Voici que se fait si furtive
La tiède caresse du jour
Que l'âme la plus craintive
S'abandonnerait à l'amour.

André Gide
Les Nouvelles nourritures

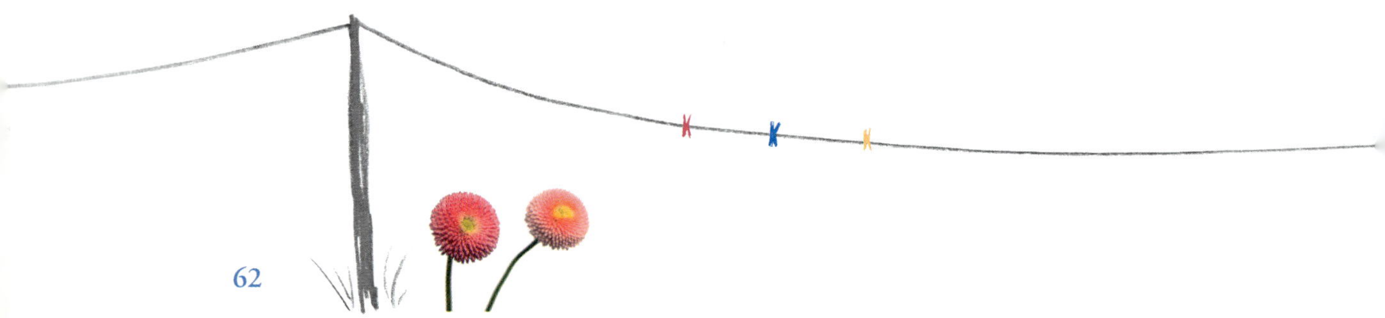

Mardi gras

Dans le jour vert, mauve ou rose
Sur lequel plane un ciel d'ennui
Dans la nuit
Où passent les pierrots couronnés de roses
Fantômes pâles qui rôdent en la nuit
Nuit plus étoilée que les nuits habituelles
Stellée de gemmes au scintillement pâle
(Perle, opale
Émeraude et spinelle)
Courent en chantant, Arlequins, Colombines
Polichinelles au nez crochu
Mousquetaires, marquises, diablotines
Sous une pluie multicolore ; et s'illumine
La ville en fête et jouent mirlitons, mandolines
Tandis qu'au loin le roi déchu
Le roi des fous est brûlé par son peuple, las !
Hélas ! Carnaval, le roi Carnaval flambe !
Le roi flambe !
Chansons ! Feux de Bengale
Champagne ! Dithyrambe !
Le roi Carnaval flambe
Et le canon là-bas tonne son glas.
Et la lune, veilleuse d'or pâle
Éclairant la nuit stellée de gemmes pâles
(Rubis, Émeraude, Opale)
Semble la lampe merveilleuse
De quelque gigantesque Aladin
La Lampe éclairant dans le jardin
Les arbres dont les fruits sont pierres précieuses
(Perles, rubis, émeraudes, opales)
Et meurt le bruit
Et meurt la nuit
Et point le jour, le jour pâle.

Guillaume Apollinaire
Poèmes retrouvés

20 Février

Mardi-Gras

Beau Mardi-Gras, ne t'en va pas
Je suis le lion. Elle est la rose
Lion je rugis pour peu de chose
C'est que je ris : ne t'en fais pas

Gai Mardi-Gras, ne t'en va pas
Gypsy s'habille en devinette
Une chemise est sa toilette
De grande dame en tra-la-la

Ô Mardi-Gras, ne t'en va pas
Je suis tout rouge sous mon masque
Et l'ami Claude porte un casque
En carton d'or et qui flamboie

Jean-Pierre Voidies
Le Pavillon

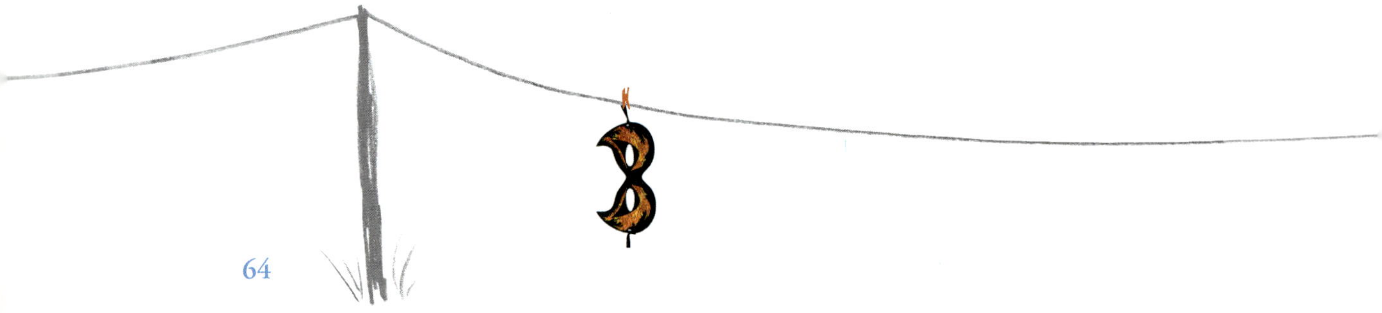

21 Février

Le comte de la mi-carême

Venant d'Espagne ou de Bohême,
Au trot de son lent cheval blanc,
Passc, en les villes de Brabant,
Le comte de la mi-carême.
Il va, là-haut, de toit en toit,
L'oreille au trou des cheminées,
Surprendre, avec sa haquenée
Ce qu'on entend et ce qu'on voit
Dans les maisons, où les mioches
Autour des foyers d'or, l'hiver,
S'instruisent en des livres clairs
Comme des gens de la basoche.
Où ne va-t-il ? Dieu seul le guide,
Sur l'échiquier géant des tours
Et des pignons des carrefours,
Par les grand-routes translucides.
Ceux qui ne l'ont pas aperçu
Quand vers le soir sonnent les cloches,
C'est qu'ils eurent les yeux en poche.
Mais les enfants, eux, tous l'ont vu,
— Prince de rêve et de fortune –
Traversant l'air superbement
Avec sa bête en diamant
Et son manteau de clair de lune.
Son chef arbore un turban bleu
Comme le front d'un vieux roi mage ;
C'est un géant sur les images
Qu'on vend dans les quartiers pouilleux
D'Hasselt, de Mol, d'Anvers, de Lierre ;
De sa main gauche, il tient des fouets
Et de sa droite, un lot de jouets
En bois léger, en carton-pierre.
Il en a plein trente paniers,
Il en a plein vingt sacs de toile,
Et l'on prétend qu'en chaque étoile
Il en a plein trois cents greniers…
Ainsi lesté, ainsi chargé,
S'en va, d'un pas toujours le même,
Par les chemins des soirs légers,
Le comte de la mi-carême.

Émile Verhaeren
Toute la Flandre

22 Février

Carnaval

Venise pour le bal s'habille.
De paillettes tout étoilé.
Scintille, fourmille et babille
Le Carnaval bariolé.

Arlequin, nègre par son masque.
Serpent par ses mille couleurs,
Rosse d'une note fantasque
Cassandre, son souffre-douleurs.

Battant de l'aile avec sa manche
Comme un pingouin sur son écueil,
Le blanc Pierrot, par une blanche,
Passe la tête et cligne l'œil.

Le Docteur bolonais rabâche
Avec la basse aux sons traînés ;
Polichinelle, qui se fâche,
Se trouve une croche pour nez.

Heurtant Trivelin qui se mouche
Avec un trille extravagant,
À Colombine Scaramouche
Rend son éventail ou son gant.

Sur une cadence se glisse
Un domino ne laissant voir
Qu'un malin regard en coulisse
Aux paupières de satin noir.

Ah ! fine barbe de dentelle,
Que fait voler un souffle pur,
Cet arpège me dit : C'est elle !
Malgré tes réseaux, j'en suis sûr,

Et j'ai reconnu, rose et fraîche,
Sous l'affreux profil de carton,
Sa lèvre au fin duvet de pêche,
Et la mouche de son menton.

Théophile Gautier
Émaux et camées

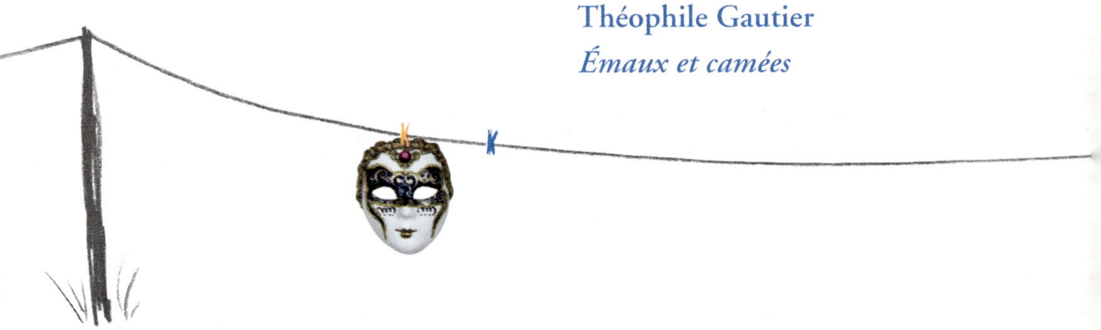

23 Février

Le carnaval s'en va...

Le carnaval s'en va, les roses vont éclore ;
Sur les flancs des coteaux déjà court le gazon.
Cependant du plaisir la frileuse saison
Sous ses grelots légers rit et voltige encore,
Tandis que, soulevant les voiles de l'aurore,
Le Printemps inquiet paraît à l'horizon.

Du pauvre mois de mars il ne faut pas médire,
Bien que le laboureur le craigne justement :
L'univers y renaît ; il est vrai que le vent,
La pluie et le soleil s'y disputent l'empire.
Qu'y faire ? Au temps des fleurs, le monde est un enfant ;
C'est sa première larme et son premier sourire. [...]

Alfred de Musset
Poésies nouvelles

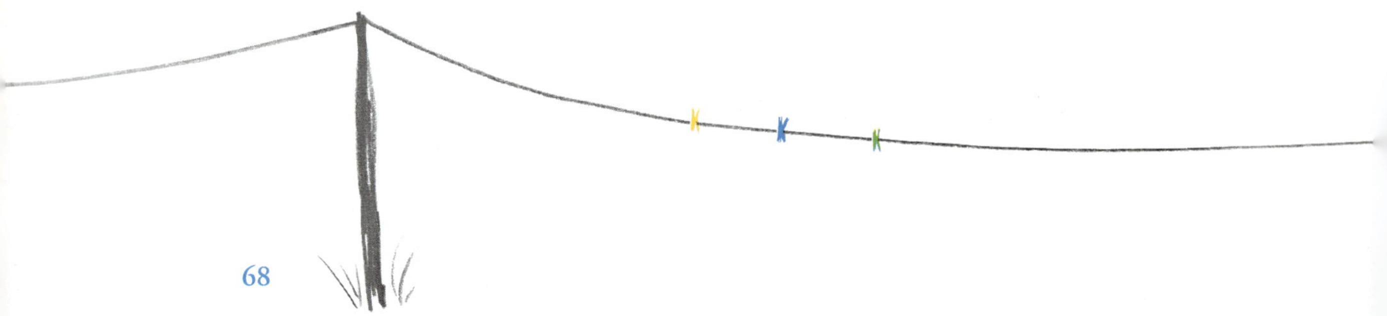

Par une nuit pure et froide de février

« Quand j'habitais Alger, je patientais toujours dans l'hiver parce que je savais qu'en une nuit, une seule nuit froide et pure de février, les amandiers de la vallée des Consuls se couvriraient de fleurs blanches. Je m'émerveillais de voir ensuite cette neige fragile résister à toutes les pluies et au vent de la mer. Chaque année, pourtant, elle persistait, juste ce qu'il fallait pour préparer le fruit. »

Albert Camus
Noces

25 Février

Noces

Sur la mer en fleur
Les îles germent dans le soir,
Des milliers d'îles sur la mer
Aussi limpide que le bonheur
Des anges. Mieux que les vagues la lumière
Nous parle à travers l'épaisseur de la gloire.
On effeuille pour nous une rose d'argent.
Ce n'est pas le vent, ni aucune haleine
Créée qui répand
Ces pétales sur les plaines
Marines. Qui pourrait refuser cette fête
Les épousailles du ciel et de l'eau ? Le cortège
Passe sous le dôme des mouettes.
De toutes parts les forêts lèvent leurs flambeaux
Sur lesquels la nuit tombe comme la neige.
Les noces, les noces enfin sont prêtes !
L'heure est venue de boire au calice des eaux.

Jean Mambrino
La Ligne de feu

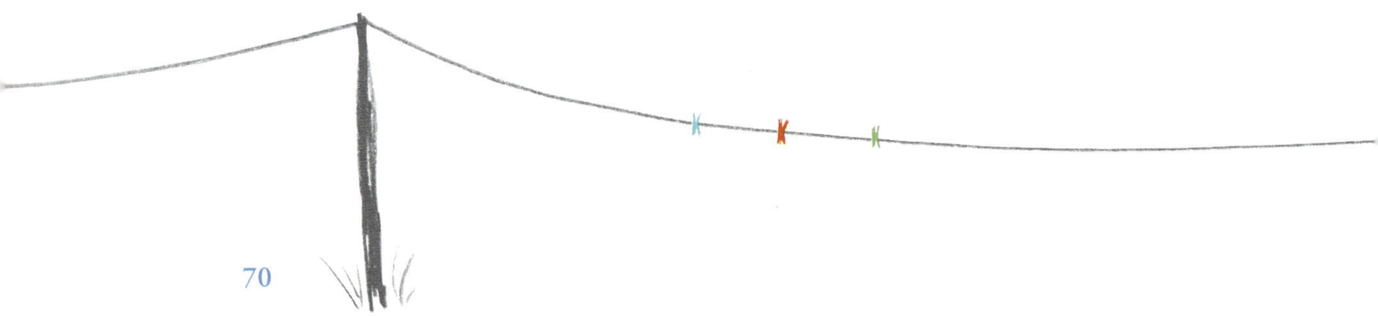

26 Février

Pâle matin de février...

Pâle matin de février
Couleur de tourterelle
Viens, apaise notre querelle,
Je suis las de crier ;

Las d'avoir fait saigner pour elle
Plus d'un noir encrier...
Pâle matin de février
Couleur de tourterelle

Paul-Jean Toulet
Rimes et contrerimes

Gel, danse et rire

Les feuilles pourront tomber,
La rivière pourra geler,
Je veux rire, je veux rire.

La danse pourra cesser,
Le violon pourra casser,
Je veux rire, je veux rire.

Que le mal se fasse pire !
Je veux rire, je veux rire.

Jean Moréas
Le Pèlerin passionné

28 Février

Aux créneaux de la pluie

À Max Roumagoux

Aux créneaux de la pluie
Nous veillerons longtemps,
Soumis à ces villages
D'où l'on ne revient plus,
Plus haut que le sillage
Des Angélus lointains.

Approchez de la gare,
Bouleversée par les larmes.
J'entends les taupes crier
Sous la terre plus dure
Qu'un ciel de février
Écorché par les murs.

Pitié pour cette terre…

Au chevet de l'enfant
Qui montrait des marmottes,
J'ai vu venir la mort
Qui s'arrêtait aux portes.
Vous parlez de la mort
Comme d'une aventure.
Elle est dans votre corps,
Elle épie vos blessures.
Elle est sous votre main
Comme un chien qui vous lèche
Et vous mordra demain…

Maurice Fombeure
A dos d'oiseau

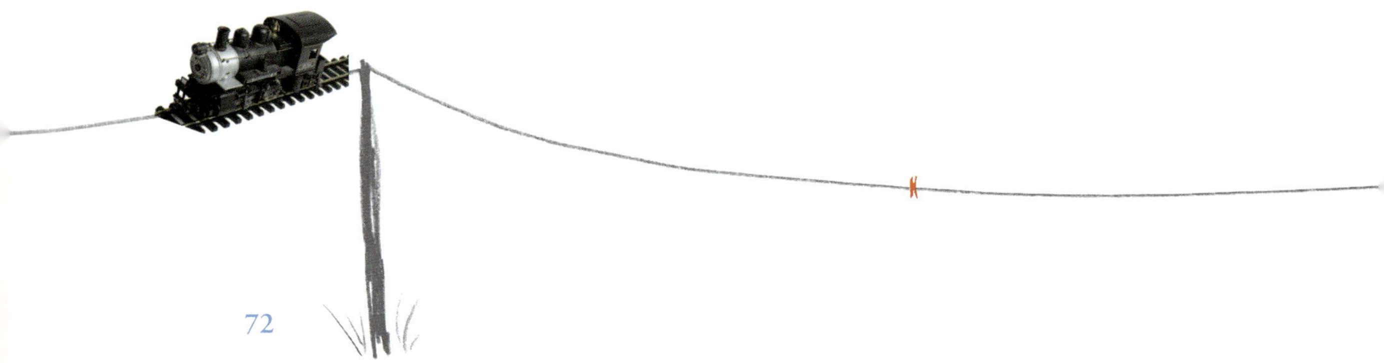

29 Février

Hiver

C'est l'hiver ; les vieilles, au-dehors,
Vont, leurs tabliers pleins de bois ;
Le vent gelé frappe à ma porte
Et comme un chat pleure à mon seuil.

Voici la nuit, l'heure s'écoule,
L'été s'enfuit dans le lointain,
Les branches veuves des platanes
Pleurent leurs feuilles sur le Cours.

Quand le foyer est plein de joie
Espérer le printemps n'est rien,
En écoutant la flamme gaie
Pétiller ; mais la peine
Assombrit nos espérances :

Qui sait ce que sera demain ?
Berce-moi dans ton souvenir,
Ô triste rêve d'autrefois.

Louis Brauquier
Je connais des îles lointaines

1er Mars

Premier sourire du printemps

Tandis qu'à leurs œuvres perverses
Les hommes courent haletants,
Mars qui rit, malgré les averses,
Prépare en secret le printemps.

Pour les petites pâquerettes,
Sournoisement lorsque tout dort,
Il repasse des collerettes
Et cisèle des boutons d'or.

Dans le verger et dans la vigne,
Il s'en va, furtif perruquier,
Avec une houppe de cygne,
Poudrer à frimas l'amandier.

La nature au lit se repose ;
Lui descend au jardin désert,
Et lace les boutons de rose
Dans leur corset de velours vert.

Tout en composant des solfèges,
Qu'aux merles il siffle à mi-voix,
Il sème aux prés les perce-neige
Et les violettes aux bois.

Sur le cresson de la fontaine
Où le cerf boit, l'oreille au guet,
De sa main cachée il égrène
Les grelots d'argent du muguet.

Sous l'herbe, pour que tu la cueilles,
Il met la fraise au teint vermeil,
Et te tresse un chapeau de feuilles
Pour te garantir du soleil.

Puis, lorsque sa besogne est faite,
Et que son règne va finir,
Au seuil d'avril tournant la tête,
Il dit : « Printemps, tu peux venir ! »

Théophile Gautier
Émaux et camées

2 Mars

Entre, cher Mars !

Entre, cher Mars !
Combien je suis contente !
Je t'attendais.
Pose donc ton chapeau,
— Tu as dû tant marcher –
Tu es à bout de souffle !
Cher Mars, comment vas-tu ?
Et tout le reste ?
Tu as quitté la Nature en bonne santé ?
Oh ! Mars, montons vite à l'étage,
J'ai tant de choses à te dire !

Emily Dickinson

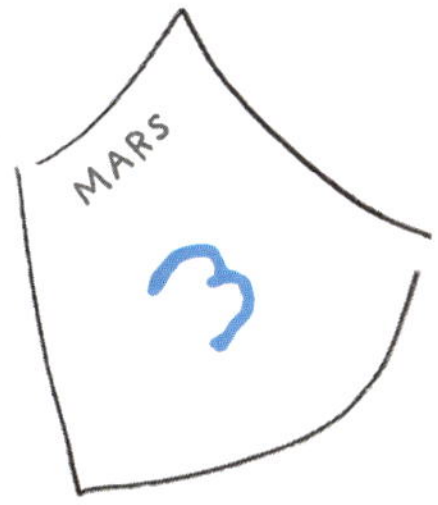

Fleurette de mars

Sur toute fleurette déclose
J'aime la senteur de la rose
Et l'odeur de la belle fleur
Qui de sa première couleur
Pare la terre, quand la glace
Et l'hyver au soleil font place.

Les autres boutons vermeillets,
La giroflée et les œillets,
Et le bel esmail qui varie
L'honneur gemmé d'une prairie
En mille lustres s'esclatant,
Ensemble ne me plaisent tant
Que fait la rose pourperette,
Et de mars la blanche fleurette.

Que puis-je, pour le passe-temps
Que vous me donnez le printemps,
Prier pour vous deux autre chose,
Sinon que toy, pourprine rose,
Puisses toujours avoir le sein
En mai de rosée tout plein,
Et que jamais le chaut qui dure
En juin ne te fasse laidure ?

Ny à toy, fleurette de mars,
Jamais l'hyver, lorsque tu pars
Hors de la terre, ne te face
Pancher morte dessus la place ;
Ains toujours, maugré la froideur,
Puisses-tu de ta soefve odeur
Nous annoncer que l'an se vire
Plus doux vers nous, et que Zephyre
Après le tour du fascheux temps
Nous ramène le beau printemps.

Ronsard
Odes

4 Mars

Contre l'hiver

Plein de colère et de raison,
Contre toi barbare saison,
Je prépare une rude guerre ;
Malgré les lois de l'univers,
Qui de la glace des hivers
Chassent les flammes du tonnerre,
Aujourd'hui l'ire de mes vers
Des foudres contre toi desserre.

Je veux que la postérité
Au rapport de la vérité
Juge ton crime par ma haine.
Les dieux qui savent mon malheur,
Connaissent qu'il y va du leur,
Et, d'une passion humaine
Participant à ma douleur,
Promettent d'alléger ma peine.

Cerès ne voit point sans fureur
Les misères du laboureur,
Que ta froidure a fait résoudre
À brûler même les forêts ;
Les champs ne sont que des marais
L'été n'espère plus de moudre
Le revenu de ses guérets,
Car il n'y trouvera que poudre.

Théophile de Viau

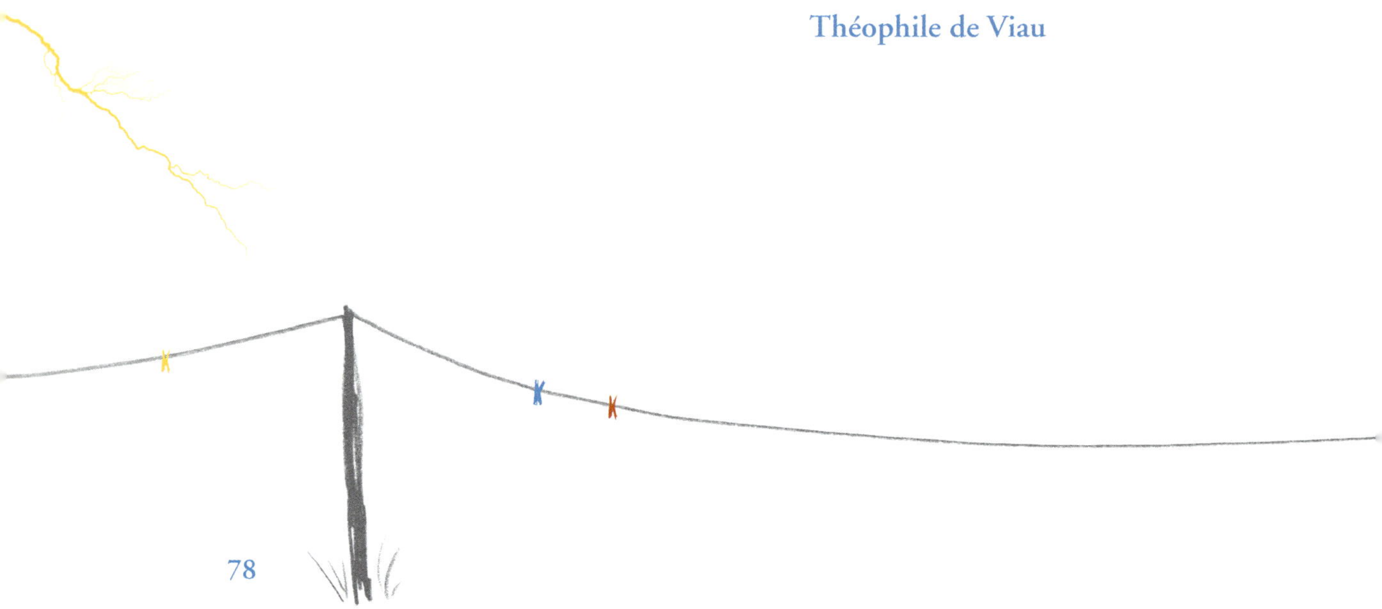

5 Mars

Tous nos arbres sont dépouillés

Tous nos arbres sont dépouillés,
Nos promenoirs sont tous mouillés,
L'émail de notre beau parterre
A perdu ses vives couleurs ;
La gelée a tué les fleurs ;
L'air est malade d'un caterre,
Et l'œil du ciel, noyé de pleurs,
Ne sait plus regarder la terre.

La nacelle, attendant le flux
Des ondes qui ne courent plus,
Oisive au port est retenue ;
La tortue et les limaçons
Traînent leurs pas par les glaçons ;
L'oiseau sur une branche nue,
Attend, pour dire ses chansons,
Que la feuille soit revenue.

Théophile de Viau

6 Mars

Berceuse Atœna

En rafales l'Hiver déchaîne
Ses vents hurleurs sur le Yukon,
Et, seul dans la forêt lointaine
Qui longe les monts Koyoukon,
Mon cher époux chasse le renne.

Xami, Xami, dors doucement !
Xami, Xami, dors, mon enfant !

J'ai brisé ma hache de pierre.
Bientôt je n'aurai plus de bois.
Les jours gris traînent leur lumière.
L'arbre se fend sous les cieux froids.
J'ai brisé ma hache de pierre…

Xami, Xami, dors doucement !
Xami, Xami, dors, mon enfant !

Ah ! le soleil a fui la terre !
Et nous disons, hommes du Nord,
Que sa chaleur est prisonnière
Dans la loge du grand Castor.
Ah ! le soleil a fui la terre !

Xami, Xami, dors doucement !
Xami, Xami, dors, mon enfant !

Depuis longtemps la cache est vide.
Mes yeux, tournés vers les buissons,
Ne voient plus les corbeaux avides
Couvrir l'échafaud aux poissons.
Depuis longtemps la cache est vide.

Albert Ferland

7 Mars

La nuit d'aube

Une rose a percé la pierre de la neige
Une rose a percé la pierre de l'hiver
Galopez dans le ciel, chevaux blancs des cortèges
Une rose a percé la pierre de la neige.

Une rose a tremblé sur la paille, à l'auberge
L'ange au gantelet noir roule sous les sapins
Une rose a tremblé, plus frileuse qu'un cierge
La neige lacérait le ciel ultramontain.

Édifice du temps un enfant vous renverse
Une rose, une lampe, une larme au matin.
Il suffit d'un baiser qui réchauffe la neige
Et notre rose à nous brûle déjà ta main.

Luc Bérimont
L'Herbe à tonnerre

8 Mars

C'est un beau soir de mars

C'est un beau soir de mars, rugueux et froid.
L'après-midi, quelques fragiles anémones
Ont fleuri toutes à la fois.
À cette heure tombe le soleil jaune.

Merles et grives
S'interpellent et se poursuivent
Et s'écoutent siffler à pleine voix,
Ou bien encore grincent et se chamaillent
Parmi les mailles
Des rameaux fins et divergents du bois.

Au ras du sol poussent les herbes
À petits brins, frêles et lisses.
La surface des eaux se plisse
Au vent acerbe.

Les villages, lavés par la neige et la pluie,
Au bord de la grand-route et des mares s'appuient
Et reluisent, de loin en loin, parmi les champs :
Tuiles rouges et volets verts et pignons blancs.

Émile Verhaeren
Toute la Flandre

Tout rit dans la nature

Mais le saule est en sève et pousse ses chatons ;
Le rosier, le lilas se couvrent de boutons.
Déjà tout est joyeux, tout rit dans la nature.
La terre a recouvré sa première parure
Et les gais oisillons sur les tendres rameaux
Préparent leur gosier à des concerts nouveaux.
Alors dès son lever la folâtre Lisette
De mars en folâtrant va cueillir les fleurettes,
Pour faire une guirlande à son cher agnelet
Dont la robe en blancheur le dispute à la neige.
C'est le printemps tout pur que cette pastourelle
Quand parmi les parfums de la saison nouvelle
Seulette avec son chien elle folâtre au pré.
Comme son œil pétille et son minois fleurit !
Non sans dépit jaloux les filles du village
Regardent la fraîcheur de ce joli visage,
Non qu'il soit à leurs yeux sans tache absolument,
Mais malgré leur critique, il reste trop charmant.
Ce qui leur plaît le moins, c'est quand, un jour de fête,
Avec le seul ruban qui lui serre la tête,
Avec sa coiffe unie et son blanc tablier
Elle passe en éclat leur attirail entier.

Peyrot de Pradinas
Le Printemps

10 Mars

Fantômes de la neige

Dans cette gare intermittente,
Une vieille locomotive
Halète et beugle de sommeil.

Gares des soirs sans espérance
Et des départs mal consolés.

Le vol lent des heures perdues
Sort des horloges ébréchées
Crevées d'un rire sépulcral.

Défilé des ombres puériles
Gonflées des houles de fumée.

Les cartes aux visages pâles
Battues sans fin comme la vie
Dans les auberges du « Coq d'Or »
Où mousse une bière anémique.

Petites vies aux rues étroites
Où le rêve appareille en vain.
En vain le printemps s'exténue

Et fleurit çà et là, soudain,
Le peuple agile des statues
L'espoir immense des jardins.

Maurice Fombeure
A dos d'oiseau

11 Mars

Temps béni

À J. C.

C'est ce qu'on appelle
un temps délicieux
un soleil léger
cuit à point
une brise légère
salée juste
un océan pur
un horizon droit.
Au milieu de ça
un homme invisible
qui ne se voit pas
qui ne se sent pas
qui n'a plus de poids.

Cet homme sans corps
à peine frôlé d'âme
aujourd'hui c'est moi
et j'entends la vie
qui glisse éternelle
entre mes vingt doigts.

Pierre Boujut
Les Poèmes de l'imbécile heureux

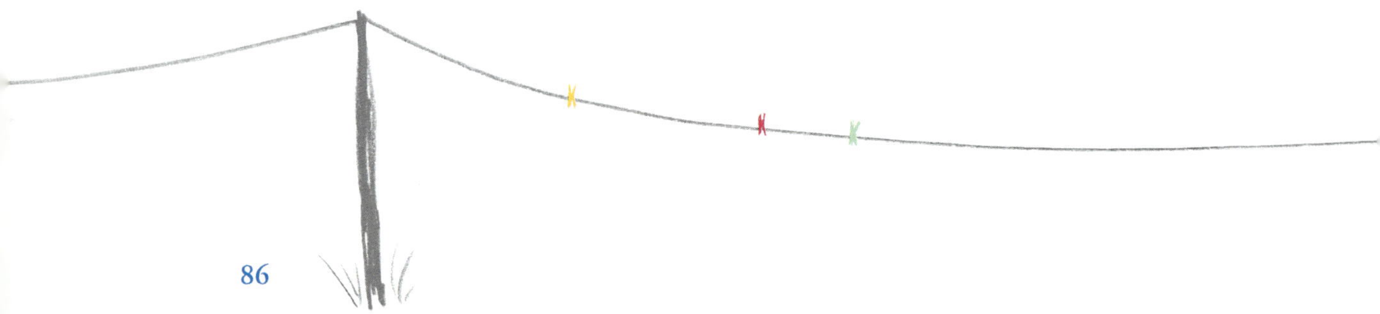

12 Mars

Danse

Dansons, chansons légères,
En rond. Donnez vos mains,
Cueillons les passagères
Musiques des chemins.

Entrez tous dans la danse,
Jours tendres, jeunes mois,
Enlacez en cadence
Vos souffles à ma voix.

Mars entre ! je t'attrape,
Espiègle ! Vert cabri
Qui de l'hiver t'échappes,
Trop las d'être à l'abri.

Entrez, Avril la folle
Qui rit entre ses pleurs,
Mai dont le cœur s'envole
Dans le pollen des fleurs ;

Entrez ! Sur la pelouse,
Dansez, mois gais, mois purs.
Mais le reste des douze
Est trop vieux ou trop mûr.

Entrez les enfantines
Minutes du matin
Qui tournez argentines
Au fond du vieux jardin.

Sautons dans l'herbe brune
Ou rose avec le vent,
Et sautons dans la lune
Si nous passons devant !

Marie Noël
Les Chansons et les heures

13 Mars

Le printemps gascon

Je suis le gracieux Printemps
Que ciel et terre considèrent,
Et non pas sans mille raisons,
Comme la reine des saisons.
J'éclaircis le ciel et les airs
Et je fourbis soleil et lune
Qui, luisant bientôt comme argent,
Portent le beau temps à la gent.

Jean-Géraud d'Astros

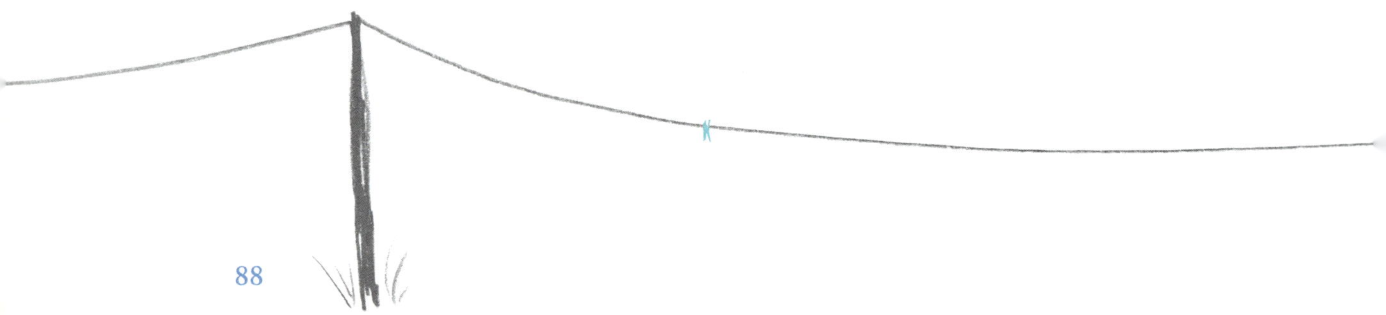

14 Mars

Terre nouvelle

Lorsque le blanc Hiver, aux jours tièdes mêlé,
Recule vers le Nord de montagne en montagne
La gaieté du semeur envahit la campagne ;
Et du sein des greniers renaît l'âme du blé.

Ennui de mars, espoir d'avril, attente et rêve !
C'est avant les bourgeons et les proches labours
L'inquiétude exquise et sourde des amours,
C'est dans l'arbre vivant la marche de la sève.

C'est ton œuvre, soleil, créateur des matins,
Semeur de jours, passant du souverain abîme,
Toi qui, majestueux, vas ton chemin sublime,
Jetant un printemps neuf sur nos printemps éteints.

C'est pour t'aimer, soleil, et vivre ta lumière,
Que le semeur ainsi t'accueille à l'horizon,
Que le blé, prisonnier dans sa blanche maison,
Dès les aubes d'avril redemande la terre !

Albert Ferland
Les Horizons

Printemps plein d'indolence

Printemps plein d'indolence,
J'implore ta clémence.

À toi plein de langueur
J'abandonne mon cœur.

Ma pensée indécise
Flotte au gré de la brise.

Un ruissellement tendre
Me pénètre de miel.

Ah ! ne voir, ah ! n'entendre
Qu'à travers le sommeil.

À travers ma paupière
J'accueille ta lumière,

Soleil qui me caresse ;
Pardonne à ma paresse…

Bois mon cœur sans défense,
Soleil plein d'indulgence.

André Gide
Les Nouvelles nourritures

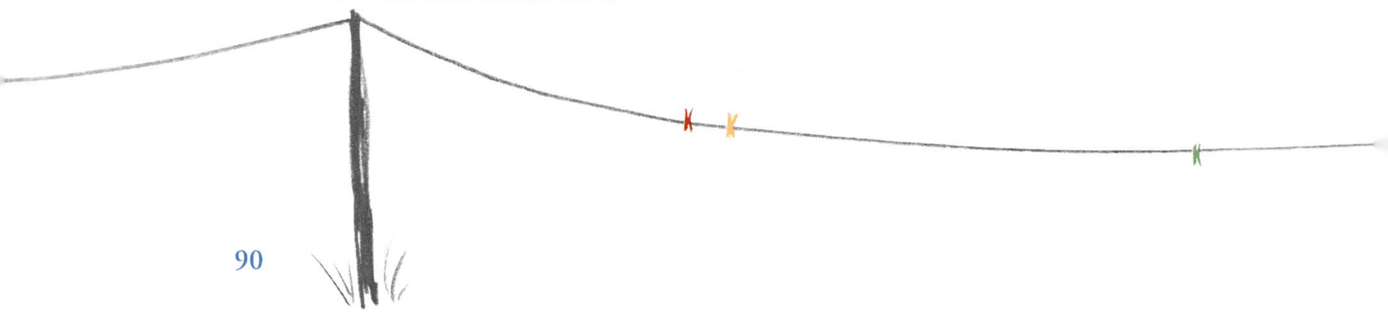

16 Mars

Chant du grillon

Pendant la nuit et la journée
Je chante sous la cheminée ;
Dans mon langage de grillon
J'ai des rebuts de son aînée,
Souvent consolé Cendrillon.

Le renard glapit dans le piège ;
Le loup, hurlant de faim, assiège
La ferme au milieu des grands bois ;
Décembre met, avec sa neige,
Des chemises blanches au toit.

Quel plaisir ! prolonger sa veille,
Regarder la flamme vermeille
Pressant à deux bras le tison,
À tous les bruits prêter l'oreille,
Entendre vivre la maison !

Tapi dans sa niche bien chaude,
Sentir l'hiver qui pleure et rôde,
Tout blême et le nez violet,
Tâchant de s'introduire en fraude
Par quelque fente du volet !

Souffle, bise ! tombe à flots, pluie !
Dans mon palais tout noir de suie,
Je ris de la pluie et du vent ;
En attendant que l'hiver fuie
Je reste au coin du feu, rêvant.

Théophile Gautier
Poésies diverses

17 Mars

Renouveau

Le printemps maladif a chassé tristement
L'hiver, saison de l'art serein, l'hiver lucide,
Et dans mon être à qui le sang morne préside
L'impuissance s'étire en un long bâillement.

Des crépuscules blancs tiédissent sous mon crâne
Qu'un cercle de fer serre ainsi qu'un vieux tombeau
Et, triste, j'erre après un rêve vague et beau,
Par les champs où la sève immense se pavane

Puis je tombe énervé de parfums d'arbres, las,
Et creusant de ma face une fosse à mon rêve,
Mordant la terre chaude où poussent les lilas,

J'attends, en m'abîmant que mon ennui s'élève…
— Cependant l'Azur rit sur la haie et l'éveil
De tant d'oiseaux en fleur gazouillant au soleil.

Stéphane Mallarmé

18 Mars

Des œufs dans la haie

Des œufs dans la haie
Fleurit l'aubépin
Voici le retour
Des marchands forains

Et qu'un gai soleil
Pailleté d'or fin
Éveille les bois
Du pays voisin !

Est-ce le printemps
Qui cherche son nid
Sur la haute branche
Où niche la pie ?

C'est mon cœur marqué
Par d'anciennes pluies
Et ce lent cortège
D'aubes qui le suit.

René Guy Cadou
Hélène ou le Règne végétal

19 Mars

Mars

Il tombe encore des grêlons,
Mais on sait bien que c'est pour rire.
Quand les nuages se déchirent,
Le ciel écume de rayons.

Le vent caresse les bourgeons
Si longuement qu'il les fait luire.
Il tombe encore des grêlons,
Mais on sait bien que c'est pour rire.

Les fauvettes et les pinsons
Ont tant de choses à se dire
Que dans les jardins en délire
On oublie les premiers bourdons.
Il tombe encore des grêlons…

Maurice Carême
La Lanterne magique

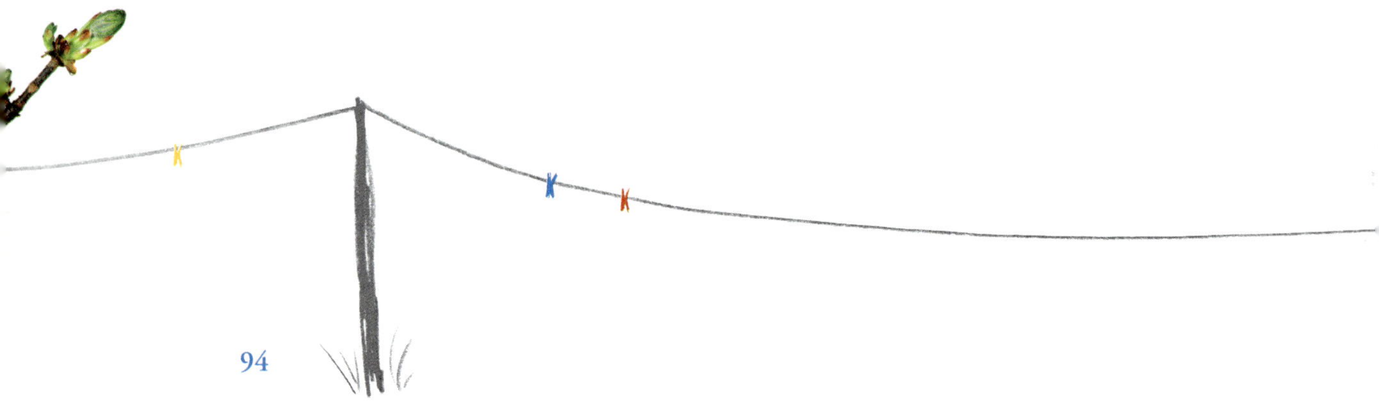

Printemps

Dans l'enclos campagnard où sèche la lessive,
La rivière entraîne le ciel à la dérive
Et le vent est chargé d'une odeur de lilas.
La terre exhale une senteur de terreau gras
Dont s'imprègnent les draps grenus, râpeux et rudes
Que la servante épaisse, aux lentes attitudes,
Recueillera, ce soir, dans son panier d'osier.
Je songe au geste égal, rustique et familier
De cette femme, détachant comme des grappes
De fruits clairs, la blancheur ondoyante des nappes,
Qui claquent comme un vol de colombes, soudain
Et se déploient – halo vivant – par ce jardin
En frappant le silence inconnu d'un bruit d'ailes.
Ô rumeurs, vous flottez aux courbes des tonnelles,
Vous emplissez l'enclos paisible et la maison
Savoure la voluptueuse pâmoison
De se sentir ainsi bercée à vos murmures :
Débordez maintenant dans les chambres obscures,
Et vous reconnaîtrez, dans l'ombre, chaque fois,
L'écho mystérieux qui double votre voix.

Francis Carco
La Bohême et mon cœur

Printemps

21 Mars

Il est d'étranges soirs...

Il est d'étranges soirs où les fleurs ont une âme,
Où dans l'air énervé flotte du repentir
Où sur la vague lente et lourde d'un soupir
Le cœur le plus secret aux lèvres vient mourir.
Il est d'étranges soirs où les fleurs ont une âme,
Et ces soirs-là, je vais tendre comme une femme.

Il est de clairs matins, de roses se coiffant,
Où l'âme a des gaietés d'eaux vives dans les roches,
Où le cœur est un ciel de Pâques plein de cloches,
Où la chair est sans tache et l'esprit sans reproches
Il est de clairs matins, de roses se coiffant.
Ces matins-là, je vais joyeux comme un enfant.

Albert Samain

22 Mars

Petit printemps

Petit printemps fantasque,
Qui lance avec humeur
De violentes bourrasques
Sur les arbres en fleur ;

Petit printemps sauvage
Comme un chat hérissé,
Qui nous crache au visage
De gros flocons glacés ;

Petit printemps boudeur,
Pourquoi faire la moue ?
Laisse les douces fleurs
Refleurir sur ta joue.

Albert Atzenwiller
Heures claires, heures grises

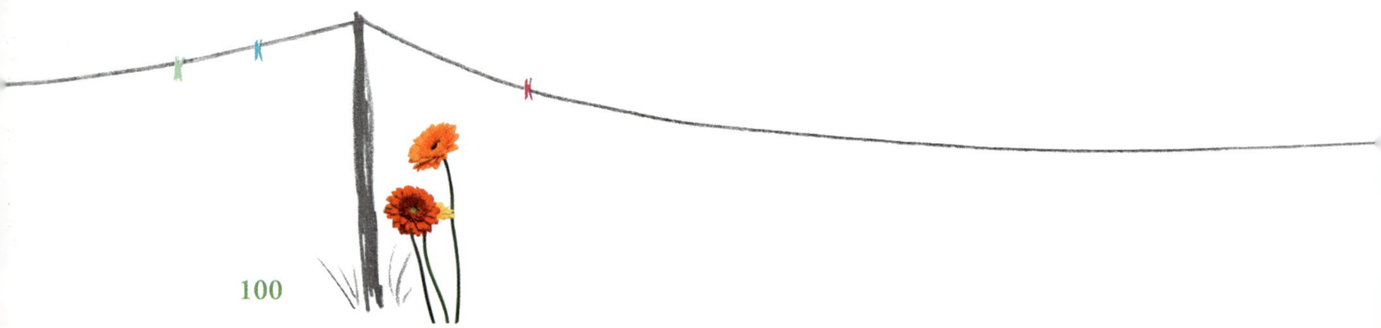

23 Mars

Dimanche de Pâques

Christ est ressuscité.
Par la Ceinture et le Métro
Tout Paris débouche à la Porte Maillot.

Tout Paris ! Celui qui reste à Paris,
Même après la journée des Drags,
Ou le Grand Prix,

Celui qui n'a qu'une bonne,
Ou pas de bonne,
Et qui, toute l'année, rêve du restaurant.
Parce que la femme n'en peut plus de faire la cuisine

La file, encore endormie, des autos-taxis
Sous un ciel violette de Parme,
Coupe en deux la chaussée, de la barrière jusqu'à
l'Etoile.

Les garçons sont prêts, les terrasses débordent.
Derrière les chétifs fusains,
Quatre par quatre, les chaises de rotin,
encadrent les nappes empesées,
Saupoudrées de poussière, de suie et crottin.

Sur la piste cycliste les bécanes légères
Filent, en faisant sonner timbres et sirènes,
Et les pétrolettes-à-deux
Pétaradent sous les amoureux.

De cinq minutes en cinq minutes,
Le chemin de fer du Bois de Boulogne,
Dans ses baladeuses, emporte par fournées
vers la plaine de Bagatelle,
Des yeux déshabitués de regarder le ciel.

On se hâte, on court, on appelle ;
On tire le petit qui crie
Et l'ami couvert de paquets.

On s'interpelle, on se bouscule,
On marche sur la patte du chien,
On chipe la place du voisin.
Et, lorsque le hasard vous serre
Contre la femme du prochain,
On ne pense plus à ses peines…

Christ est ressuscité.

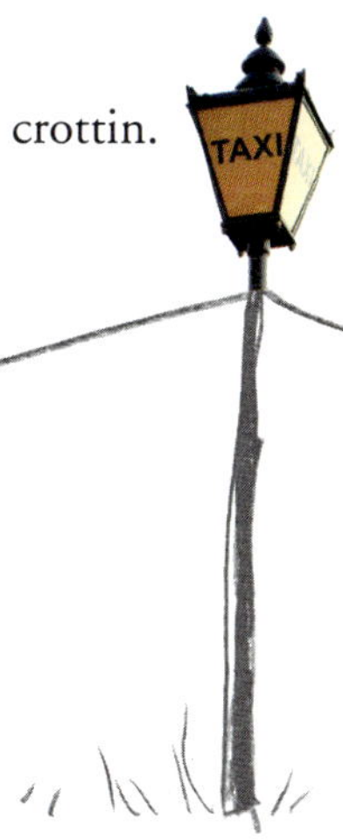

(Avril 1914.)

André Spire

24 Mars

À Pâques

Frère Jacques, frère Jacques,
Réveille-toi de ton sommeil d'hiver :
Les fins taillis sont déjà verts
Et nous voici au temps de Pâques,
Frère Jacques.
…
Frère Jacques
Hier au matin, malgré le froid,
Deux jonquilles, trois anémones
Ont soulevé leurs pétales roses ou jaunes
Vers toi,
Et la mésange à tête blanche,
Fragile et preste, a sautillé
Sur la branche de cornouiller
Qui vers ton large lit de feuillages mouillés
Se penche.

Et tu dors, et tu dors toujours,
Au coin du bois profond et sourd,
…
Pourtant, voici qu'à travers ton somme
Tu as surpris, dès l'aube, s'en aller
Le cortège bariolé
Des cent cloches qui vont à Rome.
…

Émile Verhaeren
Les Blés mouvants

Le printemps reviendra

Hé oui, je sais bien qu'il fait froid,
Que le ciel est tout de travers ;
Je sais que ni la primevère
Ni l'agneau ne sont encor là.

La terre tourne ; il reviendra,
Le printemps, sur son cheval vert.
Que ferait le bois sans pivert,
Le petit jardin sans lilas ?

Oui, tout passe, même l'hiver,
Je le sais par mon petit doigt
Que je garde toujours en l'air.

N'entends-je pas frémir en moi
Un pré naïf et recueilli
Autour de son clocher fleuri ?

Maurice Carême
En sourdine

26 Mars

Annie

Sur la côte du Texas
Entre Mobile et Galveston il y a
Un grand jardin tout plein de roses
Il contient aussi une villa
Qui est une grande rose

Une femme se promène souvent
Dans le jardin toute seule
Et quand je passe sur la route bordée de tilleuls
Nous nous regardons

Comme cette femme est mennonite
Ses rosiers et ses vêtements n'ont pas de boutons
Il en manque deux à mon veston
La dame et moi suivons presque le même rite

Guillaume Apollinaire
Alcools

27 Mars

Sur la glycine en fleur

Sur la glycine en fleur, que la rosée humecte,
Rouges, verts, bleus, jaunes, bistres, vermeils,
Les mille insectes
Bougent et butinent dans le soleil.
Oh ! la merveille de leurs ailes qui brillent
Et leurs corps fins comme une aiguille
Et leurs pattes et leurs antennes
Et leur toilette quotidienne
Sur un brin d'herbe ou de roseau.

Émile Verhaeren
Toute la Flandre

28 Mars

Regardez les branches, comme elles sont blanches

Regardez les branches,
Comme elles sont blanches !
Il neige des fleurs.
Riant dans la pluie,
Le soleil essuie
Les saules en pleurs,
Et le ciel reflète
Dans la violette
Ses pures couleurs.

La mouche ouvre l'aile,
Et la demoiselle
Aux prunelles d'or,
Au corset de guêpe,
Dépliant son crêpe,
A repris l'essor.
L'eau gaiement babille,
Le goujon frétille,
Un printemps encor !

Théophile Gautier

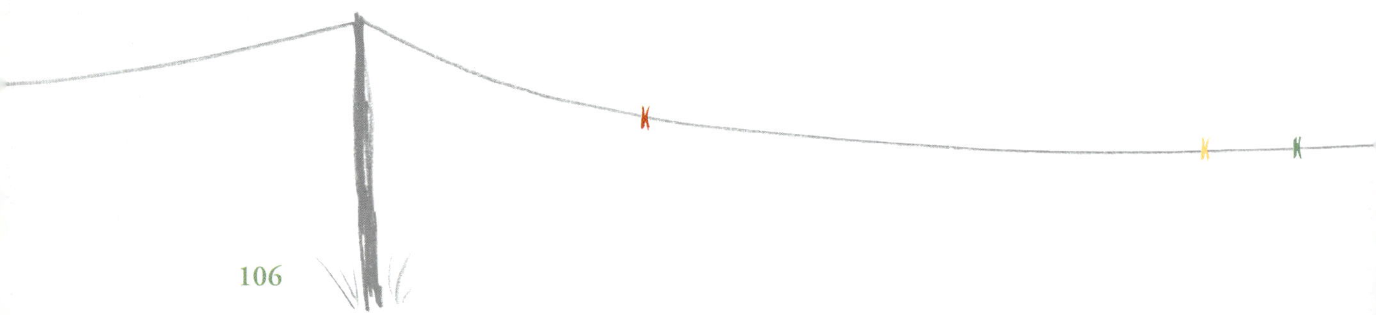

AMAZING
SPIDER-MAN

29 Mars

J'aime le joyeux temps de Pâques

J'aime le joyeux temps de Pâques
Qui fait venir feuilles et fleurs,
Et j'aime entendre la rumeur
Des oiseaux qui font retentir
Leur chant par le bocage :
Et j'aime voir sur les prairies
Tentes et pavillons dressés.
Et j'ai grande allégresse,
Lorsqu'aux champs je vois se ranger
Chevaux et cavaliers en armes.

J'aime, devant les éclaireurs,
Voir les gens fuir avec leurs bêtes,
J'aime voir venir sur leurs traces
La grande foule des soldats ;
J'aime, du fond du cœur,
Voir les châteaux forts assiégés,

Les palissades abattues,
L'armée au bord de l'eau
S'empresser contre une clôture
De fossés et de larges pieux.

Bertran de Born

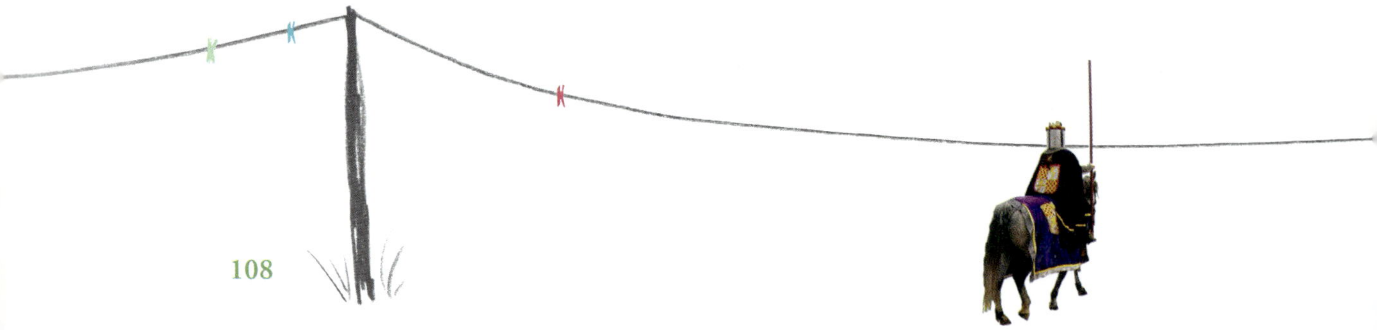

Aube à Notre-Dame-de-la-Garde

Le visage lavé par une eau glaciale que portait le vent ;
Les yeux pleins de larmes,
La poitrine pleine de froid,
Je vis naître les îles tremblantes de blancheur,
Posées sur une mer grise.

Des caps s'avancèrent au loin
Et, au milieu de l'archipel,
Derrière une dernière brume transparente,
Un voilier à l'ancre se balança dans l'aurore
Comme s'il n'y avait jamais eu de nuit.

Louis Brauquier
Je connais des îles lointaines

31 Mars

Les trois Pâques de l'année

À la première Pâque il fleurit des lilas
La terre est toute verte oublieuse d'hiver
Tout le ciel est dans l'herbe et se voit à l'envers
        À la première Pâque

À la Pâque d'été j'ai perdu mon latin
Il fait si bon dormir dans l'abri d'or des meules
Quand le jour brûle bien la paille des éteules
        À la Pâque d'été

À la Pâque d'hiver il soufflait un grand vent
Ouvrez ouvrez la porte à ces enfants de glace
Mais les feux sont éteints où vous prendriez place
        À la Pâque d'hiver.

Trois Pâques ont passé revient le Nouvel An
C'est à chacun son tour cueillir les perce-neige
L'orgue tourne aux chevaux la chanson du manège
        Trois Pâques ont passé

Revient le Nouvel An qui porte un tablier
Comme un grand champ semé de neuves violettes
Et la feuille verdit sur la forêt squelette
        Revient le Nouvel An

Saisons de mon pays variables saisons
Qu'est-ce que cela fait si ce n'est plus moi-même
Qui sur les murs écris le nom de ce que j'aime
        Saisons de mon pays

        Saisons belles saisons

Louis Aragon
Le Nouveau Crève-cœur

J’ai crié Avril !

J’ai crié : «Avril!»

À travers la pluie,
Le soleil a ri.

J’ai crié : «Avril!»

Et des hirondelles
Ont bleui le ciel.

J’ai crié «Avril!»

Et le vert des prés
S’est tout étoilé.

J’ai crié «Avril,

Veux-tu me donner
Un beau fiancé?»

Mais, turlututu,
Il n’a rien répondu.

Maurice Carême
La Lanterne magique

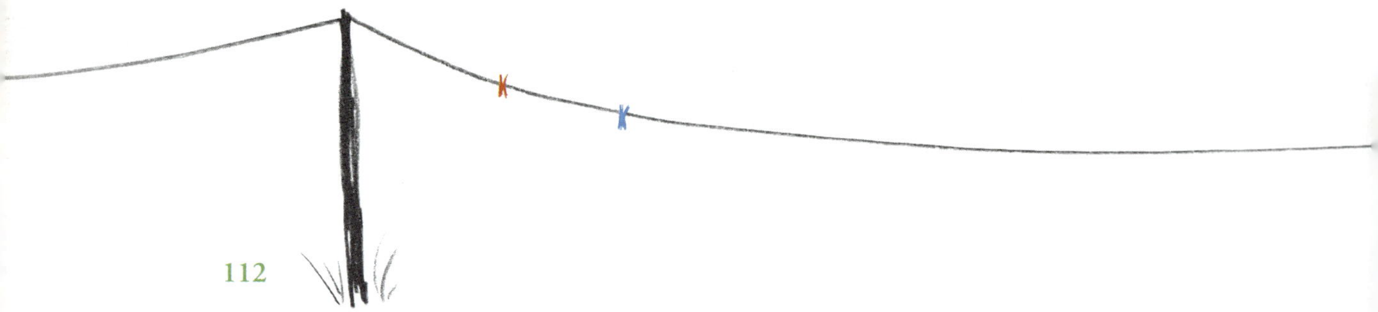

Poisson d'avril

Un poisson d'avril
Est venu me raconter
Qu'on lui avait pris
Sa jolie corde à sauter

C'était un cheval
Qui l'emportait sur son cœur
Le long du canal
Où valsaient les remorqueurs

Et alors
Un serpent
S'est offert comme remplaçant

Le poisson
Très content
Est parti à travers champs

Il saute si haut
Qu'il s'est envolé dans l'air
Il saute si haut
Qu'il est retombé dans l'eau.

Boris Vian

3 Avril

Pluie d'avril

Les tilleuls, les lilas d'Espagne et les sureaux,
Sous l'averse chaude d'avril
S'épanouissent. Quand le soleil brillera-t-il ?
Ah ! quand chanteront les oiseaux ?
L'herbe envahit le jardin tout entier,
Le chat s'endort dans le grenier,
J'entends grincer la pluie en haut du toit.
La girouette
Tourne sur elle trente-six fois,
Et puis s'arrête.

Francis Carco
La Bohème et mon cœur

4 Avril

L'âpre hiver se dissipe

Âpre hiver se dissipe aux souffles printaniers,
La barque oisive aux flots se livre ;
L'étable et l'âtre enfin lâchent leurs prisonniers
Et le pré n'est plus blanc de givre.
Sous la lune déjà Vénus conduit le chœur ;
Aux Nymphes les Grâces décentes
Se mêlent dans la ronde, et Vulcain, plein d'ardeur,
Souffle les forges rougissantes.
C'est le temps d'entourer son front de myrtes verts
Ou de fleurs qu'avril renouvelle,
Et d'immoler à Faune, aux bois d'ombre couverts,
Le bouc ou, s'il lui plaît, l'agnelle…

Théophile Gautier
Traduction de l'*Ode à Sextius,* d'Horace

5 Avril

Le parfum de la fleur du pamplemousse

Voici le temps où passent les brises du sud,
La fleur du pamplemousse épand son parfum ;
Et la nuit où s'ouvre la fleur du pamplemousse,
On peut voir, toute blanche, la Rivière du ciel.
Trois étoiles, quatre étoiles, sept étoiles…
En comptant, j'ai eu sommeil malgré moi.
Et malgré, malgré moi doucement endormie,
Sans bouger, jusqu'au matin, j'ai dormi…
Voici le temps où passent les brises du sud,
La fleur du pamplemousse épand son parfum.

Georges Bonneau
Petites chansons du Grand Japon

6 Avril

Les cloches

Les cloches de nos basiliques
S'esquivent tous les jeudis saints,
Et vont à Rome par essaims
Taciturnes et symboliques.

Quand leurs battants, à coups obliques,
Ont sonné de pieux tocsins,
Les cloches de nos basiliques
S'esquivent tous les jeudis saints,

Et dans leurs robes métalliques
À l'abri des regards malsains,
En rang, comme des capucins,
Elles s'en vont, mélancoliques,
Les cloches de nos basiliques.

Maurice Rollinat
Les Névroses

7 Avril

Avril

Déjà les beaux jours, la poussière,
Un ciel d'azur et de lumière,
Les murs enflammés, les longs soirs ;
Et rien de vert ; à peine encore
Un reflet rougeâtre décore
Les grands arbres aux rameaux noirs !
Ce beau temps me pèse et m'ennuie ;
Ce n'est qu'après des jours de pluie
Que doit surgir, en un tableau,
Le printemps verdissant et rose,
Comme une nymphe fraîche éclose,
Qui, souriante, sort de l'eau.

Gérard de Nerval
Odelettes

Sonnet d'avril

Aux petites villas parisiennes, vers
Les cimes de Meudon et les plages d'Asnières
Sous le souffle attendu des brises printanières
Quelques volets se sont discrètement rouverts.

Par les petits sentiers poudrés de bourgeons verts,
Et dont la feuille morte a comblé les ornières,
Nous irons oubliant les tristesses dernières,
Nous aimer comme on fait après tous les hivers.

Cette heure de bonheur nous sera pardonnée ;
Aimons-nous en un jour pour toute notre année,
Puis, quand viendra le soir et si nous sommes las,

– À côté du péril, la paix semblant plus douce –
Nous pourrons tous les deux nous asseoir dans la mousse
Pour regarder Paris à travers les lilas.

Paul Arène
Sonnets

9 Avril

Les amandiers en fleur

Les amandiers en fleur annoncent le printemps
Au noir figuier pensif qui ne veut pas les croire.

Des adolescents jouent au ballon dans le champ.
Le vieil homme sourit qui les entend crier,
En pensant aux saisons qu'il ne reverra plus.
Et son regret n'est qu'une tristesse douce ;
Il dit « non ». Il n'a pas envie qu'elles reviennent,
Ni que revive un cœur encor mal apaisé.

Le jeune pin croît avec le temps sur le ciel,
Soumis aux desseins des sèves inexorables,
Et son corps odorant est nourri de secrets.

Innocent, il ne peut faire qu'il ne s'érige
Pour que s'épanouisse une enfance recluse,
Qui grandit avec lui, mystérieuse épouse
Longuement obsédée dans le silence vert.

Louis Brauquier
Je connais des îles lointaines

10 Avril

Matins d’avril

Matins d’avril ! Ciels bleus, fleurs ! réveils triomphants !
Parmi le clair-obscur des volets clos, où rôde
L’or du soleil vibrant dans l’ombre déjà chaude,
Nous bondissions pieds nus hors de nos lits d’enfants.

Et, frileux, nous courions pousser une persienne
Où soudain entraient l’aube et la brise et l’azur ;
Des glycines pendaient mauves le long du mur,
Les gonds rouillés criaient sur la ferrure ancienne…

Éblouis, le front tiède et la tête sonore,
Nous écoutions monter la rumeur de l’aurore
Vaguement, des lointains de la brume vermeille,

Chocs du marteau, cris du clairon, chanson du nid,
Bruit solennel et doux du monde qui s’éveille…
Et devant nous s’ouvrait un espoir infini.

Fernand Gregh
La Maison de l’enfance

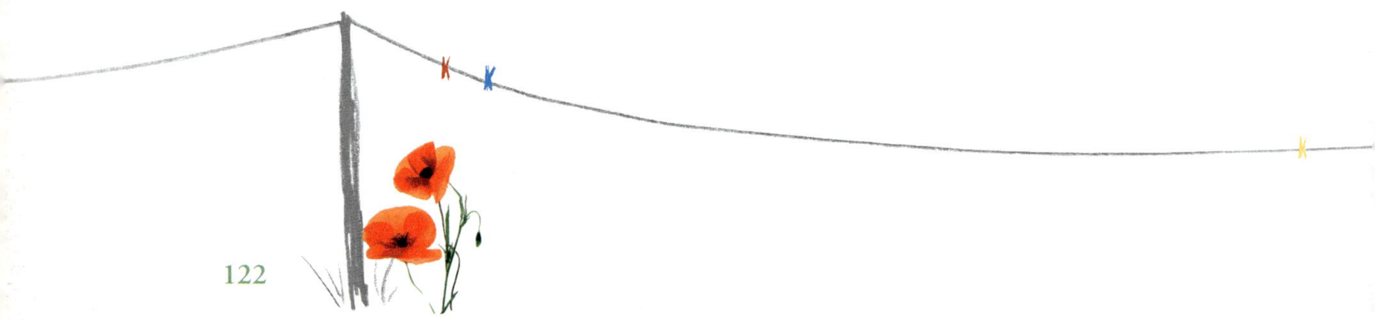

11 Avril

Mes deux filles

Dans le frais clair-obscur du soir charmant qui tombe,
L'une pareille au cygne et l'autre à la colombe,
Belles, et toutes deux joyeuses, ô douceur !
Voyez, la grande sœur et la petite sœur
Sont assises au seuil du jardin, et sur elles
Un bouquet d'œillets blancs aux longues tiges frêles,
Dans une urne de marbre agité par le vent,
Se penche, et les regarde, immobile et vivant,
Et frissonne dans l'ombre, et semble, au bord du vase,
Un vol de papillons arrêté dans l'extase.

Victor Hugo

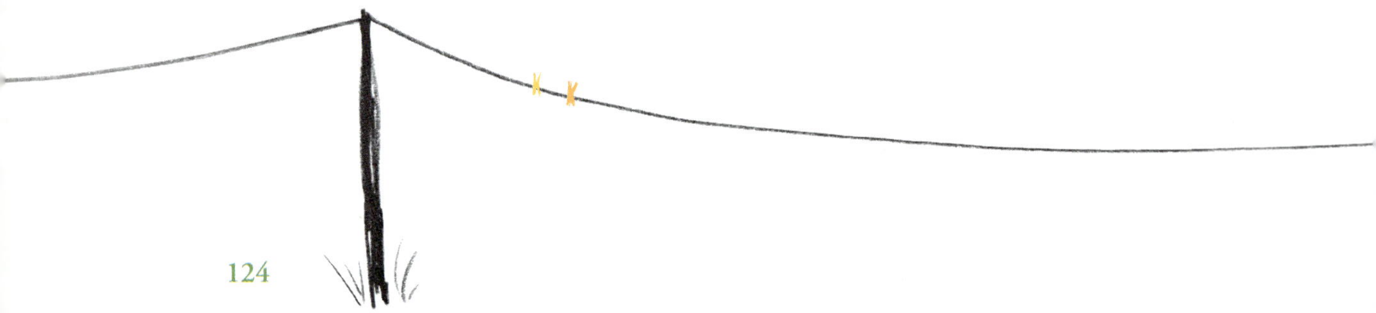

12 Avril

Cher matin…

Ô lumineux matin, jeunesse des journées,
Matin d'or, bourdonnant et vif comme un frelon,
Qui piques chaudement la nature, étonnée
De te revoir après un temps de nuit si long.

Matin, fête de l'herbe et des bonnes rosées,
Rire du vent agile, œil du jour curieux,
Qui regardes les fleurs, par l'ombre reposées,
Dans les buissons luisants s'ouvrir comme des yeux,

Heure du bel espoir qui s'ébat dans l'air vierge,
Emmêlant les vapeurs, les souffles, les rayons,
Où les coteaux herbeux, d'où l'aube blanche émerge,
Sous les trèfles touffus font chanter leurs grillons ;

Belle heure où, tout mouillé d'avoir bu l'eau vivante,
Le frissonnant soleil que la mer a baigné
Éveille brusquement dans les branches mouvantes
Le piaillement joyeux des oiseaux matiniers,

Instant salubre et clair, ô fraîche renaissance,
Gai divertissement des guêpes sur le thym,
— Tu écartes la mort, les ombres, le silence,
L'orage, la fatigue et la peur, cher matin…

Anna de Noailles
Le Cœur innombrable

13 Avril

Le vent du soir

Le vent du soir berce ma peine.
De molles branches, doucement
Balancées, frémissent à peine
Sous un souffle lent et clément.

Le ciel mouvant tourne et s'abaisse
Et, brusquement, voici la nuit.
J'entends glisser, entre les haies,
La fraîcheur vive de la pluie.

Et, par-dessus le mur, je vois –
Horizon calme – de confuses
Prairies mouillées, mêlées, fondues
Dans les brouillards blêmes et froids.

Francis Carco
La Bohème et mon cœur

14 Avril

La cuisine

La cuisine est si calme
En ce matin d'avril
Qu'un reste de grésil
Rend plus dominical.

Le printemps, accoudé
Aux vitres, rit de voir
Son reflet dans l'armoire
Soigneusement cirée.

Les chaises se sont tues.
La table se rendort
Sous le poids des laitues
Encor lourdes d'aurore.

Et à peine entend-on,
Horloge familière,
L'humble cœur de ma mère
Qui bat dans la maison.

Maurice Carême
Mère

15 Avril

Le jardin clos

I

Je me souviens. Il y a très longtemps
Notre jardin s'éveillait au printemps

Je regardais assise à la fenêtre
ce coin du monde où la vie allait naître

Le ciel penchait son visage étonné
dans l'eau du puits par les anges cerné

La terre était comme une jeune fille
comme un oiseau qui frappe sa coquille

Et je sentais à l'ombre de mon sang
sourdre un appel de plus en plus pressant

II

Mon cœur attend qu'arrête à notre porte
un cavalier sauvage qui m'emporte

Mon cœur attend que sorte de son trou
le ravisseur de nuit le loup-garou

Mon cœur attend le prince du royaume
celui qui cherche l'or entre les chaumes

Mon cœur attend le pauvre du chemin
pour lui je garde un trésor dans la main

Quand il viendra comment le reconnaître
Je n'ai jamais bougé de ma fenêtre

J'ignore tout et du bien et du mal
Où vais-je aller dessus son grand cheval

[…]

Liliane Wouters
Fragments 2

16 Avril

Chanson de Pâques

Mon âme est pleine de cloches,
Mon âme est pleine d'oiseaux !
Je vois au miroir des eaux
Trembler les étoiles proches.

Mon âme est pleine d'églises,
Mon âme est pleine de fleurs !
Les enfants oublient leurs pleurs
À chanter parmi les brises.

Mon âme est pleine d'archanges,
Mon âme est pleine d'essors !
J'entends travailler les forts
Pour l'espoir secret des granges.

Mon âme est pleine de joie,
Mon âme est pleine de dieux !
Amour, bande-moi les yeux
Pour me guider dans la voie !

Stuart Merrill
Les Quatre Saisons

17 Avril

Ici le merle fait son nid

Quand le joyeux printemps
Étale sa robe la plus belle,
Les petits oiseaux ressuscités
Se rassemblent dans les allées,
Et tiennent là leurs États.

Par-dessus tous, un chantre sauvage
Que les habitants du village
Nomment le Rossignolet,
D'un gosier qui avec tout s'accorde,
Imite sur une unique corde
Luth, épinette et flageolet.

Ici le merle fait son nid,
Là, la tourterelle charrie,
Et sur la fin du mois de mai,
Avec leur famille nouvelle,
Dans les arbres vous trouvez le berceau
Du Loriot, du Tour et du Geai.

Que jamais la maladie ni la guerre
Ne viennent de ce pays
Écarter le repos,
Mais pour le moins, tant que je vivrai,
Le bon temps s'y répartisse si bien
Que j'en aie la meilleure part.

(Trad. J. Michelet, refondue).

Louis Basron

Rondeau de printemps

À Alphonse Daudet

Des pêchers roses, tous en chœur
Embaument les vignes désertes ;
Le battoir fait son bruit claqueur
Au bord des mares découvertes,
Et la nuit perd de sa longueur.

Le vent qui n'a plus de rigueur
Éparpille en souffles alertes
La contagieuse langueur
Des pêchers roses.

L'Amour sourit, tendre et moqueur,
Car bientôt, dans les herbes vertes,
Œil mi-clos, lèvres entr'ouvertes,
Plus d'une aux bras de son vainqueur
Va commettre de tout son cœur
Des péchés roses.

Maurice Rollinat
Les Névroses

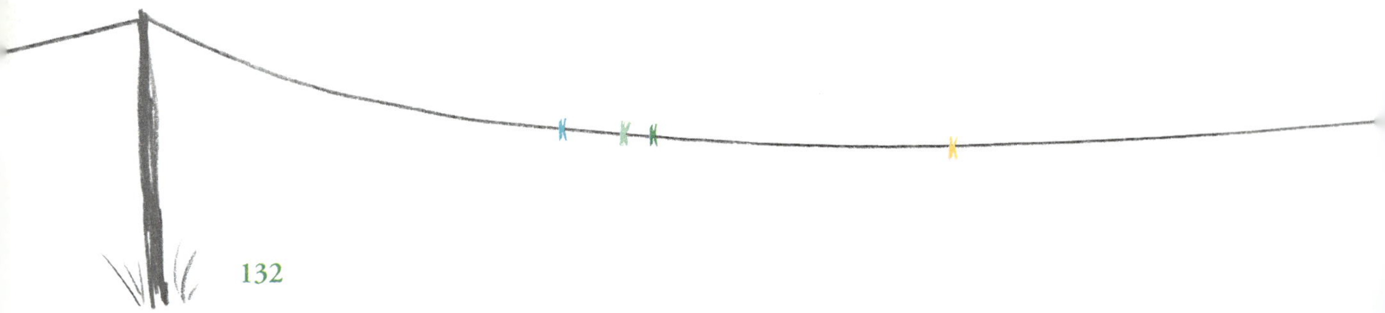

19 Avril

Printemps, mets ton charmant visage dans mon cou,
Ô ma chère saison, enchantons-nous de vivre!
Sur la douce colline où chaque fleur s'enivre,
Le matin marche avec ses souliers de bambou.

Dans l'espace éclatant, le soleil solitaire
Est si large, si mol, si vif et desserré,
Qu'on ne sait plus, tant l'air est un cercle doré,
S'il descend de la nue ou jaillit de la terre!

Au bord de leur jardin et d'un étroit verger,
Devant la grille basse et close sur la route,
Les maisons, où le miel de la chaleur s'égoutte,
Sont vives comme l'herbe et blanches comme Alger.

Tous les petits jardins s'abritent sous leur arbre,
Le beau silence semble un bassin d'azur frais;
La jeunesse du temps pose ses pieds secrets
Sur les dormants cailloux de granit et de marbre.

Le désir et l'été oppressant chaque fleur,
Leur animale vie aimablement soupire;
Un oiseau, qui dans l'or du grand matin délire,
D'un cri continuel perce l'air plein d'odeur.

L'enivrement

Entre des volets clairs, par des vitres ouvertes,
On voit, dans l'angle obscur d'une salle à manger,
Les tasses, la théière et le plateau léger
Ornés de petits ponts et de Chinoises vertes.

Et je sens que le soir, près des tendres jasmins,
Sur la pierre brûlante et plate des terrasses,
À l'heure où le sifflet d'un train s'élance et passe,
Des jeunes femmes ont la tête dans leurs mains.

Elles ne savent plus que faire de leur âme
Dans des instants si doux et si fort parfumés,
Et rêvent qu'en des doigts subtils et bien-aimés
La rose de leur cœur s'amollit et se pâme!

Ah ! comme je connais ces âmes en langueur
Qui, pleines de désirs et de soupirs, ajoutent
Leur déchirant parfum au printemps qu'elles goûtent,
Comme une abeille met du miel sur une fleur!

Ah! pendant ces printemps, que d'ardeur répandue
Sur les pétales noirs des odorantes nuits,
Et que de cœurs penchants, pleins de divins ennuis
Vous ont, ô Volupté, doucement attendue!...

Anna de Noailles
Les Éblouissements

20 Avril

Bel aubépin

Bel aubépin verdissant,
          Fleurissant
Le long de ce beau rivage,
Tu es vêtu jusqu'au bas
          Des longs bras
D'une lambrunche sauvage.

Deux camps drillants de fourmis
          Se sont mis
En garnison sous ta souche :
Et, dans ton tronc mi-mangé,
          Arrangé,
Les avettes ont leur couche…

Or vis, gentil aubépin,
          Vis sans fin,
Vis sans que jamais tonnerre,
Ou la cognée, ou les vents,
          Ou les temps
Te puissent ruer par terre.

Pierre de Ronsard
Odes

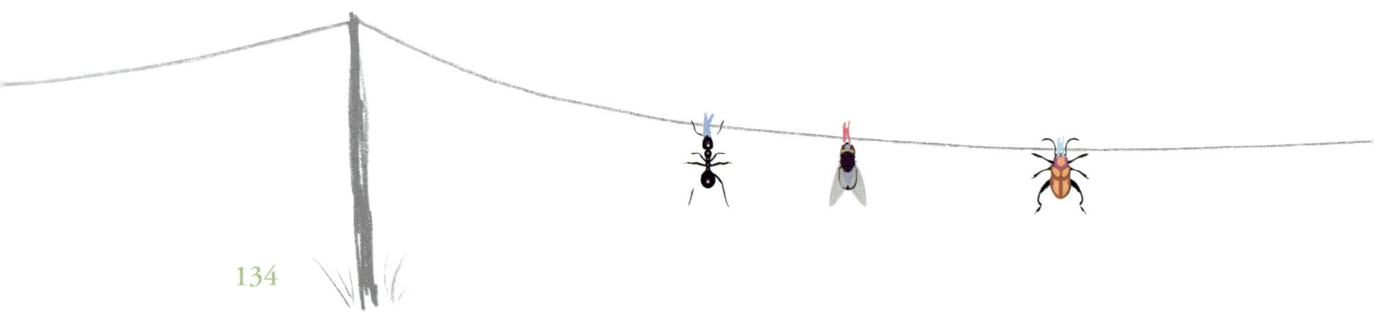

21 Avril

Pourquoi dire : Il fait beau temps ?

Pourquoi dire : Il fait beau temps ?
Ce beau temps-là sent la pluie.
Un air de mélancolie s'est emparé du printemps.

L'herbe court dans la prairie,
Plus vite que les instants…
Pourquoi dire : Il fait beau temps ?
Ce beau temps-là sent la pluie.

Car, là-haut, les quatre vents,
Pris d'une brusque furie,
Bousculent la bergerie
Des petits nuages blancs…
Pourquoi dire : Il fait beau temps ?

Rosemonde Gérard
Les Pipeaux

22 Avril

Nous irons tous deux...

Nous irons tous deux, écartant l'ortie et les fougères,
Dans les jardins où pleuvent, en traits longs et fins, les pleurs
De la lumière, où sont les jets d'eau danseurs, et légères,
Les hautes pelouses s'enivrant d'oiseaux et de fleurs.

Entrons, beaux Pèlerins, dans cet ermitage de gloire !
Gagnons-y notre place et faisons-nous un corps pareil
Aux choses, nous, délivrés de l'heure et de la mémoire,
Lucides dans le magnifique opium du soleil.

Nous y serons heureux comme les Anges et les Bêtes,
Sans lien, sans espoir, dont l'instant seul comble l'esprit ;
Regrets, chagrins insidieux, holà, vaines tempêtes !
Notre cœur, par-delà les désastres, navigue et rit.

Le jour, joyeux et parfumé, chante dans mille abeilles,
Les bassins, les gazons émus sont luisants de désir ;
Le bonheur pèse ainsi qu'un sommeil lourd, et les corbeilles
Scellent la terre et l'air des rouges cachets du plaisir.

La brise vole et joue et déploie une souple soie
Caressante, le ciel brille entre les feuilles, si pur !
Liberté, Liberté ! l'universel midi flamboie,
Et cet apaisement tout rempli d'ailes et d'azur !

Vincent Muselli
Points et contrepoints

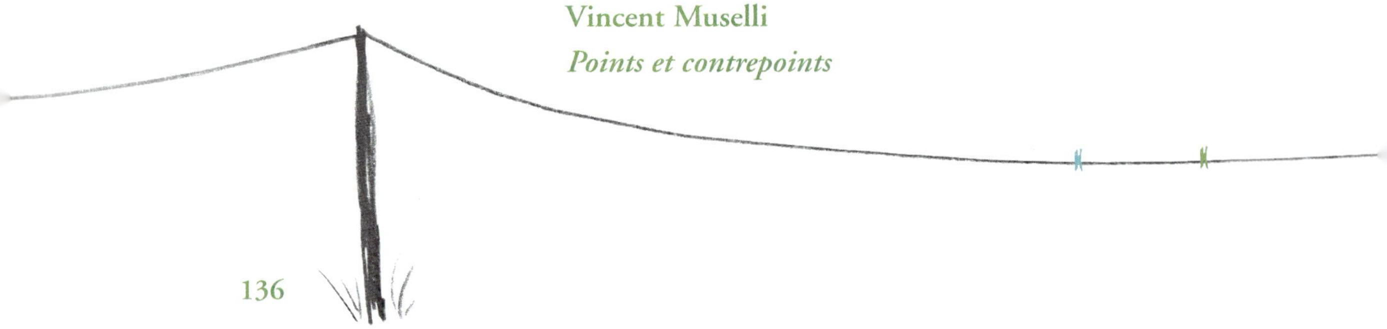

23 Avril

Le nez fin

Prends un brin d'herbe et froisse-le
entre la pulpe de tes doigts
et tu sentiras parfois une odeur amère
et parfois celle du printemps
c'est peut-être de l'anis c'est peut-être de la menthe
c'est peut-être la plante
qui fait rêver à tous les parfums de l'Arabie
à la cannelle au gingembre à l'ilang-ilang
au poil de l'âne qui fait hihan hihan
à la roche rôtie à la pierre panée
à la route rouillée à la boue piétinée
à l'eau
à rien

Raymond Queneau
Battre la campagne

24 Avril

C'est le joli printemps

C'est le joli printemps
Qui fait sortir les filles,
C'est le joli printemps
Qui fait briller le temps.

J'y vais à la fontaine,
C'est le joli printemps,
Trouver celle qui m'aime,
Celle que j'aime tant.

C'est dans le mois d'avril
Qu'on promet pour longtemps,
C'est le joli printemps,
Qui fait sortir les filles,

La fille et le galant,
Pour danser le quadrille,
C'est le joli printemps
Qui fait briller le temps.

Aussi, profitez-en,
Jeunes gens, jeunes filles ;
C'est le joli printemps
Qui fait briller le temps.

Car le joli printemps,
C'est le temps d'une aiguille,
Car le joli printemps
Ne dure pas longtemps.

Maurice Fombeure
À dos d'oiseau

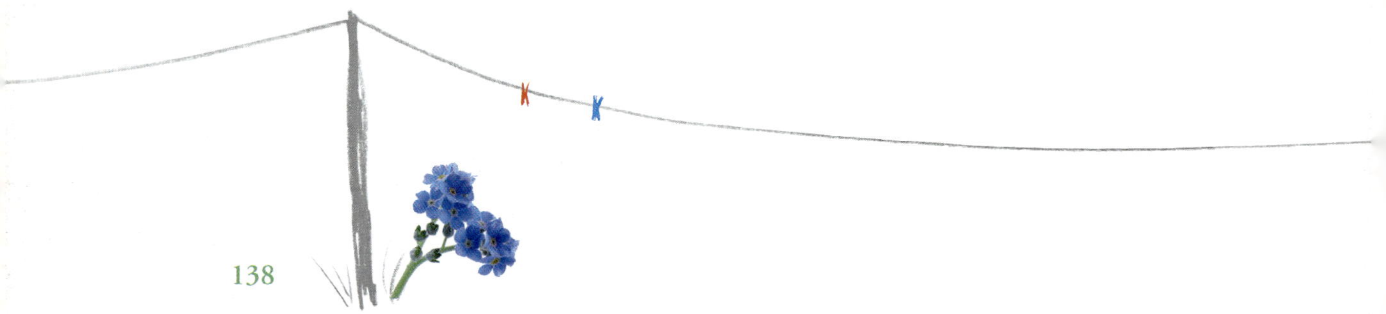

Comme au printemps s'agitent les rameaux

Ne dites pas : la vie est un joyeux festin ;
Ou c'est d'un esprit sot ou c'est d'une âme basse.
Surtout ne dites point : elle est malheur sans fin ;
C'est d'un mauvais courage et qui trop tôt se lasse.

Riez comme au printemps s'agitent les rameaux,
Pleurez comme la bise ou le flot sur la grève,
Goûtez tous les plaisirs et souffrez tous les maux ;
Et dites : c'est beaucoup et c'est l'ombre d'un rêve.

Jean Moréas

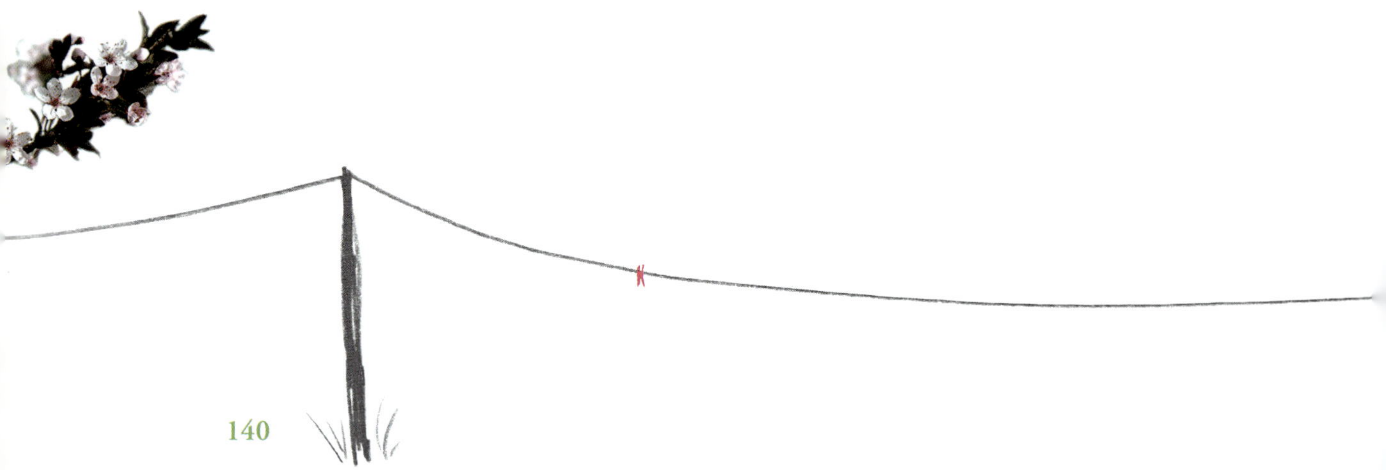

26 Avril

Renouveau

Du mois d'avril au mois de mai
La terre se fait plus gentille.
Un joli temps de jeune fille,
Tire l'aiguille, prend le dé.

Parfois un bel arc irisé
Pavoise l'averse qui brille.
Du mois d'avril au mois de mai
La terre se fait plus gentille.

La violette est dans le pré ;
Dans la clairière, la jonquille.
Sous l'arbre en espoir de famille
On entend le merle chanter
Du mois d'avril au mois de mai.

Pierre Menanteau
À l'école du buisson

27 Avril

Lieux que j'aimerais visiter (mais il y a peu de chances)

L'endroit exact du labyrinthe où l'on entend très loin les pas du Minotaure en apercevant tout près la lumière de l'issue.

[…]

La falaise de marbre au nord-est de Delphes dont l'écho, au lever du soleil, le dimanche de Pâques, renvoie en grec ancien les phrases murmurées dans une autre langue.

La catiche[1] où se catissent une loutre et son petit au bord d'une eau vive, pure et froide.

Claude Roy
La Fleur du temps

[1] Du français ancien « se catir » — se blottir, se cacher

28 Avril

Le clos au levant

(Chanson faite un matin de Pâques par le bon ménager
au souvenir d'une maison de la montagne.)

Lorsque le soleil se lève,
Il se lève sur un clos :
La fraise y vient sous la fève,
Le cassis sous le bouleau.

Loin des fumées du village
Et des jardins en casiers,
Un clos qui sent le sauvage,
Plein d'ombre et de framboisiers.

J'entends le vent des collines
Qui m'apporte son odeur
De cerfeuil et de racine,
Son goût d'herbe de senteur.

Juste un toit pour notre couette,
– Les nuits sont fraîches, l'été, –
Et puis, comme l'alouette,
Y vivre de liberté.

Henri Pourrat
Liberté

29 Avril

La pluie fine...

La pluie fine a mouillé toutes choses, très doucement et en silence. Il pleut encore un peu. Je vais sortir sous les arbres. Pieds nus, pour ne pas tacher mes chaussures.

La pluie au printemps est délicieuse. Les branches chargées de fleurs mouillées ont un parfum qui m'étourdit. On voit briller au soleil la peau délicate des écorces.

Hélas ! que de fleurs sur la terre ! Ayez pitié des fleurs tombées. Il ne faut pas les balayer et les mêler dans la boue, mais les conserver aux abeilles.

Les scarabées et les limaces traversent le chemin entre les flaques d'eau ; je ne veux pas marcher sur eux, ni effrayer ce lézard doré qui s'étire et cligne des paupières.

Pierre Louys
Œuvres

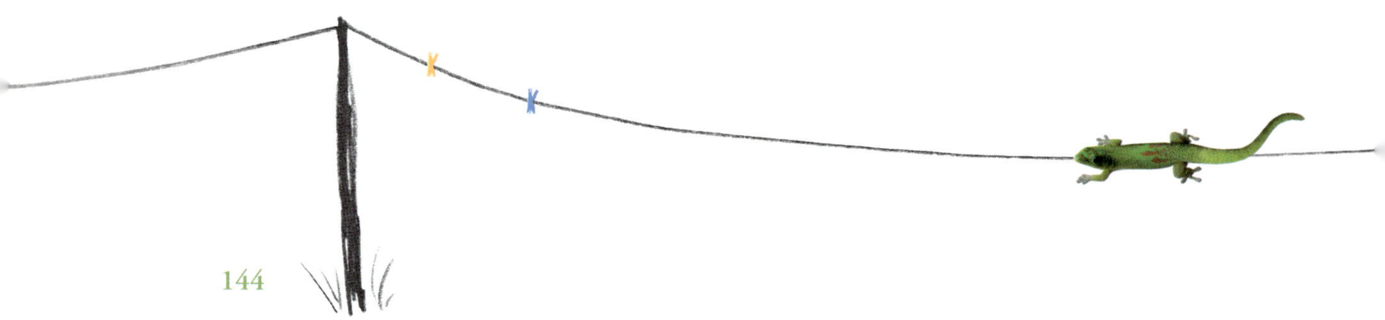

La pluie tape
Dans une danse délicate et garnie de plumes
Le long de l'Hudson.

Bleu

Le monde entier est bleu,
Un bleu qui fond
Le ciel et l'onde et le lointain rivage,
Dans un ton calme.

Un remorqueur, voguant lentement,
Traîne une écharpe grise
Parmi les lumières miroitées de l'eau.

Mes pensées qui vous cherchent
Ce soir
Sommeillent dans la brume
Grise et bleue.
Myosotis.

Brownell Carr

1er Mai

Ballade du premier jour de mai

Trop longtemps vous vois sommeiller,
Monsieur, en deuil et déplaisir ;
Veuillez-vous, ce jour éveiller :
Allons au bois le mai cueillir,
Pour la coutume maintenir.
Nous orrons des oiseaux le glai[1]
Dont ils font les bois retentir,
Ce premier jour du mois de mai.

Le Dieu d'Amour est coutumier,
A ce jour de fête tenir,
Pour amoureux cœurs festoyer
Qui désirent de le servir ;
Pour ce fait les arbres couvrir
Des fleurs et des champs de vert gai,
Pour la fête plus embellir
Ce premier jour du mois de mai.
…

Charles d'Orléans

[1] Le glai : le chant.

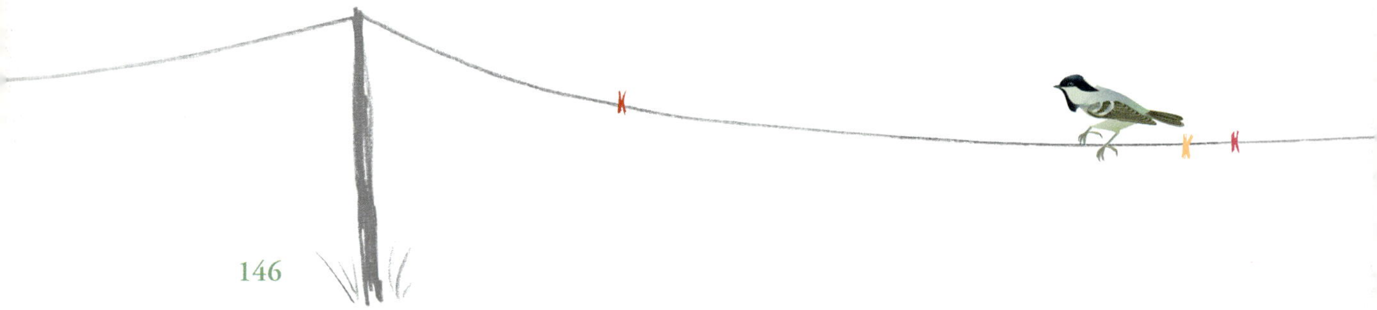

2 Mai

De premier mai en premier mai

Comme si nous étions les feuilles d'un même arbre
Nous sommes rassemblés par le vent étouffant
Misère c'est la nuit et guerre le déluge
Du miroir qu'on nous tend ne reste que le plomb

Et ce n'est pas d'hier mais de toujours qu'on ose
Nous promettre au néant nous qui rajeunissons
À chaque bon baiser comme à chaque printemps
Nous qui puisons dans l'avenir notre lumière

D'un ciel mal étalé nos maîtres sont marqués
Nous notre force est nue elle est une et première
Toujours et pour demain sur terre nous les hommes
Nous ne connaîtrons plus que le poids du bonheur

Le poids léger et doux des bourgeons et des fruits

Paul Eluard
Poèmes politiques

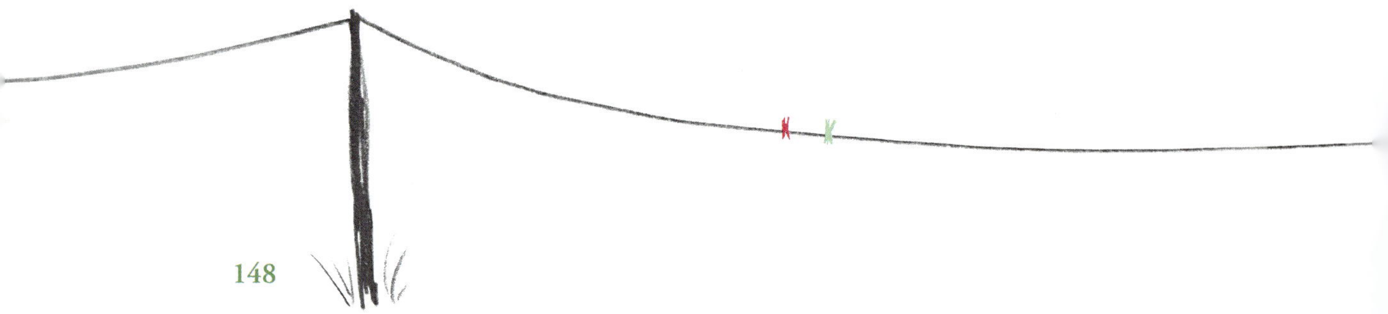

3 Mai

Le mai le joli mai

Le mai le joli mai en barque sur le Rhin
Des dames regardaient du haut de la montagne
Vous êtes si jolies mais la barque s'éloigne
Qui donc a fait pleurer les saules riverains

Or des vergers fleuris se figeaient en arrière
Les pétales tombés des cerisiers de mai
Sont les ongles de celle que j'ai tant aimée
Les pétales flétris sont comme ses paupières

Sur le chemin du bord du fleuve lentement
Un ours un singe un chien menés par des tziganes
Suivaient une roulotte traînée par un âne
Tandis que s'éloignait dans les vignes rhénanes
Sur un fifre lointain un air de régiment

Le mai le joli mai a paré les ruines
De lierre de vigne vierge et de rosiers
Le vent du Rhin secoue sur le bord les osiers
Et les roseaux jaseurs et les fleurs nues des vignes

Guillaume Apollinaire
Alcools

Harmonie du soir

Voici le temps où vibrant sur sa tige
Chaque fleur s'évapore ainsi qu'un encensoir ;
Les sons et les parfums tournent dans l'air du soir ;
Valse mélancolique et langoureux vertige.

Chaque fleur s'évapore ainsi qu'un encensoir ;
Le violon frémit comme un cœur qu'on afflige ;
Valse mélancolique et langoureux vertige !
Le ciel est triste et beau comme un grand reposoir ;

Le violon frémit comme un cœur qu'on afflige,
Un cœur tendre, qui hait le néant vaste et noir !
Le ciel est triste et beau comme un grand reposoir ;
Le soleil s'est noyé dans son sang qui se fige.

Un cœur tendre, qui hait le néant vaste et noir,
Du passé lumineux recueille tout vestige !
Le soleil s'est noyé dans son sang qui se fige…
Ton souvenir en moi luit comme un ostensoir !

Charles Baudelaire
Les Fleurs du mal

5 Mai

En mai, au doux temps nouveau

En mai, au doux temps nouveau,
quand reverdissent les prés,
j'ouïs sous un arbrisseau
chanter le rossignolet.
Saderala don !
Il fait si bon
dormir sous le buissonnet.

Comme j'étais pensif,
je m'assis sous le buisson :
je m'y endormis un peu
au doux chant de l'oiselet.
Saderala don !
Il fait si bon
dormir sous le buissonnet.

Quand je fus réveillé
je demandai à l'oiseau une faveur :
qu'il me réjouisse de son chant :
ainsi j'en serai plus gai.
Saderala don !
Il fait si bon
dormir sous le buissonnet.

Anonyme du XIVe siècle

6 Mai

Plantons le mai

Couchés dessus l'herbage vert
D'ombrages épais encourtinés
Écoutons le ramage du rossignolet.
Plantons le mai, plantons le mai
En ce joli mois de mai.

Dedans ce peinturé préau
Les fleurs, levant le chef en haut,
Se présentent à faire chapeaux et bouquets.
Plantons le mai, plantons le mai
En ce joli mois de mai.

Les oisillons joints deux à deux
Font leur couvée au nid commun ;
Et du jeu de l'amour ne prenons les ébats.
Plantons le mai, plantons le mai
En ce joli mois de mai.

La terre gaie épand le sein
Au germe doux qui vient d'en haut,
Du ciel amoureux qui sur elle se fond.
Plantons le mai, plantons le mai
En ce joli mois de mai.

Antoine de Baïf

7 Mai

Chanson

Proscrit, regarde les roses ;
Mai joyeux, de l'aube en pleurs
Les reçoit toutes écloses ;
Proscrit, regarde les fleurs.

– Je pense
Aux roses que je semai.
Le mois de mai sans la France,
Ce n'est pas le mois de mai.

Proscrit, regarde les tombes ;
Mai, qui rit aux cieux si beaux,
Sous les baisers des colombes
Fait palpiter les tombeaux.

– Je pense
Aux yeux chers que je fermai.
Le mois de mai sans la France,
Ce n'est pas le mois de mai.

Proscrit, regarde les branches,
Les branches où sont les nids ;
Mai les remplit d'ailes blanches
Et de soupirs infinis.

– Je pense
Aux nids charmants où j'aimai.
Le mois de mai sans la France,
Ce n'est pas le mois de mai.

Victor Hugo

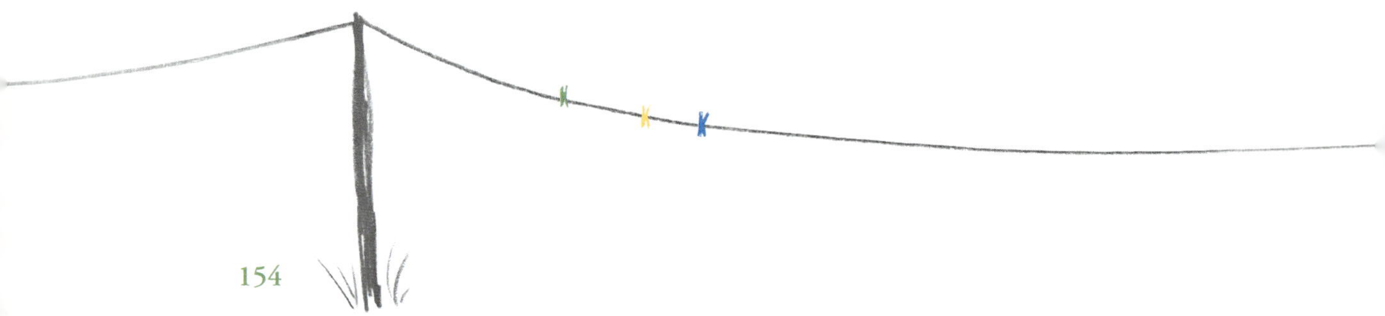

8 Mai

Quand vient le soir

Quand vient le soir,
Des cygnes noirs,
Ou des fées sombres,
Sortent des fleurs, des choses, de nous :
Ce sont nos ombres.
Elles avancent : le jour recule.
Elles vont dans le crépuscule,
D'un mouvement glissant et lent,
Elles s'assemblent, elles s'appellent,
Se cherchent sans bruit,
Et toutes ensemble,
De leurs petites ailes,
Font la grande nuit.
Mais l'Aube dans l'eau
S'éveille et prend son grand flambeau.
Puis elle monte,
En rêve, monte, et peu à peu,
Sur les ondes elle élève
Sa tête blonde,
Et ses yeux bleus.
Aussitôt, en fuite furtive,
Les ombres s'esquivent,
On ne sait où.
Est-ce dans l'eau ? Est-ce sous terre ?
Dans une fleur ? Dans une pierre ?
Est-ce dans nous ?
On ne sait pas. Leurs ailes closes
Enfin reposent.
Et c'est matin.

Charles Van Lerberghe
La Chanson d'Ève

9 Mai

Les vergers de mai

En mai, les grands vergers de la Flandre féconde
Sont des morceaux de paradis qui se souviennent
D'avoir fleuri si blancs, aux premiers temps du monde.

Les yeux qui voient croient voir une aile aérienne
Parmi les lointains purs doucement remuée,
Les éventer du fond du ciel, sous les nuées.

Le vent, qui chante et rit, murmure une louange
À l'herbe ardente et drue et caresse les haies ;
Et les arbres sont beaux comme des manteaux d'anges.

Et les oiseaux nichant parmi les pommeraies
S'y poursuivent, et les branches ornementales,
Sur les vols lumineux, font tomber leurs pétales.

Tandis qu'au pied des troncs vont et viennent les bêtes,
Léchant l'écorce en or de leurs langues gourmandes,
Et que les bonnes fleurs s'inclinent vers leurs têtes
Dans l'herbe – beurre et lait – des pâtures flamandes.

Émile Verhaeren
Toute la Flandre

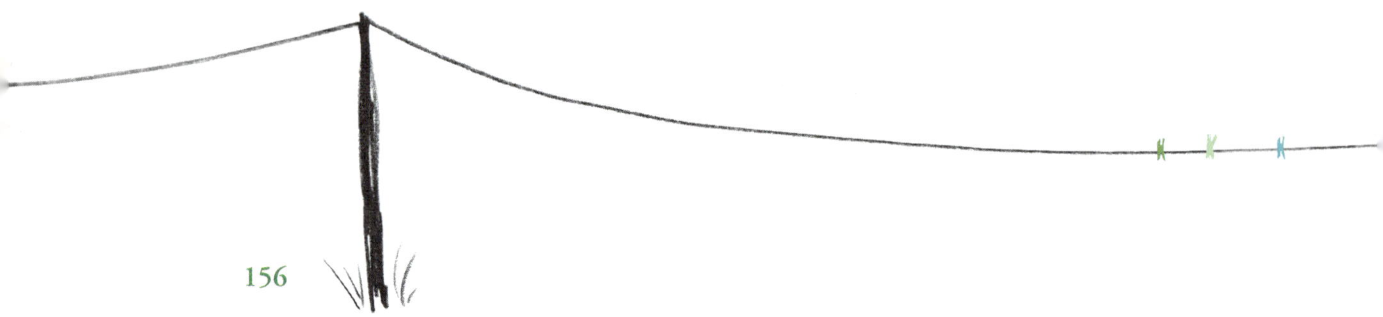

Amour lointain

Lorsque les jours sont longs en mai,
J'aime ouïr les oiseaux lointains ;
Et quand j'ai fini d'écouter,
Je songe à un amour lointain.
Je vais courbé par le désir,
Et les chants, les fleurs d'aubépine
Valent les glaces de l'hiver.

Certes je crois que le Seigneur
Me fera voir l'amour lointain,
Mais, pour un bien qui m'en échoit,
J'ai deux maux, tant il m'est lointain.
Ah ! que ne suis-je pèlerin
Pour que ma cape et mon bâton
Soient contemplés par ses beaux yeux !

Quel plaisir de lui demander
Au nom du ciel l'abri lointain !
Car, s'il lui plaît, je prendrai gîte
Auprès d'elle, moi le lointain.

Gianfre Rudel, ch'uso la vela e'l ramo
A cercar la sua morte…

Jaufré Rudel

11 Mai

La plaie que,
depuis le temps des cerises...

La plaie que, depuis le temps des cerises,
je garde en mon cœur s'ouvre chaque jour.
En vain les lilas, les soleils, les brises
viennent caresser les murs des faubourgs.

Pays des toits bleus et des chansons grises,
qui saignes sans cesse en robe d'amour,
explique pourquoi ma vie est éprise
du sanglot rouillé de tes vieilles cours.

Aux fées rencontrées le long du chemin
je vais racontant Fantine et Cosette.
L'arbre de l'école, à son tour, répète

Une belle histoire où l'on dit : demain...
Ah ! jaillisse enfin le matin de fête
où sur les fusils s'abattront les poings !

Jean Cassou
Trente-trois sonnets composés au secret

12 Mai

Mai vantera ses fraîcheurs

May vantera ses fraischeurs,
Ses fruicts meurs,
Et sa féconde rosée,
La manne et le sucre doux
Le miel roux
Dont sa grâce est arrosée.

Mais moy je donne ma voix
À ce mois,
Qui prend le surnom de celle
Qui de l'escumeuse mer
Veit germer
Sa naissance maternelle.

Rémy Belleau
La Première Journée de la bergerie

13 Mai

Dans un petit bateau

Dans un petit bateau
Une petite dame
Un petit matelot
Tient les petites rames

Ils s'en vont voyager
Sur un ruisseau tranquille
Sous un ciel passager
Et dormir dans une île

C'est aujourd'hui Dimanche
Il fait bon s'amuser
Se tenir par la hanche
Échanger des baisers

C'est ça la belle vie
Dimanche au bord de l'eau
Heureux ceux qui envient
Le petit matelot

Robert Desnos
Destinée arbitraire

14 Mai

La fileuse

Assise la fileuse au bleu de la croisée
Où le jardin mélodieux se dodeline.
Le rouet ancien qui ronfle l'a grisée.

Lasse, ayant bu l'azur, de filer la câline
Chevelure, à ses doigts si faibles évasive,
Elle songe, et sa tête petite s'incline…

Un arbuste et l'air pur font une source vive
Qui, suspendue au jour, délicieuse arrose
De ses pertes de fleur le jardin de l'oisive.

Une tige, où le vent vagabond se repose,
Courbe le salut vain de sa grâce étoilée
Dédiant magnifique, au vieux rouet, sa rose.

Mais la dormeuse file une laine isolée,
Mystérieusement l'ombre frêle se tresse
Au fil de ses doigts longs et qui dorment, filée.

Le songe se dévide avec une paresse
Angélique, et sans cesse, au fuseau doux, crédule
La chevelure ondule au gré de la caresse…

Derrière tant de fleurs l'azur se dissimule
Fileuse de feuillage et de lumière ceinte.
Tout le ciel vert se meurt. Le dernier arbre brûle.

Ta sœur, la grande rose où sourit une sainte
Parfume ton front vague au vent de son haleine
Innocente, et tu crois languir. Tu es éteinte.

Au bleu de la croisée où tu filais la laine.

Paul Valéry
Poésies

Rosier sauvage

L’églantine est un piège,
Un cruel ornement
Des guerres enfantines.

Sade, marquis charmant,
Voleur des églantines,
Rougit sa main d’amant.

Il signe sur la neige,
Et sur la glace ment
Avec un diamant.

Jean Cocteau
Vocabulaire

16 Mai

Spectacle rassurant

Tout est lumière, tout est joie
L'araignée au pied diligent
Attache aux tulipes de soie
Ses rondes dentelles d'argent.

La frissonnante libellule
Mire les globes de ses yeux
Dans l'étang splendide où pullule
Tout un monde mystérieux…

Sous les bois, où tout bruit s'émousse
Le faon craintif joue en rêvant ;
Dans les verts écrins de la mousse
Luit le scarabée, or vivant…

La giroflée avec l'abeille
Folâtre en baisant le vieux mur ;
Le chaud sillon gaiement s'éveille,
Remué par le germe obscur.

Tout vit et se pose avec grâce :
Le rayon sur le ciel ouvert,
L'ombre qui fuit sur l'eau qui passe
Le ciel bleu sur le coteau vert !

La plaine brille, heureuse et pure.
Le bois jase, l'herbe fleurit…
Homme, ne crains rien : la nature
Sait le grand secret et sourit.

Victor Hugo
Les Rayons et les ombres

17 Mai

Mille et mille oisillons

Vrai ! voici que le mois de mai
Emporte au son d'un branle gai
Parmi les rochers les Dryades
D'entre les Satyres triées,
Dessous mille et mille oisillons
Qui sont autant de couterets,
Autant de luths et d'épinettes
Et de rebecs et d'organons,
De flageolets et violons.

Jean-Géraud d'Astros

18 Mai

Dans les bois

Au printemps l'Oiseau naît et chante :
N'avez-vous pas ouï sa voix ?...
Elle est pure, simple et touchante,
La voix de l'Oiseau – dans les bois !

L'été, l'Oiseau cherche l'Oiselle ;
Il aime – et n'aime qu'une fois !
Qu'il est doux, paisible et fidèle,
Le nid de l'Oiseau – dans les bois !

Puis quand vient l'automne brumeuse,
Il se tait... avant les temps froids.
Hélas ! qu'elle doit être heureuse
La mort de l'Oiseau – dans les bois !

Gérard de Nerval

19 Mai

Les nénufars dorés

Viens. Sur tes cheveux noirs jette un chapeau de paille.
Avant l'heure du bruit, l'heure où chacun travaille,
Allons voir le matin se lever sur les monts
Et cueillir par les prés les fleurs que nous aimons.
Sur les bords de la source aux moires assouplies,
Les nénufars dorés penchent des fleurs pâlies,
Il reste dans les champs et dans les grands vergers
Comme un écho lointain des chansons des bergers,
Et, secouant pour nous leurs ailes odorantes,
Les brises du matin, comme des sœurs errantes,
Jettent déjà vers toi, tandis que tu souris,
L'odeur du pêcher rose et des pommiers fleuris.

Théodore de Banville

20 Mai

Le rossignol

À Louis Ratisbonne

Quand le soleil rit dans les coins,
Quand le vent joue avec les foins,
À l'époque où l'on a le moins
D'inquiétudes ;
Avec Mai, le mois enchanteur
Qui donne à l'air bonne senteur,
Il nous revient, l'oiseau chanteur
Des solitudes.

Il habite les endroits frais,
Pleins de parfums et de secrets,
Sur les lisières des forêts
Et des prairies ;
Sur les bords d'un lac ombragé,
Auprès d'un manoir très âgé
Ou d'un cimetière chargé
De rêveries.

Maurice Rollinat
Les Névroses

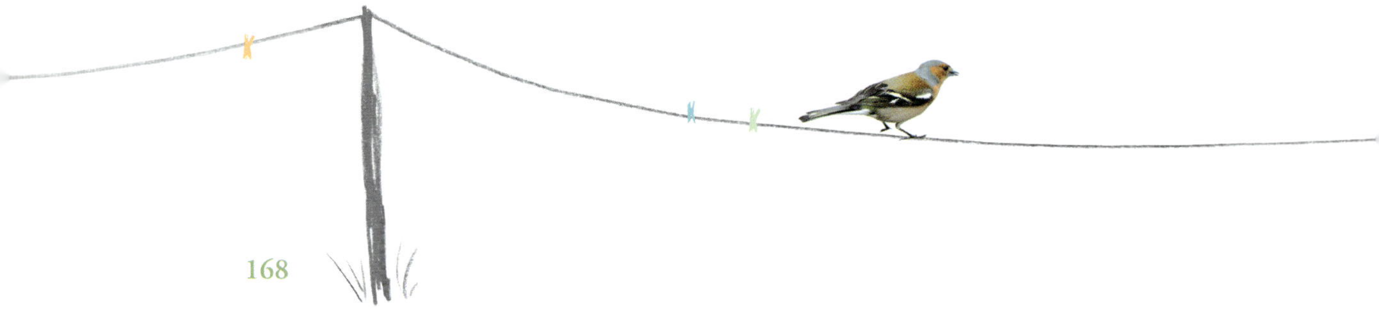

21 Mai

La chanson du soleil

N'oublie pas la chanson du soleil, Vassili.
Elle est dans les chemins craquelés de l'été,
dans la paille des meules,
dans le bois sec de ton armoire,
… si tu sais bien l'entendre.
Elle est aussi dans le cœur du criquet.
Vassili, Vassili, parce que tu as froid, ce soir,
Ne nie pas le soleil.

Sabine Sicaud
Poèmes

22 Mai

Rosette en mai

Au mois de mai, j'ai vu Rosette,
Et mon cœur a subi ses lois.
Que de caprices la coquette
M'a fait essuyer en six mois !
Pour lui rendre enfin la pareille,
J'appelle octobre à mon secours.
Au printemps, adieu la bouteille !
En automne, adieu les amours !

Je prends, quitte et reprends Adèle,
Sans façons comme sans regrets.

Au revoir, un jour me dit-elle ;
Elle revient long-temps après.
J'étais à chanter sous la treille :
Ah ! dis-je, l'année a son cours.
Au printemps, adieu la bouteille !
En automne, adieu les amours !

Mais il est une enchanteresse
Qui change à son gré mes plaisirs.
Du vin elle excite l'ivresse,
Et maîtrise jusqu'aux désirs.
Pour elle ce n'est pas merveille
De troubler l'ordre de mes jours,
Au printemps avec la bouteille,
En automne avec les amours.

Pierre-Jean de Béranger
Chansons

Comme on voit sur la branche…

Comme on voit sur la branche au mois de mai la rose
En sa belle jeunesse, en sa première fleur,
Rendre le ciel jaloux de sa vive couleur,
Quand l'aube de ses pleurs au point du jour l'arrose ;

La grâce dans sa feuille, et l'amour se repose,
Embaumant les jardins et les arbres d'odeur ;
Mais, battue ou de pluie ou d'excessive ardeur,
Languissante elle meurt, feuille à feuille déclose.

Ainsi, en ta première et jeune nouveauté,
Quand la terre et le ciel honoraient ta beauté,
La Parque t'a tuée, et cendre tu reposes.

Pour obsèques reçois mes larmes et mes pleurs,
Ce vase plein de lait, ce panier plein de fleurs,
Afin que, vif et mort, ton corps ne soit que roses.

Pierre de Ronsard

24 Mai

Amour de mai

Le chien du boulanger
Est maigre comme un clou,
Mais celui du boucher
Est gras et rond comme une pomme de terre.

– Petite mère, prenez garde à vous,
Petite mère, prenez garde à vous.

Ô que la vie est douce
Sur ce vieux banc de frêne.
Qu'il me soit pardonné,
J'y ai beaucoup aimé :

Un visage si pur,
Des yeux clairs, une eau calme,
Un moineau sur un mur…

– Petite mère, prenez garde à vous,
Petite mère, prenez garde à vous.

Mon cœur est si léger
Que je l'entends à peine,
Mon cœur est si léger
Quand il n'a pas de peine ;

– Mais il n'est plus du tout, tout à vous
Petite mère, prenez garde à vous.

Maurice Fombeure
À dos d'oiseau

25 Mai

Quand mai se dépense tout entier

La journée était charmante. C'était l'un de ces jours printaniers où Mai se dépense tout entier.

Les premiers papillons se posaient sur les premières roses. Tout était neuf, dans la nature, les herbes, les mousses, les feuilles, les parfums, les rayons.

Les cailloux étaient lavés de frais.

La profonde chanson des arbres était chantée par les oiseaux nés d'hier. Il est probable que leur coquille d'œuf cassée par leur petit bec était encore dans le nid.

Des ailes bruissaient dans le tremblement des branches. Ils chantaient leur premier chant, ils volaient leur premier vol.

Une très jolie lentille d'eau couvrait les mares d'une nappe d'émeraude. Les bergeronnettes s'y baignaient.

Victor Hugo

26 Mai

Printemps en ville

Le printemps submerge la ville
D'oiseaux qu'il lance sur les toits.
Partout des visages tranquilles
Fleurissent les carreaux étroits.

Le vert a envahi les parcs
Où les platanes font la roue.
Les statues ont bandé leur arc
Et mettent les passants en joue.

Vous aurez bientôt des lilas
Où vous cacher, les amoureux.
Et les bancs qui sont près de là,

Surpris par l'éclat de vos voix,
N'écoutent plus les petits vieux
Que l'hiver retenait chez eux.

Maurice Carême
Du ciel dans l'eau

27 Mai

Matin de mai

Il me semblait que c'était le matin,
Il y a bien cinq ans au moins,
Mon rêve se passait en mai,
Dans la saison d'amour, pleine de joie,
Au temps où tout être se réjouit,
Car on ne voit buisson ni haie
Qui ne veuille en mai se parer
Et se couvrir de feuilles nouvelles
Les bois retrouvent leur verdure,
Qui sont secs tant que dure l'hiver ;
La terre même s'enorgueillit
De la rosée qui la mouille,
Et oublie la misère
Où elle a été tout l'hiver ;
Alors la terre devient si fière
Qu'elle veut avoir robe nouvelle ;
Elle sait se faire une robe si gracieuse
Qu'elle a mille couleurs.
Herbe et fleurs blanches et bleues
Et de maintes couleurs diverses,
Telle est la robe que je décris
Et que préfère la terre.
Les oiseaux, qui se sont tus
Tant qu'ils ont eu le froid
Et un temps changeant et pénible,
Sont, en mai, à cause du temps serein,
Si joyeux qu'ils montrent par leur chant
Que la joie de leur cœur
Les force à chanter.
Le rossignol s'efforce alors
De chanter et de faire du tapage ;
Alors se réjouissent et s'amusent
Le perroquet et l'alouette ;
Il faut alors que les jeunes gens s'adonnent
À la gaieté et à l'amour,
Dans la beauté et la douceur de la saison ;
Il a le cœur bien dur qui n'aime pas en mai,
Quand il entend sur les branches
Les oiseaux lancer leurs doux chants tendres…

Guillaume de Lorris

28 Mai

En rond les maisons

En rond les maisons
comme pour danser,
en rond les maisons
où sur le marché,

l'homme qui dit là
des mots à chanter,
c'est moi pour la joie
des miens tout en paix.

Or, gai ! le fermier,
salut l'aubergiste,
et joie ! le berger,
que mai vous assiste,

c'est fête, à bras nus
cuisez boulangers,
et, papegai chu,
riez les archers ;

puis joie tout en rond
des toits, des bâtisses,
avec le printemps
ouvrez vos comices :

le joueur d'orgues est arrivé.

Max Elskamp
Enluminures

Puisque mai tout en fleurs…

Puisque mai tout en fleurs dans les prés nous réclame,
Viens ! ne te lasse pas de mêler à ton âme
La campagne, les bois, les ombrages charmants,
Les larges clairs de lune au bord des flots dormants,
Le sentier qui finit où le chemin commence,
Et l'air et le printemps et l'horizon immense,
L'horizon que ce monde attache, humble et joyeux,
Comme une lèvre au bas de la robe des cieux !
Viens ! et que le regard des pudiques étoiles
Qui tombe sur la terre à travers tant de voiles,
Que l'arbre pénétré de parfums et de chants,
Que le souffle embrasé de midi dans les champs,
Et l'ombre et le soleil et l'onde et la verdure,
Et le rayonnement de toute la nature,
Fassent épanouir comme une double fleur,
La beauté sur ton front et l'amour dans ton cœur.

Victor Hugo
Les Chants du Crépuscule

30 Mai

Le temps des cerises

Quand nous chanterons le temps des cerises
Et gai rossignol et merle moqueur
Seront tous en fête.
Les belles auront la folie en tête
Et les amoureux du soleil au cœur…
Quand nous chanterons le temps des cerises
Sifflera bien mieux le merle moqueur.

Mais il est bien court, le temps des cerises
Où l'on s'en va deux cueillir en rêvant
Des pendants d'oreilles !
Cerises d'amour, aux robes pareilles,
Tombant sous la feuille en gouttes de sang !...
Mais il est bien court, le temps des cerises
Pendants de corail qu'on cueille en rêvant !

Quand nous en serons au temps des cerises,
Si vous avez peur des chagrins d'amour,
Évitez les belles.
Moi qui ne crains pas les peines cruelles,
Je ne vivrai point sans souffrir un jour…
Quand nous en serons au temps de cerises,
Vous aurez aussi vos peines d'amour.

J'aimerai toujours le temps des cerises
C'est de ce temps-là que je garde au cœur
Une plaie ouverte.
Et Dame Fortune en m'étant offerte
Ne pourra jamais fermer ma douleur…
J'aimerai toujours le temps des cerises
Et le souvenir que je garde au cœur.

Jean-Baptiste Clément

31 Mai

Aube

J’ai embrassé l’aube d’été.

Rien ne bougeait encore au front des palais. L’eau était morte. Les camps d’ombres ne quittaient pas la route du bois. J’ai marché, réveillant les haleines vives et tièdes ; et les pierreries regardèrent, et les ailes se levèrent sans bruit.

La première entreprise fut, dans le sentier déjà empli de frais et blêmes éclats, une fleur qui me dit son nom.

Je ris au wasserfall qui s’échevela à travers les sapins : à la cime argentée je reconnus la déesse.

Alors je levai un à un les voiles. Dans l’allée, en agitant les bras. Par la plaine, où je l’ai dénoncée au coq. À la grand-ville, elle fuyait parmi les clochers et les dômes ; et, courant comme un mendiant sur les quais de marbre, je la chassais.

En haut de la route, près d’un bois de lauriers, je l’ai entourée avec ses voiles amassés, et j’ai senti un peu son immense corps. L’aube et l’enfant tombèrent au bas du bois.

Au réveil, il était midi.

Arthur Rimbaud
Illuminations

1er Juin

Juin tout flambant…

Juin tout flambant verdoie en plein azur.
Les bigarreaux, la guigne et la merise
Ont pris couleur ; un parfum de fruit mûr
Loin des vergers s'envole avec la brise.
La molle odeur, qu'un bon vent favorise,
Gagne l'Afrique où, fuyant les hivers,
Plus d'un oiseau frileux fait sa remise ;
L'air s'en imprègne, et, par-delà les mers,
Le loriot a senti la cerise.

Il part ; son beau poitrail d'un jaune pur
Est tout gonflé d'aise et de convoitise.
Rasant les flots d'un vol rapide et sûr,
Il vient chez nous, juste à l'heure précise
Où le fruit rouge est à point. Il se grise
Du suc juteux et du parfum des chairs ;
Son bec se mouille et son gros œil s'irise,
Sa joie éclate en sons flûtés et clairs :
Le loriot a senti la cerise.

Guigne sucrée ou griotte au goût sur,
Il pille tout, trouvant tout à sa guise ;
Puis vers le soir, dans un doux clair-obscur,
Ragaillardi par cette chère exquise,
Il fait un doigt de cour à sa payse
Au bord du nid suspendu dans les airs.
Galanterie est sœur de gourmandise
Et l'amour est le meilleur des desserts.
Le loriot a senti la cerise.

Envoi

Roi des forêts, chêne, dans tes bras verts
Berce les œufs de mousse recouverts ;
Petits, brisez votre coquille grise,
Pour vous nourrir, dans les clos grands ouverts,
Le loriot a senti la cerise.

André Theuriet,
Le Chemin des bois

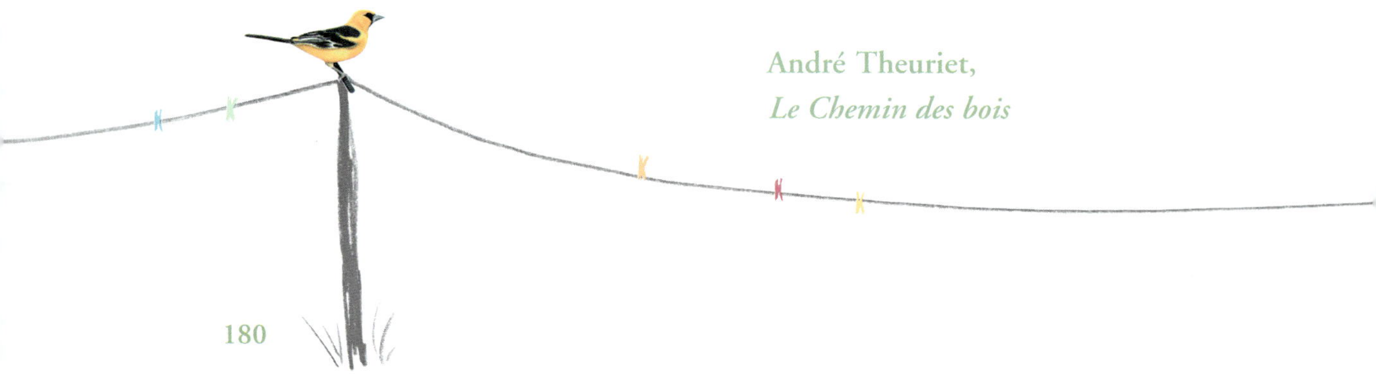

2 Juin

Le goûter

On a dressé la table ronde
Sous la fraîcheur du cerisier.
Le miel fait les tartines blondes,
Un peu de ciel pleut dans le thé.

On oublie de chasser les guêpes
Tant on a le cœur généreux.
Les petits pains ont l'air de cèpes
Égarés sur la nappe bleue.

Dans l'or fondant des primevères,
Le vent joue avec un chevreau ;
Et le jour passe sous les saules,

Grave et lent comme une fermière
Qui porterait, sur son épaule,
Sa cruche pleine de lumière.

Maurice Carême
La Maison blanche

3 Juin

Paris en juin

Qui n'a pas vu les toits du Louvre,
Quand, par les clairs matins, ils font,
Sous le tendre azur qui les couvre,
Un bloc d'un azur plus profond ?

Alors l'aiguille d'or
De la Sainte-Chapelle
Rappelle
Clouant au sol Paris vermeil
Un trait planté par le soleil
Qui vibre encor.

D'un pont comme d'une avant-scène
L'œil suit la courbe de la Seine,
Au loin, dans un brouillard si bleu
Que le travail grinçant des grues,
Comme alentour les cris des rues,
Tout semble un jeu…

François Porché
Humus et poussière

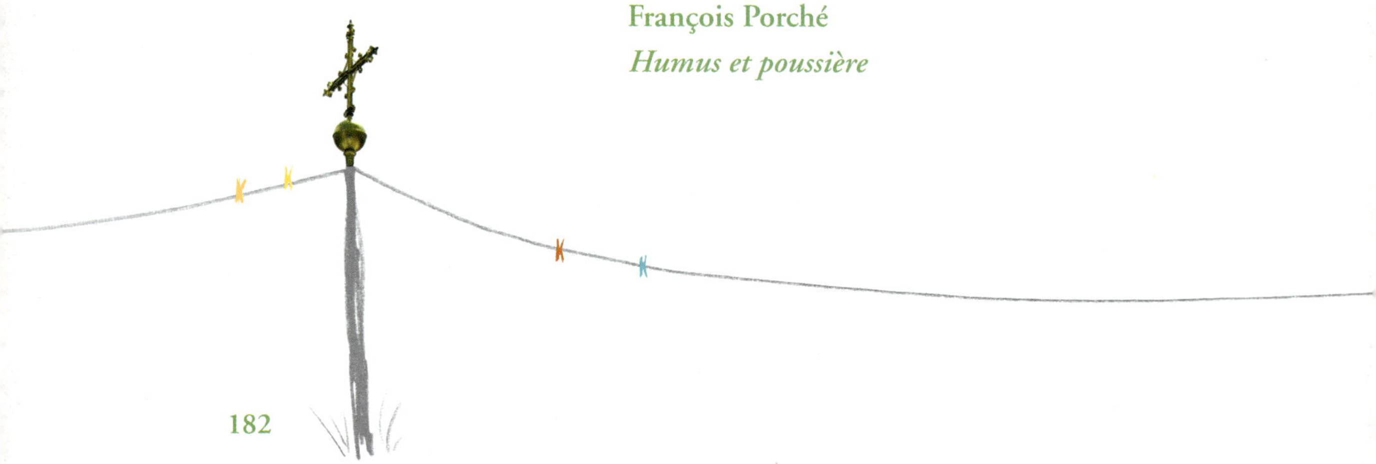

4 Juin

On entendait le cri perçant des martinets

On entendait le cri perçant des martinets
De la chambre déserte et close où je venais
Quand le soleil de juin accablait les sureaux
Et que les magnolias mouraient dans l'air trop chaud
Avec les lis brûlés et les roses trémières.
La chambre avait un vieux bureau lourd de poussière,
D'anciens dessins coloriés pendaient aux murs
Naïvement et, sur les chaises dépaillées,
Je me souviens d'un triste herbier, doux livre obscur,
Avec ses fleurs cueillies aux collines mouillées
Les soirs d'automne ou les après-midi d'été
Par les jardins déserts et dans l'aridité
De la campagne avec le cri sec des criquets.
Tout cela somnolait dans la chambre endormie.
Or je sais que si j'y retournais à présent
Je trouverais, comme jadis à mes treize ans,
Aux pages du vieux livre mon enfance blottie
Presque étrangère sous la poussière du temps.

Francis Carco
La Bohème et mon cœur

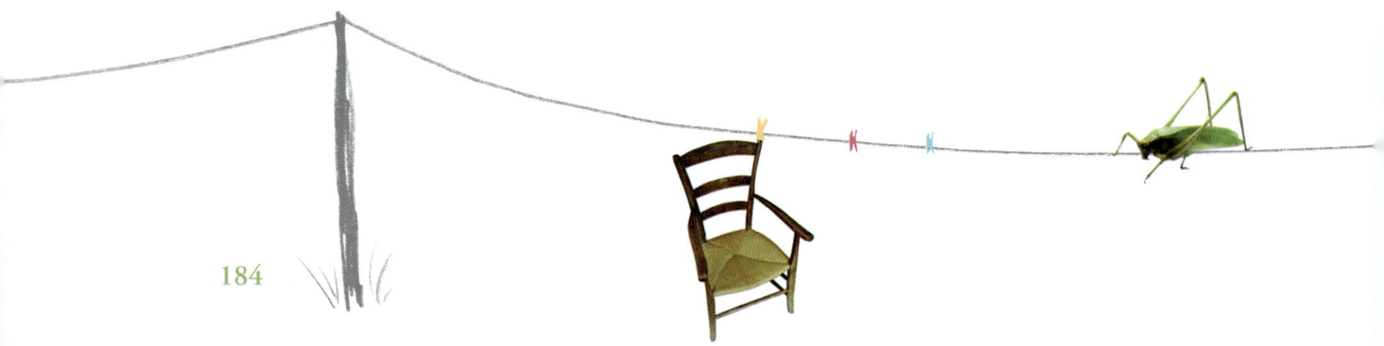

Juin flamboie

Juin flamboie. Étendu dans la prairie en fleur,
Je rêve au bord d'une eau charmante de lenteur
Où les brins d'herbe font des arches d'émeraude.
Le soleil brûle, l'air pèse, la terre est chaude.
Mon regard, attentif sous l'ombrage des cils,
Observe l'araignée à l'affût dans ses fils,
Et la ciguë avec sa blanche ombelle où bouge
Un insecte luisant et rond comme un grain rouge.
Je respire. Le vent par larges souffles lourds
Propage sur les prés des ondes de velours.
Une troupe de beaux papillons entrelace
Des guirlandes de fleurs sans tiges dans l'espace.
L'herbe que mon œil proche explore m'apparaît
Mystérieuse ainsi qu'une obscure forêt.
Dans cette demi-nuit verte, les sauterelles
Traînent leur ventre rose et font plier les prêles…
Puis, vaincu par l'immense ardeur du firmament,
Je m'endors, et mes yeux gardent en se fermant
La vision d'un clair village sur la côte
Et du ciel bleu qui rit à travers l'herbe haute.

Charles Guérin
Le Semeur de cendres

6 Juin

Paysage de juin

Les prés ont une odeur d'herbe verte et mouillée
Un frais soleil pénètre en l'épaisseur des bois,
Toute chose étincelle et la jeune feuillée
Et les nids palpitants s'éveillent à la fois.

Les cours d'eau diligents aux pentes des collines
Ruissellent, clairs et gais, sur la mousse et le thym ;
Ils chantent au milieu des buissons d'aubépines
Avec le vent rieur et l'oiseau du matin.

Les gazons sont tout pleins de voix harmonieuses.
L'aube fait un tapis de perles aux sentiers,
Et l'abeille, quittant les prochaines yeuses,
Suspend son aile d'or aux pâles églantiers.

Leconte de Lisle
Poèmes antiques et modernes

7 Juin

Delfica

La connais-tu, Dafné, cette ancienne romance,
Au pied du sycomore, ou sous les lauriers blancs,
Sous l'olivier, le myrthe, ou les saules tremblants,
Cette chanson d'amour qui toujours recommence ?...

Reconnais-tu le temple au péristyle immense,
Et les citrons amers où s'imprimaient tes dents ?
Et la grotte fatale aux hôtes imprudents,
Où du dragon vaincu dort l'antique semence ?...

Ils reviendront, ces Dieux que tu pleures toujours !
Le temps va ramener l'ordre des anciens jours ;
La terre a tressailli d'un souffle prophétique...

Cependant la sibylle au visage latin
Est endormie encor sous l'arc de Constantin
– Et rien n'a dérangé le sévère Portique.

Gérard de Nerval
Les Chimères

L'été

Ordonnateur des champs, des cités et des bois,
De ruines il n'est que ta pourpre n'habille,
Tu changes tout en or, et l'on t'a vu cent fois
Faire un beau papillon d'une vieille chenille.

Vincent Muselli
Points et contrepoints

9 Juin

Loin de l'hiver et de l'ombre

...La terre en tous endroits produira toutes choses
Tous métaux seront or, toutes fleurs seront roses,
Tous arbres oliviers ;
L'on n'aura plus d'hiver, le jour n'aura plus d'ombre
Et les perles sans nombre
Germeront dans la Seine au milieu des graviers...

François de Malherbe

10 Juin

Ce matin de juin

Ce matin de juin est candide, charmant
Comme une fleur qui naît et comme un pépiement.
Tout est plus jeune encor que l'enfance ; la nue
A des oiseaux brodés sur sa robe ingénue.
Les feuillages, pareils à d'étroites forêts,
Déroulent sur l'azur leurs légers copeaux frais.
L'air a le goût d'une eau dormant dans une pêche.
Le soleil tourne, joue et décoche sa flèche
Aux cerises qui sont de petits cœurs aimants.
Que de parfums groupés sur les chemins cléments !
Des branchages si lourds tombe une ombre légère,
Le sol semble abrité d'un chapeau de bergère ;
Le lait divin et bleu du bel azur nourrit
Tout l'univers naïf qui tressaille et qui rit.
Le ciel luit comme un flot limpide dans une anse.
C'est le bonheur, la paix, la jeune jouissance…
Ah ! se peut-il qu'un jour si vivant et si beau
Chancelle tout à coup et descende au tombeau ?

Anna de Noailles
Les Éblouissements

11 Juin

Et s'il pleut cette nuit

Le vent passe à grands coups de vagues dans les roses.
Il rebrousse les eaux, les plumes, le sommeil,
Et les chats assoupis, sur leurs métamorphoses
Sentent l'aube et l'odeur de la mer au réveil.

Il pleut sur le printemps, sur tout, sur les étoiles.
Ne crois-tu pas la nuit qu'il pleut depuis toujours
Quand sur ces vieux chevaux maigres, boiteux et sourds
J'entends jurer sans bruit les cochers de l'averse.

Maurice Fombeure
À dos d'oiseau

12 Juin

Fraises, figues, poulains et perdrix

Tant que le Gers nous avoisine,
Il fera sécher de jalousie
Le Sousson, la Lauze et l'Arrats.

Les grosses fraises, les petites fraises rouges
Prennent en foule leurs couleurs vermeilles,
Tant dans la plaine que sur le roc ;
Et le jus de leur ambroisie,
Plus doux que le miel, rassasie
Les notables de notre endroit.

Figues blanches, grises et noires,
Coings, noisettes, pommes, poires,
Griottes, cerises, bigarreaux…
Le moindre jardin en produit,
Et chaque vigne qui est travaillée
En orne ses carreaux.

Poulains il y a, comme Bucéphales.
Pour les ânes, mulets et juments
Nous ne trouvons pas assez de gardiens.
Des veaux nous en avons sans compter ;
Et le moindre paysan a une abondance
De bœufs, brebis et moutons.

De perdrix, tout l'air s'obscurcit,
Maintenant en hauteur, tantôt dans le vallon ;
De tourterelles mille paires ;
Des lièvres, levrauts à chaque motte ;
Et sans clapier ni casemate
Les lapins nous tirent les yeux.

La source de notre fontaine heureuse
Le plus altéré satisfait,
Avec son cristal qui semble vif,
Et le Gers, quand il la voit si fraîche,
Dissimulé dans les roseaux,
N'ose se montrer l'été.

Louis Baron

13 Juin

L'espoir luit comme un brin de paille…

L'espoir luit comme un brin de paille dans l'étable.
Que crains-tu de la guêpe ivre de son vol fou ?
Vois, le soleil toujours poudroie à quelque trou.
Que ne t'endormais-tu, le coude sur la table ?

Pauvre âme pâle, au moins cette eau du puits glacé,
Bois-là. Puis dors après. Allons, tu vois, je reste,
Et je dorloterai les rêves de ta sieste,
Et tu chantonneras comme un enfant bercé.

Midi sonne. De grâce éloignez-vous, madame.
Il dort. C'est étonnant comme les pas de femme
Résonnent au cerveau des pauvres malheureux.

Midi sonne. J'ai fait arroser dans la chambre.
Va, dors ! L'espoir luit comme un caillou dans un creux.
Ah, quand refleuriront les roses de septembre !

Paul Verlaine

Les papillons

Les papillons bleus, les papillons blancs,
Sur les prés mouillés et les blés tremblants,
Vont battant des ailes.
C'est sous le soleil un frémissement
Qui fait s'incliner les fleurs doucement
Sur leurs tiges frêles.

Paul Bourget,
Sur la falaise

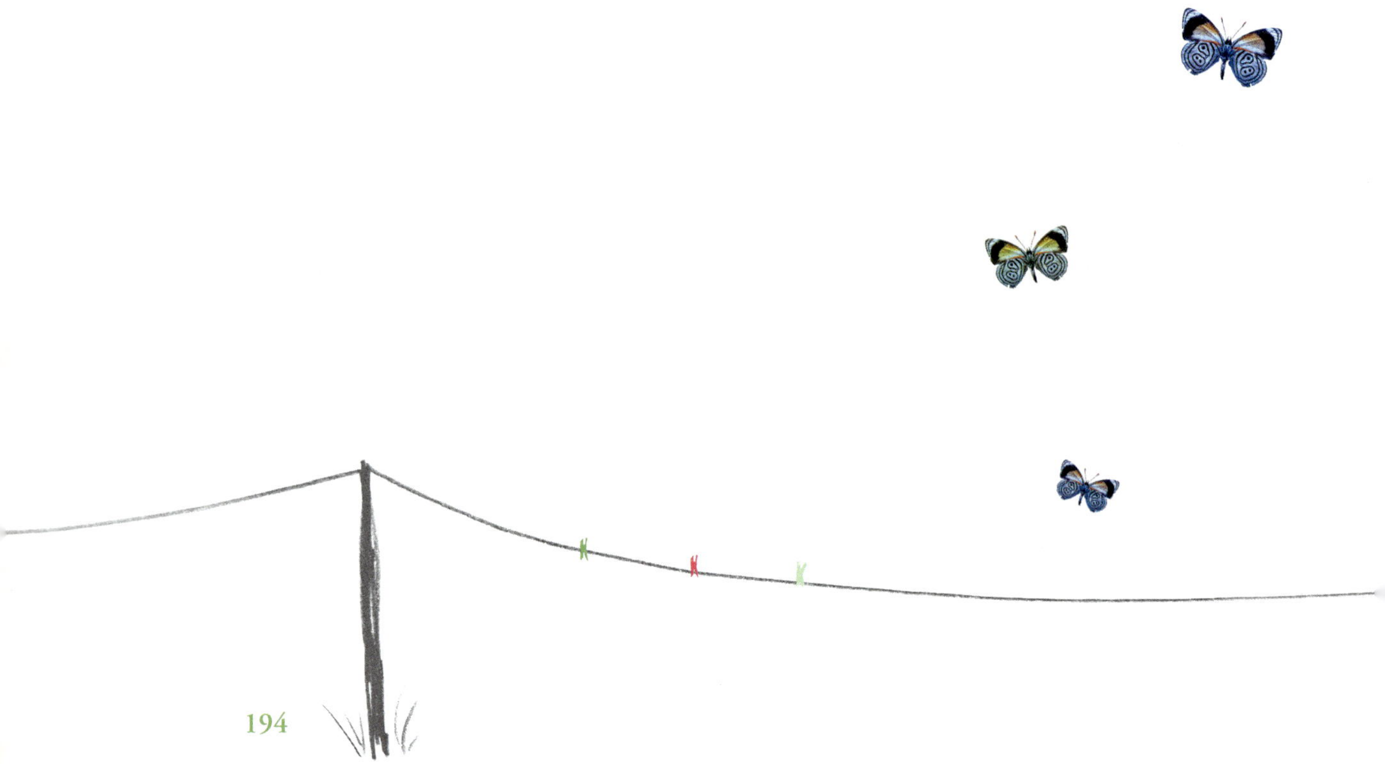

15 Juin

Chanson

L'air est plein d'une haleine de roses
Tous les vents tiennent leurs bouches closes,
Et le soleil semble sortir de l'onde
Pour quelque amour, plus que pour luire au monde.

On dirait, à lui voir sur la tête
Ses rayons comme un chapeau de fête,
Qu'il s'en va suivre en si belle journée
Encore un coup la fille de Pénée.

Toute chose aux délices conspire,
Mettez-vous en votre humeur de rire ;
Les soins profonds d'où les rides vous viennent
À d'autres ans qu'aux vôtres appartiennent.

Il fait chaud ; mais un feuillage sombre
Loin de bruit nous fournira quelque ombre,
Où nous ferons, parmi les violettes,
Mépris de l'ambre et de ses cassolettes.

Près de nous, sur les branches voisines
Des genêts, des houx et des épines,
Le rossignol, déployant ses merveilles,
Jusqu'aux rochers donnera des oreilles.

François de Malherbe
Poésies

16 Juin

Quand revient l'été superbe

…Quand revient l'été superbe,
Je m'en vais au bois tout seul :
Je m'étends dans la grande herbe,
Perdu dans ce vert linceul.
Sur ma tête renversée,
Là, chacun d'eux à son tour,
Passe comme une pensée
De poésie ou d'amour !

Voici le papillon faune,
Noir et jaune ;

Voici le mars azuré,
Agitant des étincelles
Sur ses ailes
D'un velours riche et moiré.

Voici le vulcain rapide,
Qui vole comme un oiseau :
Son aile noire et splendide
Porte un grand ruban ponceau.
Dieux ! le soufré, dans l'espace,
Comme un éclair a relui…
Mais le joyeux nacré passe,
Et je ne vois plus que lui !

Comme un éventail de soie,
Il déploie
Son manteau semé d'argent ;
Et sa robe bigarrée
Est dorée
D'un or verdâtre et changeant.

Voici le machaon-zèbre,
De fauve et de noir rayé ;
Le deuil, en habit funèbre,
Et le miroir bleu strié ;
Voici l'argus, feuille-morte,
Le morio, le grand-bleu,
Et le paon-de-jour qui porte
Sur chaque aile un œil de feu !

Mais le soir brunit nos plaines ;
Les phalènes
Prennent leur essor bruyant,
Et les sphinx aux couleurs sombres,
Dans les ombres
Voltigent en tournoyant…

Gérard de Nerval
Odelettes

17 Juin

Les fraises

Pour distraire mon ami le poète Léon Vérane

Les fraises dans le plat de blanche porcelaine
Gardent la fraîche odeur de l'aube dans la plaine,
Des branches, de la mousse et des sources glacées.
Sur la nappe, j'ai mis ton bouquet de pensées
Et tandis que, les yeux pensifs, tu te recueilles,
Ce soir grave, je vois glisser entre les feuilles
La lune comme dans les vieilles élégies.
Un souffle tiède et pur caresse les bougies
Et berce la glycine et les roses blafardes
Et la tonnelle. Prends des fraises. Tu regardes
Au champagne doré le sucre se dissoudre ;
Le temps sur nos cheveux verse du sucre en poudre
Et j'aurai quelque jour de larges mèches blanches.
Mais qu'importe ! ce soir vers moi si tu te penches,
Sans crainte de l'automne et des feuilles rougies,
Et si pour mes baisers tu souffles des bougies.

Tristan Derème
La Verdure dorée

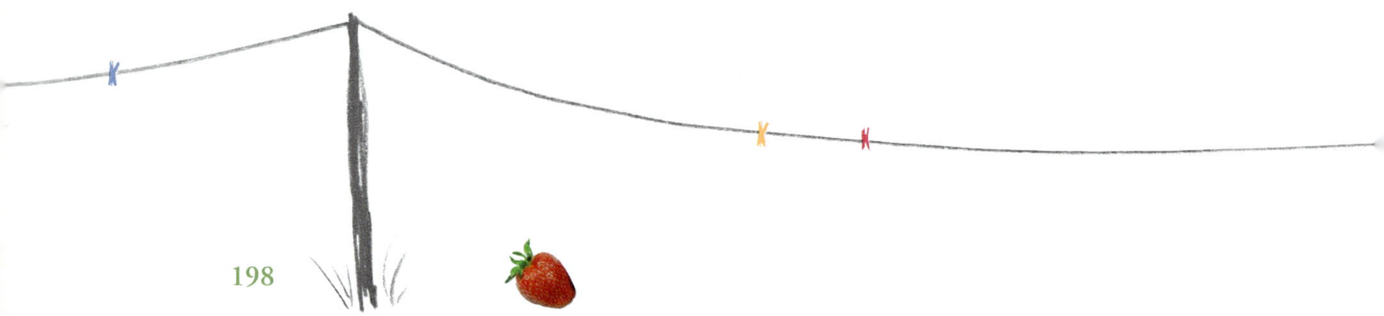

18 Juin

Neige de juin

La neige
n'est pas du tout neige
quand elle neige
en juin

la neige n'est
pas du tout tombée
du ciel
en juin

la neige est
montée d'elle-même
et a fleuri
en juin

comme pommes
abricots
châtaignes
en juin

s'égarer
dans la vraie neige
qui est la neige en juin
avec germes et fleurs

quand jamais on ne meurt

Inger Christensen
Alphabet

19 Juin

L'odeur de vanille
de la poussière humide des routes

Il a plu. Soir de juin. Écoute,
Par la fenêtre large ouverte,
Tomber le reste de l'averse
De feuille en feuille, goutte à goutte.

C'est l'heure choisie entre toutes
Où flotte à travers la campagne
L'odeur de vanille qu'exhale
La poussière humide des routes.

L'hirondelle joyeuse jase.
Le soleil déclinant se croise
Avec la nuit sur les collines ;

Et son mourant sourire essuie
Sur la chair pâle des glycines
Les cheveux d'argent de la pluie.

Charles Guérin
Le Cœur solitaire

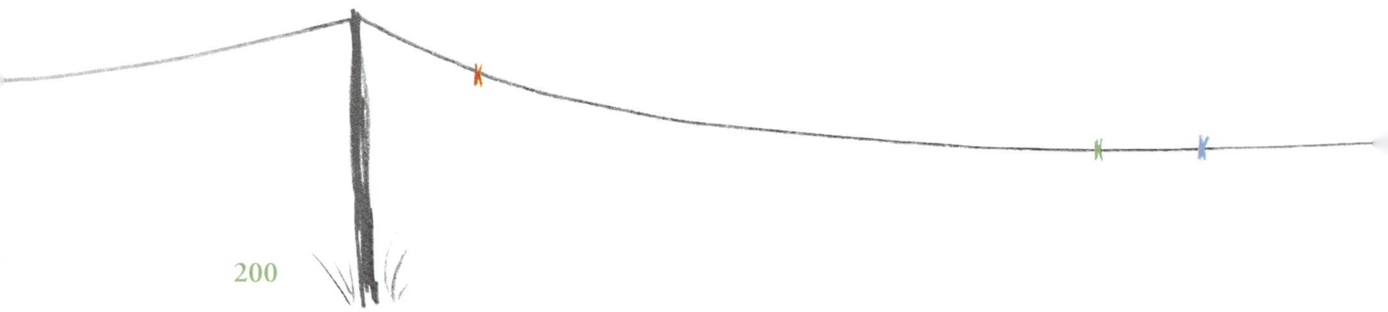

Une branche de cerises

Une branche de cerises
enfant,
Une branche de cerises.
Elles ont mûri sous l'éclat
et la lumière dorée
de l'été
De jus toutes gonflées
et douces
et sûres
ruisselantes de jus,
et de douceur !
Elles brillaient sur la branche,
sur la branche elles disaient :

« Cueille-nous, cueille-nous,
cueille-nous.
Cueille et étanche
ta soif,
nous sommes mûres et belles ! »
Inclinées elles pendaient,
balançant
dans le vent,
le vent tiède
d'été.
« Cueille-nous, cueille-nous,
cueille-nous ! »
criaient-elles. Je les cueillis.

Guido Gezelle
Poésie flamande

Été

21 Juin

Juins de Paris

Juin ton soleil ardente lyre
Brûle mes doigts endoloris
Triste et mélodieux délire
J'erre à travers mon beau Paris
Sans avoir le cœur d'y mourir

Les dimanches s'y éternisent
Et les orgues de Barbarie
Y sanglotent dans les cours grises
Les fleurs aux balcons de Paris
Penchant comme la tour de Pise

Soirs de Paris ivres du gin
Flambant de l'électricité
Les tramways feux verts sur l'échine
Musiquent au long des portées
De rails leur folie de machines

Les cafés gonflés de fumée
Crient tout l'amour de leurs tziganes
De tous leurs siphons enrhumés
De leurs garçons vêtus d'un pagne
Vers toi toi que j'ai tant aimée

Moi qui sais des lais pour les reines
La complainte de mes années
Des hymnes d'esclave aux murènes
La romance du mal-aimé
Et des chansons pour les sirènes

Guillaume Apollinaire
La Chanson du mal-aimé,
extrait de *Voie lactée, ô sœur lumineuse*

22 Juin

Les Elfes

Couronnés de thym et de marjolaine,
Les Elfes joyeux dansent sur la plaine.

Du sentier des bois aux daims familier,
Sur un noir cheval, sort un chevalier.
Son éperon d'or brille en la nuit brune ;
Et, quand il traverse un rayon de lune,
On voit resplendir, d'un reflet changeant,
Sur sa chevelure un casque d'argent.

Couronnés de thym...

Ils l'entourent tous d'un essaim léger
Qui dans l'air muet semble voltiger.
– Hardi chevalier, par la nuit sereine,
Où vas-tu si tard ? dit la jeune Reine.
De mauvais esprits hantent les forêts ;
Viens danser plutôt sur les gazons frais.

Couronnés de thym...

– Non ! ma fiancée aux yeux clairs et doux
M'attend, et demain nous serons époux.
Laissez-moi passer, Elfes des prairies,
Qui foulez en rond les mousses fleuries ;
Ne m'attardez pas loin de mon amour,
Car voici déjà les lueurs du jour.

Couronnés de thym...

– Reste, chevalier. Je te donnerai
L'opale magique et l'anneau doré,
Et, ce qui vaut mieux que gloire et fortune,
Ma robe filée au clair de la lune.
– Non ! dit-il – Va donc ! Et de son doigt blanc
Elle touche au cœur le guerrier triomphant.

Couronnés de thym...

Et sous l'éperon le noir cheval part.
Il court, il bondit et va sans retard ;
Mais le chevalier frissonne et se penche ;
Il voit sur la route une forme blanche
Qui marche sans bruit et lui tend les bras :
– Elfe, esprit, démon, ne m'arrête pas !

Couronnés de thym...

Ne m'arrête pas, fantôme odieux !
Je vais épouser ma belle aux doux yeux.
Ô mon cher époux, la tombe éternelle
Sera notre lit de noce, dit-elle.
Je suis morte ! Et lui, la voyant ainsi,
D'angoisse et d'amour tombe mort aussi.

Couronnés de thym...

Leconte de Lisle

Dans l'odeur du foin vert

En voyage, on s'arrête, on descend de voiture ;
Puis entre deux maisons on passe à l'aventure,
Des chevaux, de la route et des fouets étourdi,
L'œil fatigué de voir et le corps engourdi.

Et voici tout à coup, silencieuse et verte,
Une vallée humide et de lilas couverte,
Un ruisseau qui murmure entre les peupliers,
Et la route et le bruit sont bien vite oubliés !

On se couche dans l'herbe et l'on s'écoute vivre,
De l'odeur du foin vert à loisir on s'enivre,
Et sans penser à rien on regarde les cieux…
Hélas ! une voix crie : « En voiture, messieurs ! »

Gérard de Nerval
Poésies

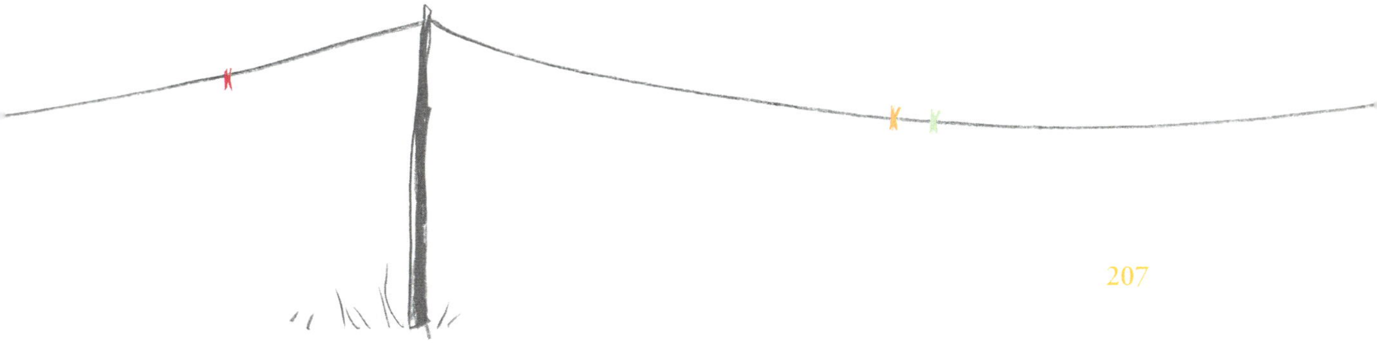

24 Juin

Berceuse

Ce lent et cher frémissement,
C'est la pluie douce dans les feuilles.
Elle s'afflige et tu l'accueilles
Dans un muet enchantement.

Le vent s'embrouille avec la pluie,
Tu t'exaltes ; moi, je voudrais
Mourir dans ce murmure frais
D'eau molle que le vent essuie !

C'est la pluie qui sanglote, c'est
Le vent qui pleure, je t'assure…
Je meurs d'une exquise blessure
Et tu ne sais pas ce que c'est.

Francis Carco
La Bohème et mon cœur

25 Juin

Le château de l'Arbrelles

Va cueillir, villageoise,
La fraise et la framboise
Dans les champs, aux beaux jours.
À huit milles d'Amboise,
À deux milles de Tours,
Le château de l'Arbrelles,
Roi de ces alentours,
Se dresse avec ses tours,
Ses tours et ses tourelles.

Va cueillir aux beaux jours
La fraise et la framboise,
À huit milles d'Amboise,
À deux milles de Tours,
C'est là que sont les tours,
Les tours et les tourelles
Du château de l'Arbrelles
Bien connu des vautours.

Victor Hugo
Toute la lyre

Pour Marc Andrault

Sans appel

Un chant doux et mélodieux
Près des bestiaux ouvrit les yeux,
Près des bestiaux silencieux.

C'était la bergère Mésange
Couchée sur le foin de la grange.

Mais comme je m'approchais d'elle
Ses lèvres ont fermé leurs ailes.

– Le paysan m'a dit : « Beau sire,
Faites attention. Ma mule
Est méchante. »

Maurice Fombeure
À dos d'oiseau

27 Juin

Ma sœur la Pluie

Ma sœur la Pluie,
La belle et tiède pluie d'été,
Doucement vole, doucement fuit,
À travers les airs mouillés.

Tout son collier de blanches perles
Dans le ciel bleu s'est délié.
Chantez les merles,
Dansez les pies !
Parmi les branches qu'elle plie,
Dansez les fleurs, chantez les nids ;
Tout ce qui vient du ciel est béni.

De ma bouche elle approche
Ses lèvres humides de fraises des bois ;

Rit, et me touche,
Partout à la fois,
De ses milliers de petits doigts.

Sur des tapis de fleurs sonores,
De l'aurore jusqu'au soir,
Et du soir jusqu'à l'aurore,
Elle pleut et pleut encore,
Autant qu'elle peut pleuvoir.

Puis, vient le soleil qui essuie,
De ses cheveux d'or,
Les pieds de la Pluie.

Charles van Lerberghe
La Chanson d'Ève

28 Juin

Le temps des vacances

C'est le temps béni des vacances.
Le vent fait des nœuds d'hirondelles.
Le jour est rond comme une amande.
Tout le village sent le miel.
Le soleil a pendu sa lampe
Juste au-dessus des vaches blanches
Étonnées de n'avoir plus d'ombre,
Mais les prairies qui, près du bois,
Tremblent doucement sous leur poids
N'ont jamais été si profondes.

Maurice Carême
Au clair de la lune

AMAZING
SPIDER
SAVES
THE END of THE

29 Juin

Le couvert au jardin...

Le couvert au jardin luit comme un reposoir.
L'air se détend comme une robe qu'on dégrafe.
Entre les feux croisés des cristaux les carafes
ont l'air de blocs de jour oubliés par le soir.
Sur la nappe jonchée de roses luxueuses
les coupes d'émail blanc brillent sous les beaux fruits.
Mais, comme doucement sur ces choses heureuses
achève de tomber la nuit,
tandis que se rendort la nature épuisée
sous la fraîcheur nocturne et les parfums flottants,
dans les chambres, là-haut, claires et reposées,
les femmes en retard s'habillent, et j'attends
qu'au jardin bleu, près des lumières tamisées,
éclate cet autre printemps.

Paul Géraldy
Vous et moi

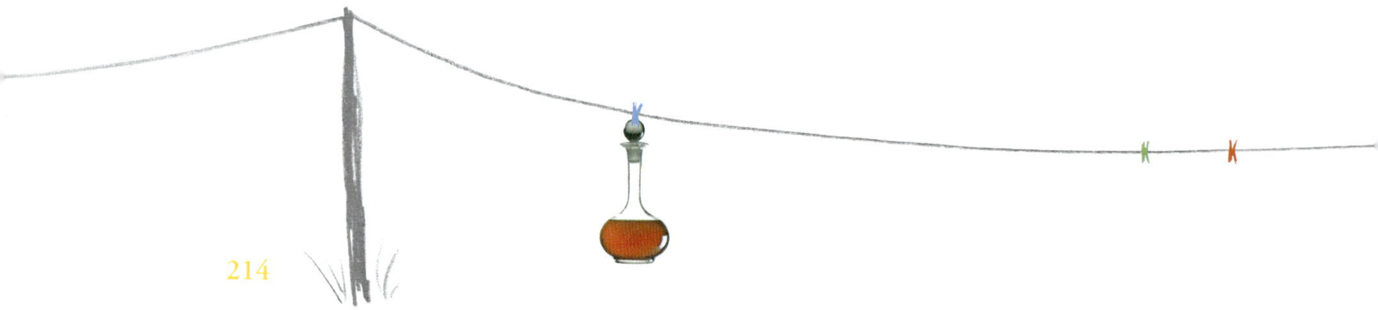

30 Juin

Litanie des écoliers

Saint Anatole,
Que légers soient les jours d'école !
Saint Amalfait,
Ah ! que nos devoirs soient bien faits !
Sainte Cordule,
N'oubliez ni point ni virgule.
Saint Nicodème,
Donnez-nous la clé des problèmes.
Saint Tirelire,
Que Grammaire nous fasse rire !
Saint Siméon,
Allongez les récréations.
Saint Espongien,
Effacez tous les mauvais points.
Sainte Clémence,
Que viennent vite les vacances !
Sainte Marie,
Faites qu'elles soient infinies !

Maurice Carême
Pigeon vole

1er Juillet

Chaleur

Bel arrangement du matin,
Qui aveuglez d'air argentin
Les coteaux crépelés de thym,

Brillez sur les toits et les portes,
Et sur toutes les routes tortes
De la campagne à demi morte.

Tout luit, tout bleuit, tout bruit,
Le jour est brûlant comme un fruit
Que le soleil fendille et cuit.

Chaque petite feuille est chaude
Et miroite dans l'air où rôde
Comme un parfum de reine-claude.

Du soleil comme de l'eau pleut
Sur tout le pays jaune et bleu
Qui grésille et oscille un peu.

Un infini plaisir de vivre
S'élance de la forêt ivre,
Des blés, roses comme du cuivre.

La joie est ainsi qu'une tour
Haute et lisse dans l'or du jour,
Et l'air suave est de l'amour.

Ô tendresses aériennes,
Tout est disposé pour que viennent,
Comme en des saisons anciennes,

Juliette avec Roméo,
Daphnis chantant dans un roseau,
Ou Vénus avec son oiseau.

Au cœur des corolles sucrées
L'abeille bourdonne, serrée
Par les fleurs de pollens soufrées ;

Ô mon plaisir, soyez aussi
Comme un lys vibrant et roussi
Où l'insecte d'or est assis !...

Anna de Noailles
Les Éblouissements

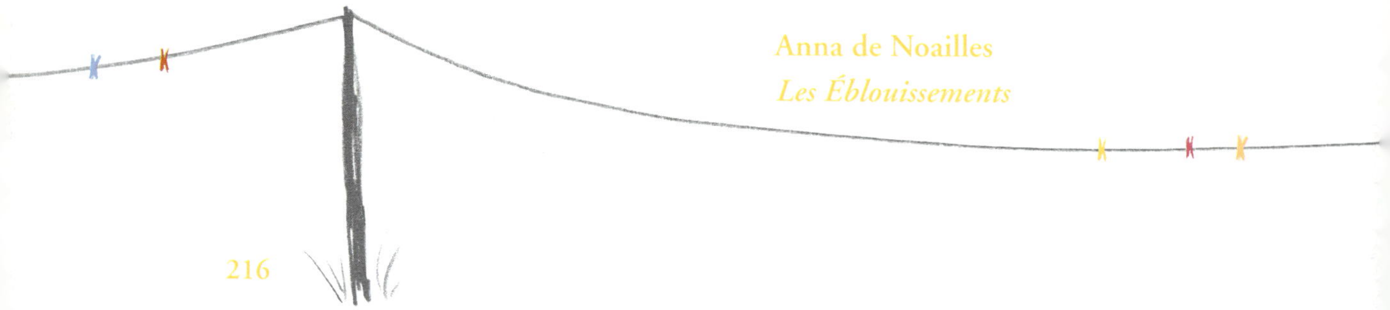

2 Juillet

Soir d'été

Le ciel comme un lac d'or pâle s'évanouit ;
On dirait que la plaine, au loin déserte, pense ;
Et dans l'air élargi de vide et de silence
S'épanche la grande âme triste de la nuit.

Pendant que çà et là brillent d'humbles lumières,
Les grands bœufs accouplés rentrent par les chemins ;
Et les vieux en bonnet, le menton sur la main,
Respirent le soir calme aux portes des chaumières.

Le paysage, où tinte une cloche, est plaintif
Et simple comme un doux tableau de primitif,
Où le Bon Pasteur mène un agneau blanc qui saute.

Les astres au ciel noir commencent à neiger,
Et là-bas, immobile au sommet de la côte,
Rêve la silhouette antique d'un berger.

Albert Samain
Au jardin de l'infante

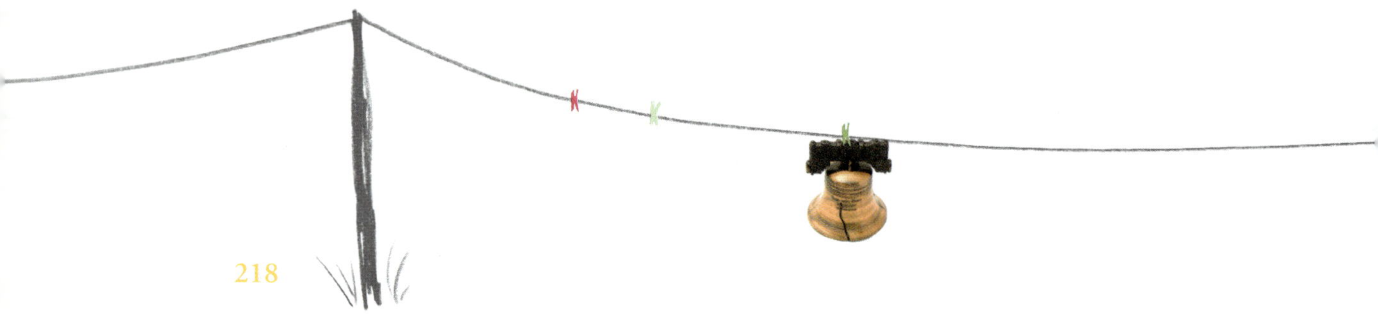

3 Juillet

Donc, ce sera par un clair jour d'été...

Donc, ce sera par un clair jour d'été :
Le grand soleil, complice de ma joie,
Fera, parmi le satin et la soie,
Plus belle encor votre chère beauté ;

Le ciel tout bleu, comme une haute tente,
Frissonnera somptueux à longs plis
Sur nos deux fronts heureux qu'auront pâlis
L'émotion du bonheur et l'attente ;

Et quand le soir viendra, l'air sera doux
Qui se jouera, caressant, dans vos voiles,
Et les regards paisibles des étoiles
Bienveillamment souriront aux époux.

Paul Verlaine
La Bonne Chanson

Avant l'orage

L'oiseau fuit ; la fleur tremble ; et leur paix coutumière
N'est plus aux choses ; du tonnerre les buccins
Grondent, le ciel prudent a rentré sa lumière
Et retiré l'azur qu'il prêtait aux bassins.

Vincent Muselli
Points et contrepoints

5 Juillet

La bonne saison

Je me souviens du village près de l'Escaut,
D'où l'on voyait les grands bateaux
Passer, ainsi qu'un rêve empanaché de vent
Et merveilleux de voiles,
Le soir, en cortège, sous les étoiles.

Je me souviens de la bonne saison ;
Des parlottes, l'été, au seuil de la maison
Et du jardin plein de lumière,
Avec des fleurs, devant, et des étangs, derrière ;
Je me souviens des plus hauts peupliers,
De la volière et de la vigne en espalier
Et des oiseaux, pareils à des flammes solaires.

Je me souviens de l'usine voisine
– Tonnerre et météores
Roulant et ruisselant
De haut en bas, entre ses murs sonores –
Je me souviens des mille bruits brandis,
Des émeutes de vapeur blanche
Qu'on déchaînait, le Samedi,
Pour le chômage du Dimanche.

Émile Verhaeren
Toute la Flandre

6 Juillet

L'essence jaune de l'été

Il reste encore l'essence jaune, l'été,
Et tes mains effleurant des méduses dans l'eau,
Tes yeux soudain ouverts, les premiers
Yeux du monde, et les grottes marines,
Pieds nus sur le sol rouge.
Il reste encore l'éphèbe blond de pierre, l'été,
Un peu de sel séché dans le creux d'un rocher,
Quelques aiguilles de pin après la pluie
Rousses et dispersées comme un filet en loques.

Georges Séféris
Cahiers d'études

7 Juillet

J'allais dans le verger…

J'allais dans le verger où les framboises au soleil
chantent sous l'azur à cause des mouches à miel.
C'est d'un âge très jeune que je vous parle.
Près des montagnes je suis né, près des montagnes.
Et je sens bien maintenant que dans mon âme
il y a de la neige, des torrents couleur de givre
et de grands pics cassés où il y a des oiseaux
de proie qui planent dans un air qui rend ivre,
dans un vent qui fouette les neiges et les eaux.

Oui, je sens bien que je suis comme les montagnes.
Ma tristesse a la couleur des gentianes qui y croissent.
Je dus avoir, dans ma famille, des herborisateurs
naïfs, avec des boîtes couleur d'insecte vert,
qui, par les après-midis d'horrible chaleur,
s'enfonçaient, dans l'ombre glacée des forêts,
à la recherche d'échantillons précieux
qu'ils n'eussent point échangés pour les vieux
trésors des magiciens des Bagdads merveilleuses
où les jets d'eau ont des fraîcheurs endormeuses.
Mon amour a la tendresse d'un arc-en-ciel
après une pluie d'avril où chante le soleil.
Pourquoi ai-je l'existence que j'ai ?... N'étais-je fait
pour vivre sur les sommets, dans l'éparpillement
de neige des troupeaux, avec un haut bâton
à l'heure où on est grandi par la paix du jour qui tombe ?

Francis Jammes
Deuil des Primevères

8 Juillet

Le soleil est dans les pierres...

Le soleil est dans les pierres
comme une statue renversée.
L'ombre est dans les arbres
comme une main coupée.

Les villages sont blancs
dans le cercle bleu de l'été.
Les insectes qui poursuivent le jour
se tuent dans les vitres.

Tu es seule à savoir faire rire les cailloux
qui glissent sous la verdure comme des poissons
et les ruisseaux essaient en vain
de voir au travers de la terre.

Nous nous arrêtons dans les moissons
et l'univers s'arrête en même temps que nous.
Nous sommes sûrs qu'aucun chemin n'a pu nous suivre,
que la mort même a perdu notre trace.

Lucien Becker
Plein amour

9 Juillet

Le blé

Le blé était nu
On dansait dessus

On dansait dans l'aire
À coups de fléau
On dansait plus haut.

La balle et la paille
Un feu de froment

On battait le blé
Qui jamais ne ment.

Charles Le Quintrec
Le Songe et le sang

10 Juillet

Y a du soleil dans la rue

Y a du soleil dans la rue
J'aime le soleil mais j'aime pas la rue
Alors je reste chez moi
En attendant que le monde vienne
Avec ses tours dorées
Et ses cascades blanches
Avec ses voix de larmes
Et les chansons des gens qui sont gais
Ou qui sont payés pour chanter
Et le soir il vient un moment
Où la rue devient autre chose
Et disparaît sous le plumage
De la nuit pleine de peut-être
Et des rêves de ceux qui sont morts
Alors je descends dans la rue
Elle s'étend là-bas jusqu'à l'aube
Une fumée s'étire tout près
Et je marche au milieu de l'eau sèche
De l'eau rêche de la nuit fraîche
Le soleil reviendra bientôt.

Boris Vian
Je voudrais pas crever

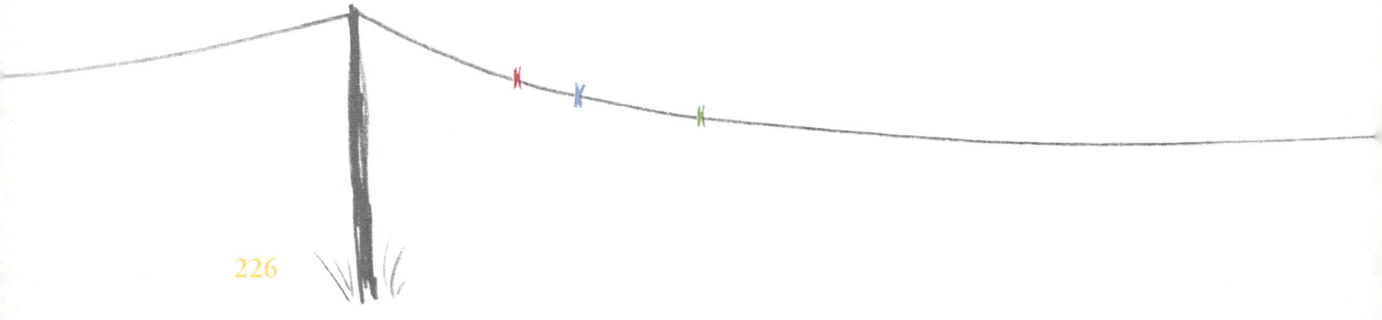

Pluie d'été

Il pleut sur Malmousque
sur le Château d'If, sur les îles,
entre les maisons, dans les calanques,
et sur les costumes de bain
qui devaient sécher au balcon
à côté des géraniums.

Il pleut sur Malmousque ;
ça a commencé avant l'aube :
ce crépitement que ne fait pas le soleil.

Et c'est d'une tristesse assez délicieuse,
avec cette odeur de mer mouillée,
ce qu'on aurait dû faire et qu'on ne fera pas.

Tous projets abolis, dans la pauvre lumière
et la prison de l'eau du ciel,
naît une espèce de liberté intérieure
mollement désirée.

Louis Brauquier
Je connais des îles lointaines

12 Juillet

Les éléphants

Le sable rouge est comme une mer sans limite,
Et qui flambe, muette, affaissée en son lit.
Une ondulation immobile remplit
L'horizon aux vapeurs de cuivre où l'homme habite.

Nulle vie et nul bruit. Tous les lions repus
Dorment au fond de l'antre éloigné de cent lieues.
Et la girafe boit dans les fontaines bleues,
Là-bas, sous les dattiers des panthères connus.

Pas un oiseau ne passe en fouettant de son aile
L'air épais où circule un immense soleil.
Parfois quelque boa, chauffé dans son sommeil,
Fait onduler son dos où l'écaille étincelle.

Tel l'espace enflammée brûle sous les cieux clairs,
Mais, tandis que tout dort aux mornes solitudes,
Les éléphants rugueux, voyageurs lents et rudes,
Vont au pays natal à travers les déserts.

D'un point de l'horizon, comme des masses brunes,
Ils viennent, soulevant la poussière, et l'on voit,
Pour ne point dévier du chemin le plus droit,
Sous leur pied large et sûr crouler au loin les dunes.

Celui qui tient la tête est un vieux chef. Son corps
Est gercé comme un tronc que le temps ronge et mine ;
Sa tête est comme un roc et l'arc de son échine
Se voûte puissamment à ses moindres efforts.

Sans ralentir jamais et sans hâter sa marche,
Il guide au but certain ses compagnons poudreux ;
Et, creusant par-derrière un sillon sablonneux,
Les pèlerins massifs suivent leur patriarche.

[…]

Mais qu'importent la soif et la mouche vorace,
Et le soleil cuisant leur dos noir et plissé ?
Ils rêvent en marchant du pays délaissé,
Des forêts de figuiers où s'abrita leur race.

Ils reverront le fleuve échappé des grands monts,
Où nage en mugissant l'hippopotame énorme,
Où, blanchis par la lune et projetant leur forme,
Ils descendaient pour boire en écrasant les joncs.

Aussi, pleins de courage et de lenteur, ils passent
Comme une ligne noire, au sable illimité ;
Et le désert reprend son immobilité
Quand les lourds voyageurs à l'horizon s'effacent.

Leconte de Lisle
Poèmes

13 Juillet

Bal

Le bonheur dansera sans moi
Mais j'aurai préparé la Salle
Grandiose au pouls immense
J'aurai porté les lampions et les charpentes
Serré les écrous au ring des musiciens
Amassé des caisses de canettes
J'aurai choisi des lignes de guirlandes

Pierre Morhange

14 Juillet

14 juillet

Zim – boum – boum et flon – flon – flon
C'est Juillet – Tiens ton lampion !

Voix petite et grosse voix
Tout le monde chantera
Dans la rue et ça ira

Feu de poudre brûlera
Rouge ou bleu et l'on verra
La fusée qui montera
Et en gerbe s'ouvrira

Zim – boum – boum – et flon – flon – flon !
Mais tiens bon ton beau lampion !

Jean-Pierre Voidies
Le Pavillon

15 Juillet

Feu d'artifice

Oh ! la belle bleue ! – Ah ! comme elle éclate !

Du grand oiseau bleu, c'est la grande patte
Grattant le ciel noir – Gare à nos cheveux !

Le bout de chaque ongle est pointe de feu
L'oiseau merveilleux, de sa patte gratte
Tombant de là-haut, cherchant dans l'espace
Peut-être un perchoir, mais alors s'efface

La patte dorée du grand oiseau bleu.

Jean-Pierre Voidies
Le Pavillon

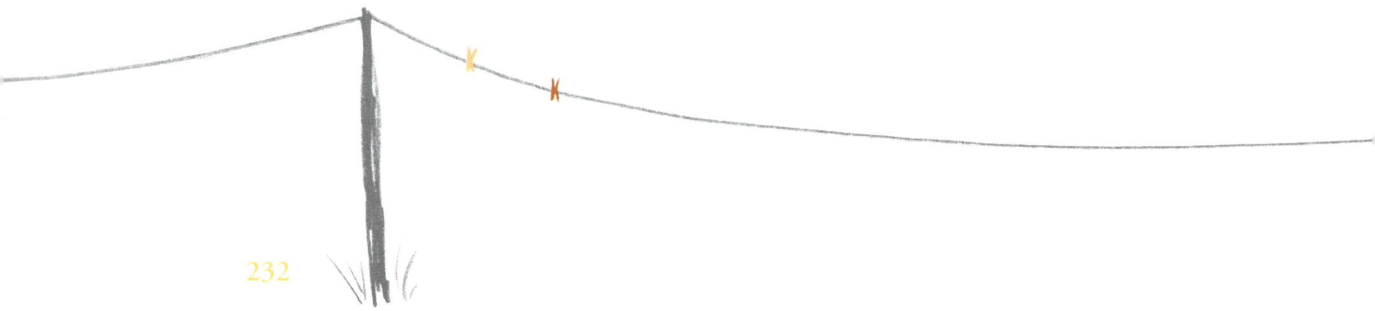

16 Juillet

Promenade trop longue

Promenade trop longue et soleil éprouvant.
Retour muet… Mais ce bonheur en arrivant :
Trouver le couvert mis sous la tonnelle fraîche,
Refuser son potage et mordre dans les pêches !

Paul Géraldy
Vous et moi

17 Juillet

Les moissonneurs

On cernait au petit jour un grand nid d'épis mûrs, les faux acquiesçaient à la paille, à l'air, à la mort vagabonde ; oui, oui, oui, répétaient-elles, avançant sans se lasser ; les filles riaient, liant les gerbes ; oui, oui, oui, criaient les hirondelles.

Le soir, la moisson enfourchée meurtrissait les épaules. Les compagnons sous la gourde buvaient l'étoile ponctuelle ; sa distance exhortait à l'oubli du labeur terrassé.

Aujourd'hui, brusquant l'adieu, les moissonneurs créditent, empruntent, amortissent. Ils souffleraient au cul de la terre pour activer les saisons !

Sont-ils riches ? Ils n'ont pas un grillon pour l'hiver ; pas un grain de raisin pour le mourant de septembre.

Gaston Puel

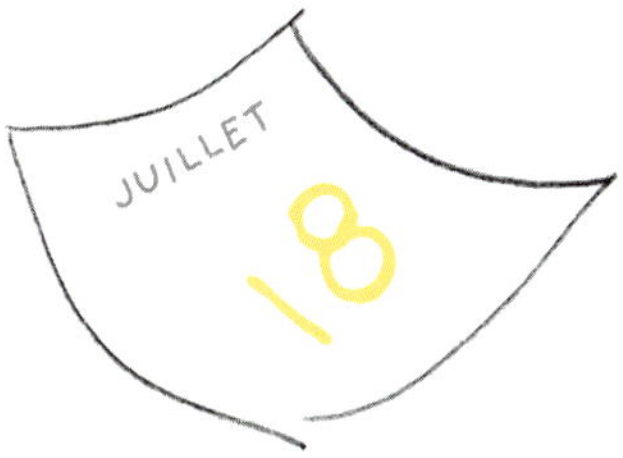

À Léon Tillot.

Le vent d'été

Le vent d'été baise et caresse
La nature tout doucement :
On dirait un souffle d'amant
Qui craint d'éveiller sa maîtresse.

Bohémien de la paresse,
Lazzarone du frôlement,
Le vent d'été baise et caresse
La nature tout doucement.

Oh ! quelle extase enchanteresse
De savourer l'isolement,
Au fond d'un pré vert et dormant
Qu'avec une si molle ivresse
Le vent d'été baise et caresse !

Maurice Rollinat
Les Névroses

19 Juillet

Les bœufs

Tranquilles et leur ombre allongée sur les champs, les grands bœufs descendaient au profil d'un coteau, traînant les moissons d'or sous les feux du couchant, et tout l'été passait dans les lourds chariots.

L'herbe de la prairie, où glissait l'or de l'air, soulevait des vapeurs et grisait mon émoi ; la luzerne et le thym, par flots lissant la terre, venaient, flots de senteurs, se perdre jusqu'à moi.

Que les couchant sont doux à l'âme douloureuse, et qu'il est bon de s'attendrir avec le jour ! Ces heures apaisées sont la patrie heureuse où l'homme oublie la haine et rêve un peu d'amour.

Ô j'ai vécu, ce soir, j'ai vécu de senteurs ! Et je croyais revivre, en un monde attendri, ces belles charités et toute la douceur qui fleurissait mon âme au printemps de ma vie.

Paul Fort
Ballades françaises

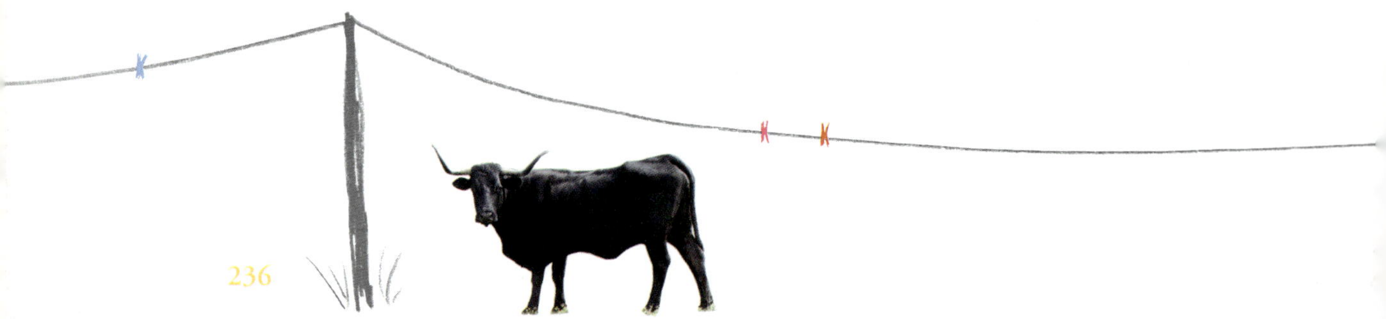

20 Juillet

Le ramier qui exulte

Le ramier qui exulte parmi les branches,
Les rameaux qui se balancent dans le vent,
Le vent qui penche les barques blanches
Sur la mer qui luit à travers les branches,
Les flots dont la crête blanchit,
Et le rire, et l'azur et la clarté de tout ceci,
Ma sœur, c'est mon cœur qui se raconte,
Qui raconte au tien son bonheur.

André Gide
Les Nouvelles Nourritures

21 Juillet

Sonnet astronomique

Alors que finissait la journée estivale,
Nous marchions, toi pendue à mon bras, moi rêvant
À ces mondes lointains dont je parle souvent.
Aussi regardais-tu chaque étoile en rivale.

Au retour, à l'endroit où la côte dévale,
Tes genoux ont fléchi sous le charme énervant
De la soirée et des senteurs qu'avait le vent.
Vénus, dans l'ouest doré, se baignait triomphale.

Puis, las d'amour, levant les yeux languissamment,
Nous avons eu tous deux un long tressaillement
Sous la sérénité du rayon planétaire.

Sans doute, à cet instant deux amants, dans Vénus,
Arrêtés en des bois aux parfums inconnus,
Ont, entre deux baisers, regardé notre terre.

Charles Cros
Sonnet astronomique

22 Juillet

L'or des moissons mûres

C'est la fête du blé, c'est la fête du pain
Aux chers lieux d'autrefois revus après ces choses !
Tout bruit, la nature et l'homme, dans un bain
De lumière si blanc que les ombres sont roses.

L'or des pailles s'effondre au vol siffleur des faux
Donc l'éclair plonge, et va luire, et se réverbère.
La plaine, tout au loin couverte de travaux,
Change de face à chaque instant, gaie et sévère.

Tout halète, tout n'est qu'effort et mouvement
Sous le soleil, tranquille auteur des moissons mûres,
Et qui travaille encore, imperturbablement,
À gonfler, à sucrer – là-bas ! – les grappes sures.

Travaille, vieux soleil, pour le pain et le vin,
Nourris l'homme du lait de la terre, et lui donne
L'honnête verre où rit un peu d'oubli divin…
Moissonneurs, – vendangeurs là-bas ! – votre heure est bonne !

Paul Verlaine
Sagesse

La fête de la moisson

Mais voici le grand jour, le jour de la Clôture.
Déjà voici bouillir le riz dans le chaudron,
Et cuire une brebis dans la marmite à soupe.
Ce jour pour la maison est une grande fête ;
À la bien célébrer tout le monde s'apprête.
Maîtres et serviteurs, servante et majoral
Ont déjà revêtu l'habit dominical.

La jeune paysanne, en demi-demoiselle,
A vêtu ses rubans et sa fine jaquette,
La bergère en rouleau a mis sa chevelure.
Même la grand-maman, plus sèche qu'un râteau,
De la caisse a sorti toutes ses vieilleries,
Et de son cotillon rogné les effilures.
Le rustique au cellier va remplir le paillon,
Sa femme sur la table étend le napperon.
Sous la lampe qui luit, pendue à la traverse,
Sur le banc tout autour s'assoit la maisonnée.

Peyrot de Pradinas

24 Juillet

La petite rue silencieuse

Le silence orageux ronronne. Il ne passera donc personne ?
Les pavés comptent les géraniums. Les géraniums comptent les pavés.
Rêve, jeune fille, à ta croisée. Les petits pois sont écossés.
Ils bombent ton blanc tablier que tes doigts roses vont lier.
Je passe de noir habillé. Un éclair au ciel t'a troublée,
Jeune fille, ou c'est donc ma vue ? Tes petits pois tombent dans la rue.
Sombre je passe. Derrière moi les pavés comptent les petits pois.
Le silence orageux ronronne. Il ne passera donc personne ?

Paul Fort
Ballades françaises

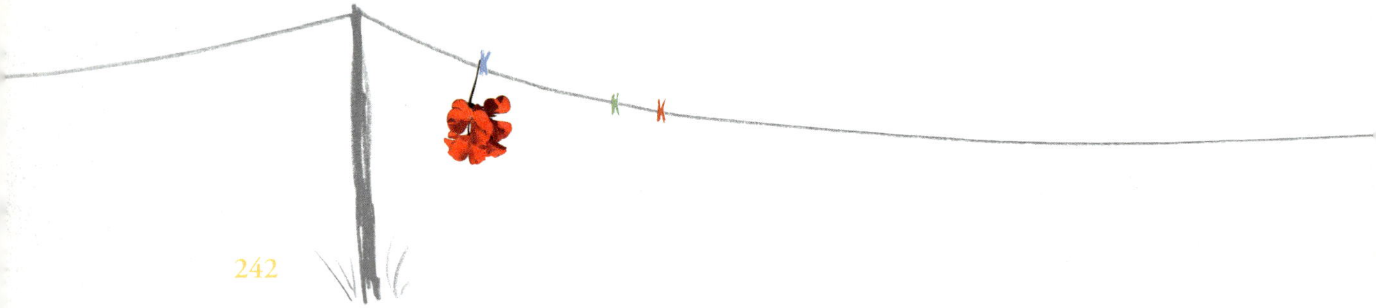

25 Juillet

Repas de famille

Quand la servante posait une assiette sur l'autre
il se faisait un clair bruit
qui revient du fond des jours chauds
avec les lueurs
des fourchettes d'argent
les veines bleues
et les spectres flottant dans les reflets des cires.

Jean Follain
Usage du temps

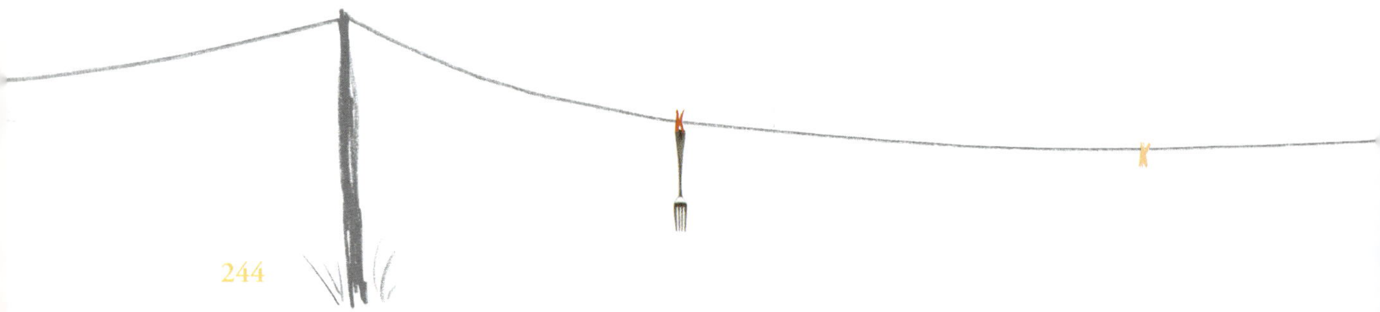

26 Juillet

La vie à la campagne

On jasait fort sur le mari,
c'était un homme atrabilaire
pêchant au fil des eaux douces
la truite qui connaît la ruse,
il sirotait au cabaret
avec des hommes de labour
aux ongles jaunes,
son épouse courait les chemins
à l'âcre mois de juillet
alors l'eau qui tombe est chaude,
les poussières d'orage volent,
les autos aux carrefours
s'arrêtent à lire les distances,
campagnes de Virgile, campagnes d'Évangile,
cette femme s'asseyait près des forges le soir.

Jean Follain
Usage du temps

Les rues et les maisons

Les rues et les maisons les prés et les forêts
Brillent d'un même éclat chacun a son soleil
Les nuages sont dispersés
Il y a une foule de soleils dans l'air
Et l'amour est mutuel
Et l'émotion est générale

Je ne me souviens pas
Du passé désolant.

Paul Éluard
Pouvoir tout dire

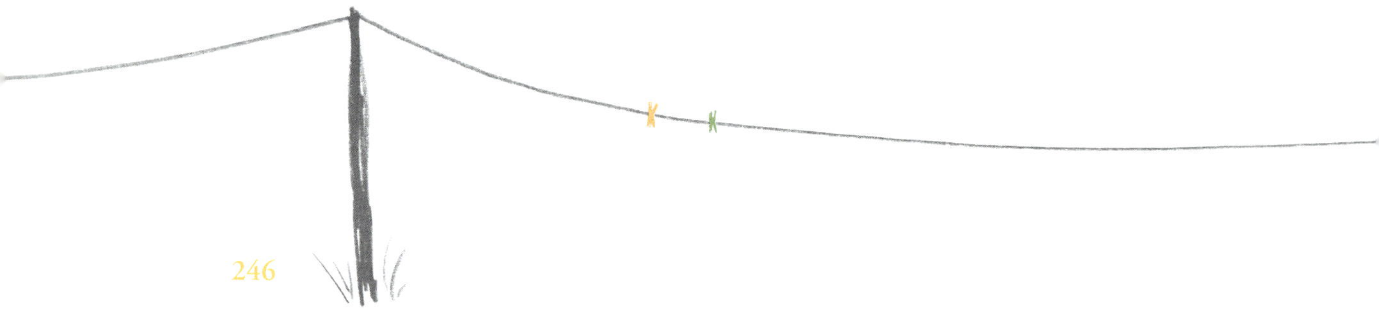

28 Juillet

La demeure en juillet…

La demeure en juillet, pendant l'après-midi.
À l'ombre des volets la chambre s'acclimate ;
Le silence est heureux, calme, doux, attiédi,
Pareil au lait qui dort dans une fraîche jatte ;
La pendule de bois fait un bruit lent, hardi,
Semblable à quelque chat qui pousse avec sa patte
Les instants, dont l'un chante et l'autre est assourdi.
Le soleil va et vient dans l'ombre délicate,
Tout est tendre, paisible, encouragé, charmant,
On dirait que la joie auprès de nous habite ;
Pourtant l'on ne sent aucun attachement…
Pourquoi n'est-ce jamais dans ces instants qu'on quitte
La vie, avec son grand espace de tourment ?

Anna de Noailles
Les Éblouissements

29 Juillet

Nous n'irons plus au bois...

Nous n'irons plus au bois les lauriers sont coupés
La belle que voilà, la laiss'rons-nous danser ?

Refrain

Entrez dans la danse
Voyez comme on danse.
Sautez ! Dansez !
Embrassez cell' que vous voudrez.

Et les lauriers du bois, les laiss'rons-nous faner ?
Non, chacune à son tour ira les ramasser.

Si la cigale y dort ne faut pas la blesser,
Le chant du rossignol la viendra réveiller.

Et la fauvette aussi avec son doux gosier
Et Jeanne la bergère avec son blanc panier.

Allons cueillir la fraise et la fleur d'églantier
Car les lauriers du bois sont déjà repoussés.

Chanson populaire française

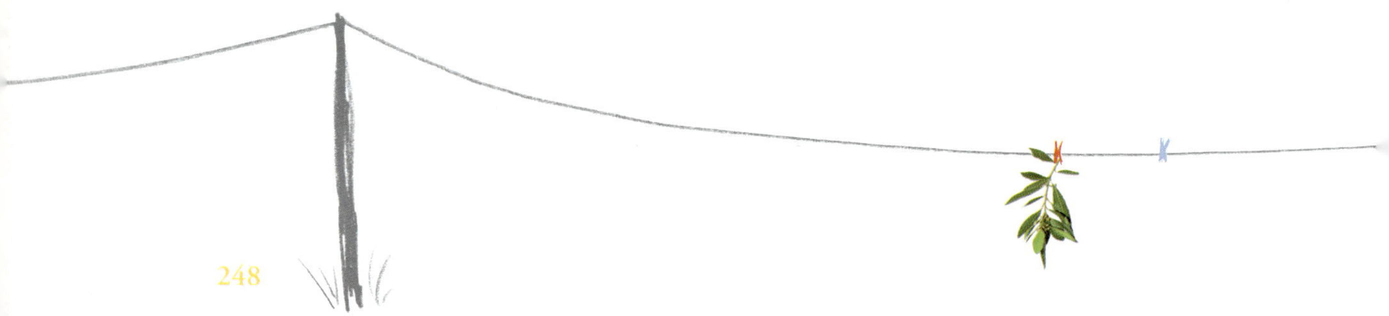

30 Juillet

Couplet de la rue de Bagnolet

Le soleil de la rue de Bagnolet
N'est pas un soleil comme les autres.
Il se baigne dans le ruisseau,
Il se coiffe avec un seau,
Tout comme les autres,
Mais, quand il caresse mes épaules,
C'est bien lui et pas un autre,
Le soleil de la rue de Bagnolet
Qui conduit son cabriolet
Ailleurs qu'aux portes des palais.
Soleil, soleil ni beau ni laid,
Soleil tout drôle et tout content,
Soleil d'hiver et de printemps,
Soleil de la rue de Bagnolet,
Soleil d'hiver et de printemps,
Soleil de la rue de Bagnolet,
Pas comme les autres.

Robert Desnos
Domaine public

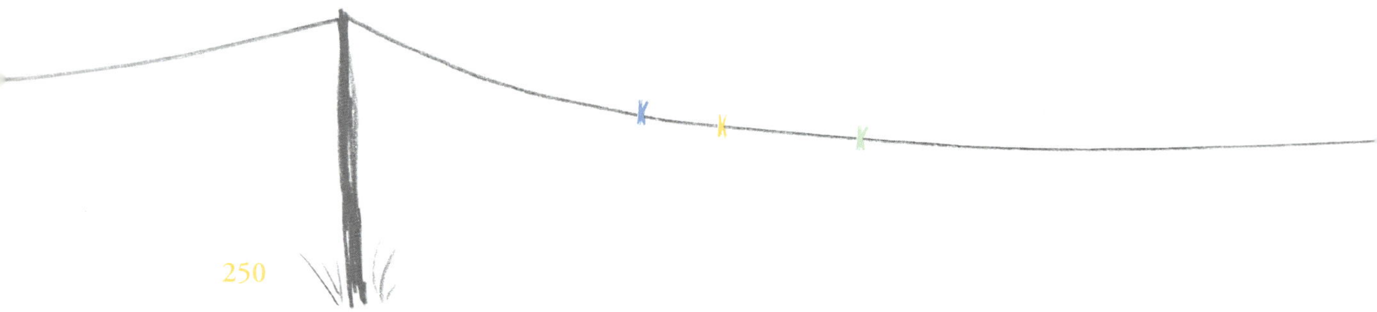

31 Juillet

Je passais mes vacances

Je passais mes vacances
Devant un rosier blanc,
Rose au cœur de la France.
Rosier au cœur tremblant.

Une abeille s'y pose.
Les mésanges aussi.
Rose au cœur de la rose,
Fleur des jours sans souci.

Et puis la nuit s'y pose
– les étoiles aussi –
Noire au cœur de la rose.
Et l'aube y pleure aussi.

Je passais mes vacances
Devant un rosier blanc.
Dans un pays de France
Dont je rêve souvent.

Maurice Fombeure
À dos d'oiseau

1er Août

Jour de fête aux environs de Paris

Midi chauffe et sèche la mousse ;
Les champs sont pleins de tambourins ;
On voit dans une lueur douce
Des groupes vagues et sereins.

Là-bas, à l'horizon, poudroie
Le vieux donjon de saint Louis ;
Le soleil dans toute sa joie
Accable les champs éblouis.

L'air brûlant fait, sous ses haleines
Sans murmures et sans échos,
Luire en la fournaise des plaines
La braise des coquelicots.

Les brebis paissent inégales ;
Le jour est splendide et dormant ;
Presque pas d'ombre ; les cigales
Chantent sous le bleu flamboiement.

Voilà les avoines rentrées.
Trêve au travail. Amis, du vin !
Des larges tonnes éventrées
Sort l'éclat de rire divin.

Le buveur chancelle à la table
Qui boite fraternellement.
L'ivrogne se sent véritable ;
Il oublie, ô clair firmament,

Tout, la ligne droite, la gêne,
La loi, le gendarme, l'effroi,
L'ordre ; et l'échalas de Surène
Raille le poteau de l'octroi.

L'âne broute, vieux philosophe ;
L'oreille est longue ; l'âne en rit.
Peu troublé d'un excès d'étoffe,
Et content si le pré fleurit.

Les enfants courent par volée.
Clichy montre, honneur aux anciens !
Sa grande muraille étoilée
Par la mitraille des Prussiens.

La charrette roule et cahote ;
Paris élève au loin sa voix,
Noir chiffonnier qui dans sa hotte
Porte le sombre tas des rois.

On voit au loin les cheminées
Et les dômes d'azur voilés ;
Des filles passent, couronnées
De joie et de fleurs, dans les blés.

Victor Hugo
Chansons des rues et des bois

2 Août

Loin des villages…

Loin des villages caillés, loin des routes
qui courent voir le soleil se lever sur les usines,
nous descendons dans l'été
comme au fond d'une cloche sous-marine.

Avec le cœur remonté jusqu'à la mort,
nous laissons le ciel se souder à nos yeux
et je tiens ton visage dans ma main ouverte
comme s'il était ma seule richesse.

Ton regard lourd de cils est si mince et si long
qu'il est facile à ma vie d'en faire son horizon.
d'un seul baiser, tu te délivres sur ma bouche
de tout l'espace qui pèse sur ta nuque.

Il nous faudra des années
pour revoir l'oiseau de clarté
qui se jetait chaque matin dans la vitre
et qu'on retrouvait, tué, le soir en plein miroir.

Lucien Becker
Plein amour

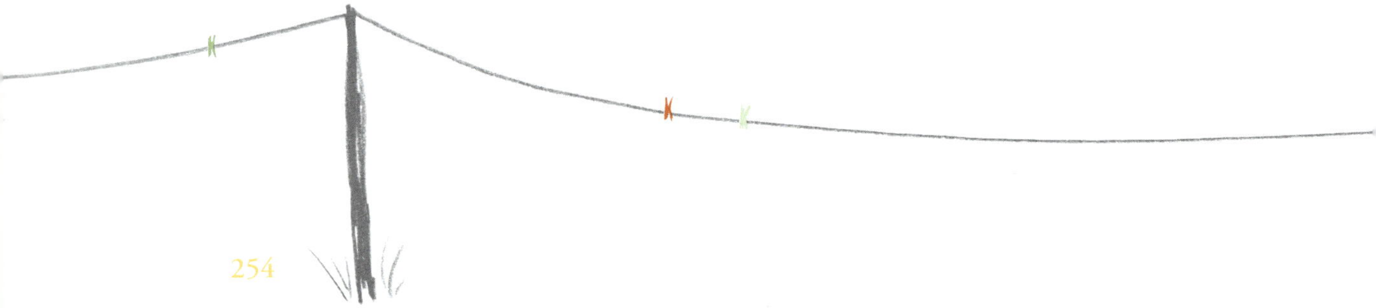

3 Août

Midi

Un store de paille est penché
Sur la vitre où le soleil donne ;
La cloche du déjeuner sonne,
L'air sent la rose et le pêcher ;

Des guêpes de vol et de lucre,
Dans la claire salle à manger
Sont arrivées du potager
Pour le melon et pour le sucre.

Les compotiers sont pleins de fruits,
Les guêpes s'en vont et reviennent ;
Les plats de faïence ancienne
Se fêlent d'entendre du bruit.

– Soigneux de vos douces haleines,
Pour vous, beaux fruits d'un goût si fort,
Les couteaux ont des lames d'or
Et des manches de porcelaine…

Dans un coin, près d'un broc d'étain,
Une araignée alerte file ;
– Les fruits qu'on mange au soir tranquille
Ne sont pas si bons qu'au matin,

Il faut qu'un peu de soleil dore
Le mal vif et doux qu'on leur fait,
Et que leur fraîche agonie ait
L'encouragement de l'aurore ;

Pour que, plus émus, nous pressions
Leur chair suave qui rayonne,
Il faut que le matin leur donne
Sa luisante exaltation,

Il faut que la claire rosée
Ait attendri leur cœur juteux,
Et que leurs corps pleurent un peu
La molle existence brisée…

Anna de Noailles
L'Ombre des jours

4 Août

Le jardin chaud…

Le jardin chaud, repu de soleil, accablé
de trop de jour, s'affaisse. Et les roses, en touffes,
manquant d'air, à l'étroit dans leurs parfums, étouffent.
Un rosier feu met des carmins acidulés
dans le grenat béat des pivoines bourgeoises.
Là sont les roses thé qui sentent la framboise.
Et voici, dominant, les couleurs, les odeurs,
La rose rose, belle avec tant de splendeur
qu'auprès d'elle on se sent l'âme plus roturière.

L'arrosoir sec fait regretter le jardinier.
Aveuglé par tout ce tapage de lumière,
on voudrait s'abriter du ciel et des rosiers…
Mais déjà Marthe a préparé, dans la cuisine
où les carreaux lavés à grande eau sont mouillés,
des fraises frais cueillies, du lait et des tartines…
et mis à égoutter sur les claies les caillés.

Paul Géraldy
Vous et moi

5 Août

Nocturne

Nuit d'été. – Sous le ciel de lapis-lazuli,
Le parc enchanté baigne en des ténèbres molles.
Les fleurs rêvent, l'amour se parfume aux corolles.
Tiède, la lune monte au firmament pâli.

Ce soir, fête à Bergame au palais Lanzoli !
Les couples enlacés descendent des gondoles.
Le bal s'ouvre, étoilé de roses girandoles.
Flûte et cordes, l'orchestre est conduit par Lulli.

Les madrigaux parmi les robes essaimées
Offrent, la lèvre en cœur, leurs fadeurs sublimées ;
Et, sur les glacis d'or des parquets transparents,

Les caillettes Régence, exquisement vieillottes,
Détaillent la langueur savante des gavottes
Au rythme parfumé des éventails mourants.

Albert Samain
Au jardin de l'infante

AOÛT 6

Le grillon

Un pauvre petit grillon
Caché dans l'herbe fleurie,
Regardait un papillon
Voltigeant dans la prairie.
L'insecte ailé brillait des plus vives couleurs ;
L'azur, la pourpre et l'or éclataient sur ses ailes ;
Jeune, beau, petit-maître, il court de fleurs en fleurs,
Prenant et quittant les plus belles.
Ah ! disait le grillon, que son sort et le mien
Sont différents ! Dame nature
Pour lui fit tout, et pour moi rien.
Je n'ai point de talent, encor moins de figure,
Nul ne prend garde à moi, l'on m'ignore ici-bas :
Autant vaudrait n'exister pas.
Comme il parlait, dans la prairie
Arrive une troupe d'enfants :
Aussitôt les voilà courants
Après ce papillon dont ils ont tous envie.
Chapeaux, mouchoirs, bonnets, servent à l'attraper ;
L'insecte vainement cherche à leur échapper,
Il devient bientôt leur conquête.
L'un le saisit par l'aile, un autre par le corps ;
Un troisième survient, et le prend par la tête :
Il ne fallait pas tant d'efforts
Pour déchirer la pauvre bête.

Oh ! Oh ! dit le grillon, je ne suis plus fâché ;
Il en coûte trop cher pour briller dans le monde.
Combien je vais aimer ma retraite profonde !
Pour vivre heureux, vivons caché.

Florian
Fables

7 Août

Midi

Midi, roi des étés, épandu sur la plaine,
Tombe en nappes d'argent des hauteurs du ciel bleu.
Tout se tait. L'air flamboie et brûle sans haleine ;
La terre est assoupie en sa robe de feu.

L'étendue est immense, et les champs n'ont point d'ombre,
Et la source est tarie où buvaient les troupeaux ;
La lointaine forêt, dont la lisière est sombre,
Dort là-bas, immobile, en un pensant repos.

Seuls, les grands blés mûris, tels qu'une mer dorée,
Se déroulent au loin, dédaigneux du sommeil ;
Pacifiques enfants de la terre sacrée,
Ils épuisent sans peur la coupe du soleil.

Parfois, comme un soupir de leur âme brûlante,
Du sein des épis lourds qui murmurent entre eux,
Une ondulation majestueuse et lente
S'éveille, et va mourir à l'horizon poudreux.

Non loin, quelques bœufs blancs, couchés parmi les herbes,
Bavent avec lenteur sur leurs fanons épais,
Et suivent de leurs yeux languissants et superbes
Le songe intérieur qu'ils n'achèvent jamais.

Leconte de Lisle
Poèmes antiques et modernes

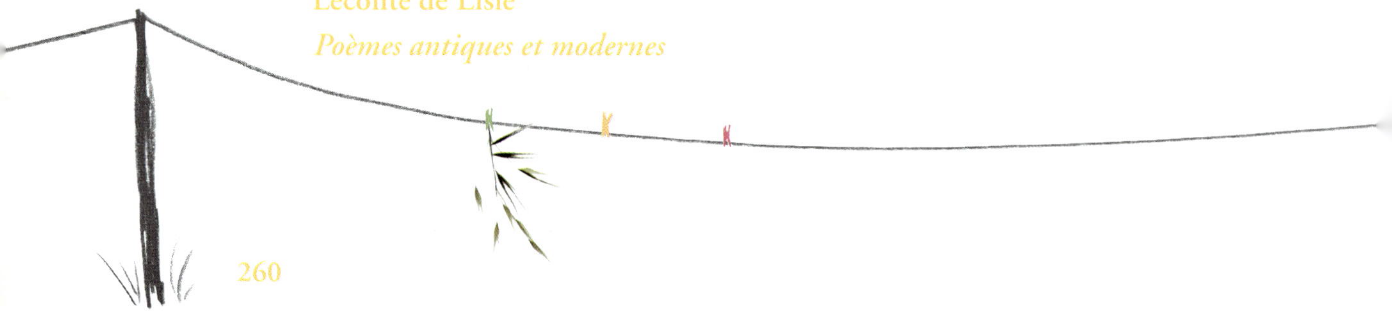

8 Août

Le coucher du soleil

Quand le Soleil du soir parcourt les Tuileries
Et jette l'incendie aux vitres du château ;
Je suis la Grande Allée et ses deux pièces d'eau
Tout plongé dans mes rêveries !

Et de là, mes amis, c'est un coup d'œil fort beau
De voir, lorsqu'à l'entour la nuit répand son voile
Le coucher du soleil, riche et mouvant tableau,
Encadré dans l'Arc de l'Étoile !

Gérard de Nerval

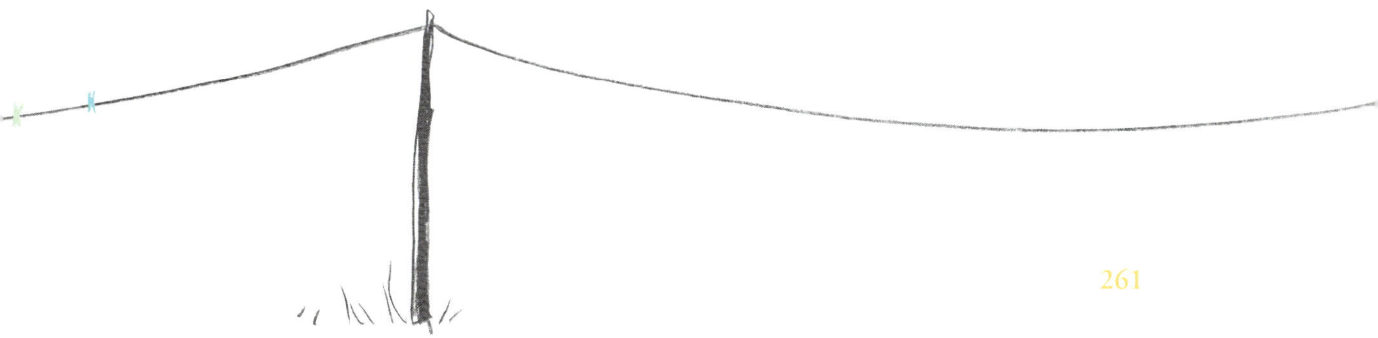

9 Août

Le chœur des joies

Il y avait des jours d'été si beaux
dans les jardins saupoudrés d'or en feu,
que les serpents, se glissant de leur peau,
se chauffaient nus sur les grils du soleil.

Des nuits d'été, la lune était si blanche
qu'on lui voyait le nez, les yeux, le cou,
et tout autour, le ciel avait des trous
par où luisait la cuisine des anges.

Il y avait des bleus si merveilleux
sur les pâtis et les champs et les friches,
que l'on voyait sortir des bois les biches,
et s'arrêter, des lunes dans les yeux.

Il y avait des Pâques si fleuries
qu'on ne savait pas où poser le pied
pour n'écraser les œufs durs dans leurs nids,
pondus et peints par le coq du clocher.

Et des Noëls si blancs que les abeilles
avaient changé leurs ruches en igloos
et qu'on disait qu'autour rôdaient des loups
affriandés par le parfum du miel.

Paul Palgen

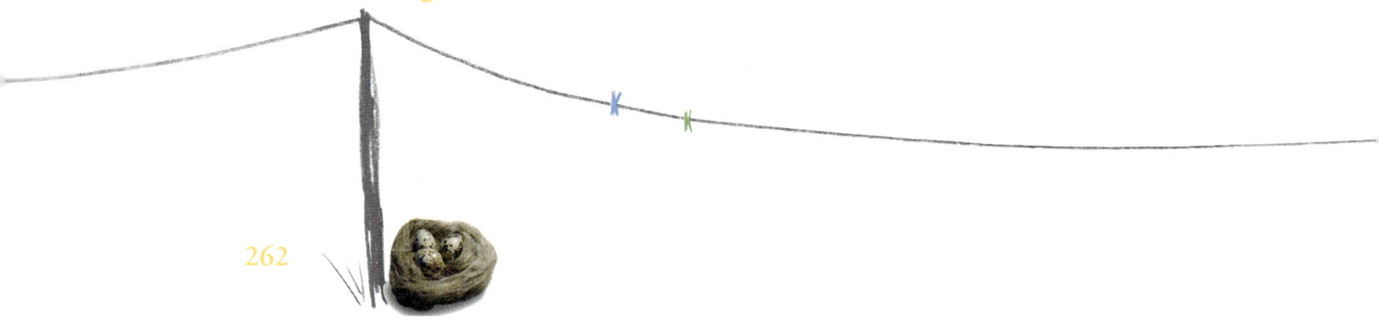

10 Août

À l'Été

Midi de l'an et des saisons,
Royal Été, tu te recueilles
Dans la gloire des floraisons
Et la verte splendeur des feuilles.

Tu parfumes les soirs vermeils
De l'odeur des vignes fleuries
Et, le jour, tes ardents soleils
Embaument l'herbe des prairies.

Tu mets de grands sourires bleus
Sur l'eau des lacs et des fontaines :
Tu mûris les blés onduleux
Et les avoines dans les plaines.

Par ta grâce, jeunes et vieux
Se sentent l'âme illuminée ;
Tu rends les cœurs sains et joyeux,
Ô pourpre Été, roi de l'année !

André Theuriet
Poésies rustiques

11 Août

Sonnet d'août

A moun ami meste Bremond de Darboussiho.

A l'ombre du gerbier géant l'airée est prête ;
Le fermier, dans le rond où s'entassent les blés,
Fait tourner, retenant leurs licous assemblés,
Six chevaux camarguais vifs comme la tempête.

Sous l'ardent soleil d'août ils vont : regardez-les !
Et le sol dur résonne, et rien ne les arrête.
Lui, suant mais joyeux comme au jour de sa fête,
Rêve de sacs d'écus et de greniers comblés.

Cependant le soir vient et la brise se lève ;
La paille en tourbillons vermeils comme son rêve
Monte, se colorant aux rayons du couchant ;

Et, tandis que décroît le galop circulaire,
Le rustique songeur, droit au milieu de l'aire,
Dans un nuage d'or voit sa ferme et son champ.

Paul Arène
Sonnets

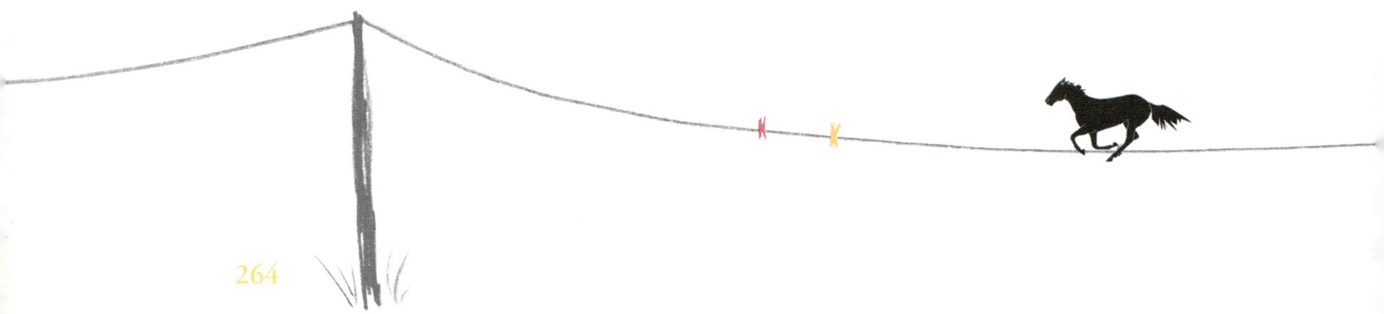

12 Août

Aube

Un invisible oiseau dans l'air pur a chanté.
Le ciel d'aube est d'un bleu suave et velouté.

C'est le premier oiseau qui s'éveille et qui chante.
Écoute ! les jardins sont frémissants d'attente.

Écoute ! un autre nid s'éveille, un autre nid,
Et c'est un pépiement éperdu qui jaillit.

Qui chanta le premier ? Nul ne sait. C'est l'aurore.
Comme un abricot mûr le ciel pâli se dore.

Qui chanta le premier ? Qu'importe ! On a chanté.
Et c'est un beau matin de l'immortel été.

Cécile Perrin
Variations du cœur pensif

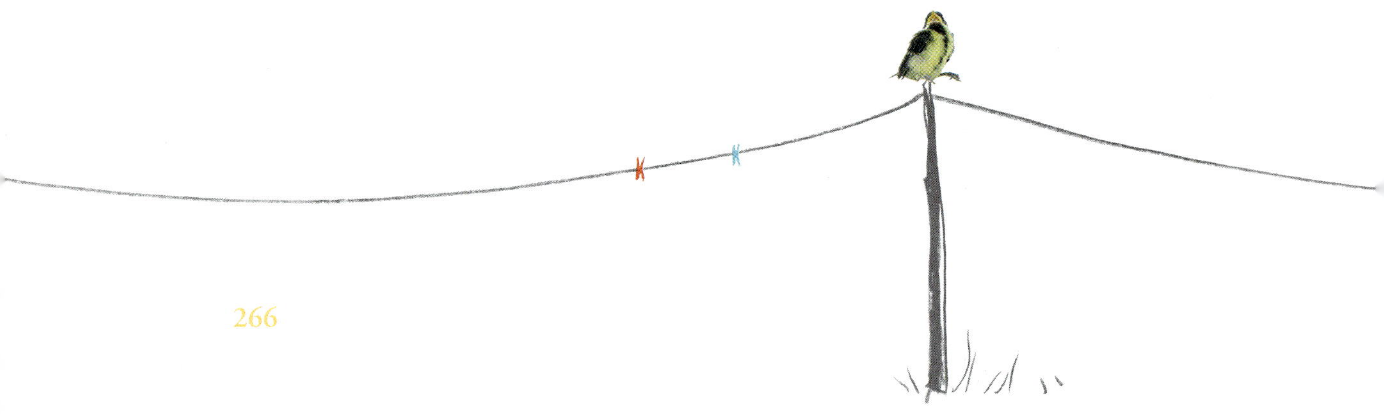

13 Août

Hymne au soleil

Toi qui sèches les pleurs des moindres graminées,
Qui fais d'une fleur morte un vivant papillon,
Lorsqu'on voit, s'effeuillant comme des destinées,
Trembler au vent des Pyrénées
Les amandiers du Roussillon,

Je t'adore, Soleil ! ô toi dont la lumière,
Pour bénir chaque front et mûrir chaque miel,
Entrant dans chaque fleur et dans chaque chaumière,
Se divise et demeure entière
Ainsi que l'amour maternel !

Je te chante, et tu peux m'accepter pour ton prêtre,
Toi qui viens dans la cuve où trempe un savon bleu,
Et qui choisis souvent, quand tu vas disparaître,
L'humble vitre d'une fenêtre
Pour lancer ton dernier adieu.

Tu fais tourner les tournesols du presbytère,
Luire le frère d'or que j'ai sur le clocher,
Et quand, par les tilleuls, tu viens avec mystère
Tu fais bouger des ronds par terre
Si beaux qu'on n'ose plus marcher !

Tu changes en émail le vernis de la cruche ;
Tu fais un étendard en séchant un torchon ;
La meule a, grâce à toi, de l'or sur sa capuche,
Et sa petite sœur la ruche
A de l'or sur son capuchon !

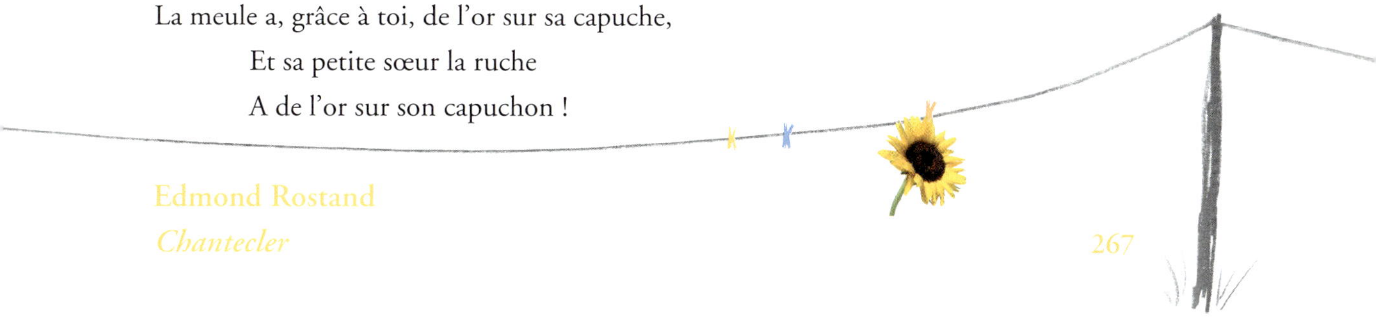

Edmond Rostand
Chantecler

14 Août

Dimanche

Un arbre est là-bas, qui vous fait un geste ;
Le temps d'y courir, il vous donne un fruit.
Un peu de soleil brûle sous la veste,
L'ombre d'un ruisseau m'arrive à doux bruit.

Un million de cieux… foin des passeports !
Je ne veux rêver qu'à la force verte,
Aux oiseaux élus dont l'âme a pris corps.
– Sur la liberté ma bouche est ouverte.

Henri Pichette
Les Revendications

Oliviers poudreux et mistral brûlant aux yeux

C'était sur un chemin crayeux
Trois châtes de Provence
Qui s'en allaient d'un pas qui danse
Le soleil dans les yeux.

Une enseigne, – au bord de la route
– Azur et jaune d'œuf –,
Annonçait : Vin de Châteauneuf,
Tonnelles, Casse-croûte.

Et, tandis que les suit trois fois
Leur ombre violette,
Noir pastou, sous la gloriette,
Toi, tu t'en fous : tu bois…

C'était trois châtes de Provence,
Des oliviers poudreux,
Et le mistral brûlant aux yeux
Dans un azur immense.

Paul-Jean Toulet

16 Août

Le soleil te parle en paroles sublimes

Homme, si, le cœur plein de joie ou d'amertume,
Tu passais vers midi dans les champs radieux,
Fuis ! la nature est vide et le soleil consume :
Rien n'est vivant ici, rien n'est triste ou joyeux.

Mais si, désabusé des larmes et du rire,
Altéré de l'oubli de ce monde agité,
Tu veux, ne sachant plus pardonner ou maudire,
Goûter une suprême et morne volupté,

Viens ! Le soleil te parle en paroles sublimes ;
Dans sa flamme implacable absorbe-toi sans fin ;
Et retourne à pas lents vers les cités infimes,
Le cœur trempé sept fois dans le néant divin.

Leconte de Lisle

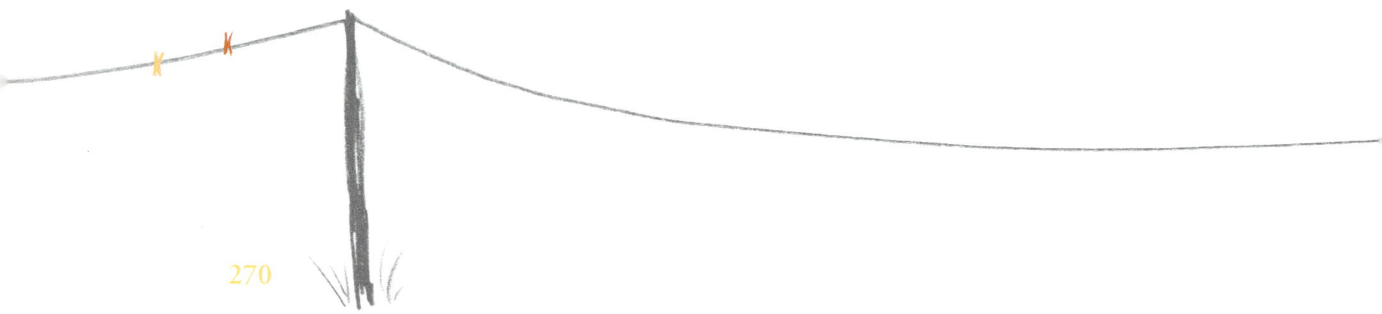

17 Août

L'orme en été

Pour Carmen et Maurice Fombeure

Je suis, dit l'orme, tout grillé.
Je flambe au centre de l'été
Dans la plénitude éclatante
Et l'éclat du chant qui m'enchante
Saute du sous-sol jusqu'au toit.
Je sens l'épaisseur de ce mois
Se joindre au cercle de l'année.
La nuit répare la journée.
Les filles des champs ont ainsi
Sur leur visage le souci
De quelques rousseurs éphémères.
Soyez tranquilles, les bergères,
Et veillez plutôt sur ce cœur
Que pourrait brûler votre ardeur !
L'arbre que je suis est à l'âge
Où l'on fait la part du feuillage
Pour l'exigence du soleil.
Mes amarres, à leur réveil,
S'enracineront dans la terre.
J'ai déjà des fils. Ô lumière,
Soulève-les plus haut que moi,
Arrondis plus vaste le toit
Où suffoquent les tourterelles

Tandis qu'en bas, sous les javelles,
S'accordent les grillons du soir !
Oui, survis-toi, mon bel espoir
Qui répands dans la canicule,
L'ombrage, le vent qui circule,
La promesse longue des jours,
L'accomplissement des amours.

Pierre Menanteau

18 Août

Nefta

Au bord du désert il y avait un palmier
qui rêvait de partir dès que la nuit tombait.
Les oiseaux ayant soif
donnaient des coups de bec dans le vent
L'oasis tournait en rond devant les digues de sable
et les portes du monde étaient toujours fermées
pour le palmier comme pour moi

René Laporte
L'An quarante

19 Août

Nous naviguions depuis le douze

Nous naviguions depuis le douze,
très loin au sud de Malte et de Pantellerie,
quand nous vîmes une île avec des bergeries
qui fumaient sur la mer, et c'était Lampedouze.
Nous mouillâmes dans une baie.
Ce pays est un roc où rien ne pousse.
Je n'y vis qu'un cyprès et qu'une oliveraie.
Nous y fîmes pourtant quatre barils d'eau douce,
une eau, je m'en souviens, très bonne à boire
qu'on mit au frais à fond de cale.
L'île possède un oratoire
à Notre-Dame-de-l'Escale.
Quelques chèvres broutaient au flanc de la falaise.
Nous appareillâmes le treize
par un bon vent. Quand nous fûmes à quatre lieues
l'île nous apparut si tranquille et si bleue
que le patron de la tartane,
émerveillé, fit mettre en panne.
Loin de nous, hors de toute atteinte,
nous regardions l'île en silence
sur le calme des mers comme une barque peinte,
et c'était aussi beau que la Provence.

Henri Bosco
Églogues de la mer

20 Août

Salut à l'escadre

Comme les fruits dans le feuillage d'un arbre agité par le vent
Les navires sont sur la mer
Voici les navires rouges,
Les navires bleus,
Les navires jaunes,
Voici le printemps où fleurissent les navires,
Voici l'été où les navires s'illuminent,
Voici l'automne et les premiers naufrages.

Les navires cherchent par tous les vents du monde,
Dans tous les ports et dans toutes les nuits,
Le soleil qui tombe des étoiles,
Le soleil qui monte des algues.

Voici des cargaisons de coton et de fil de lin,
Du coton et du fil de lin pour des filles qui dorment encore,
Voici des forêts de platanes qui s'en vont vers le nord,
Et des tonneaux de mandarines, de quoi faire rire le monde entier.

Voici le phosphore qui se réveille
Couvert de plumes et de grains de riz,
Et l'étoile
Que chaque navire porte sur lui
Et qui le conduit doucement
Comme un fil noir fait danser une marionnette.

Georges Neveux
La Beauté du diable

21 Août

Couplet du trottoir d'été

Couchons-nous sur le pavé
Par le soleil chauffé, par le soleil lavé,
Dans la bonne odeur de poussière
De la journée achevée,
Avant la nuit levée,
Avant la première lumière,
Et nous guetterons dans le ruisseau
Les reflets des nuages en assaut,
Le coup de sang de l'horizon
Et la première étoile au-dessus des maisons.

Robert Desnos
Domaine public

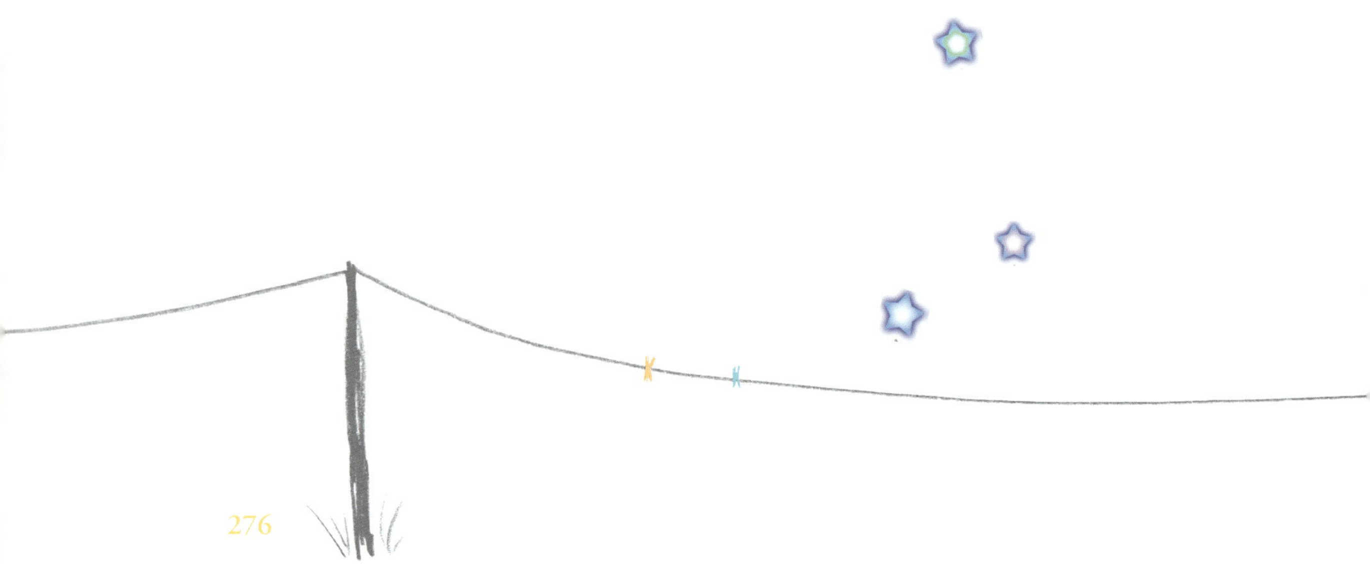

La cigale

L'air est si chaud que la cigale,
La pauvre cigale frugale
Qui se régale de chansons,
Ne fait plus entendre les sons
De sa chansonnette inégale ;
Et, rêvant qu'elle agite encor
Ses petits tambourins de fée,
Sur l'écorce des pins, chauffée,
Où pleure une résine d'or,
Ivre de soleil elle dort.

Paul Arène

23 Août

Le repas préparé

Ma fille, laisse là ton aiguille et ta laine ;
Le maître va rentrer ; sur la table de chêne
Avec la nappe neuve aux plis étincelants
Mets la faïence claire et les verres brillants.
Dans la coupe arrondie à l'anse en col de cygne
Pose les fruits choisis sur des feuilles de vigne :
Les pêches que recouvre un velours vierge encor,
Et les lourds raisins bleus mêlés aux raisins d'or.
Que le pain bien coupé remplisse les corbeilles,
Et puis ferme la porte et chasse les abeilles.

Dehors le soleil brûle, et la muraille cuit.
Rapprochons les volets, faisons presque la nuit,
Afin qu'ainsi la salle, aux ténèbres plongée,
S'embaume toute aux fruits dont la table est chargée.
Maintenant, va puiser l'eau fraîche dans la cour ;
Et veille que surtout la cruche, à ton retour,
Garde longtemps, glacée et lentement fondue,
Une vapeur légère à ses flancs suspendue.

Albert Samain
Aux flancs du vase

24 Août

Le lézard sur la pierre blanche

Encore un peu et le soleil s'arrêtera.
Les lutins de l'aube
ont soufflé dans les coquillages secs ;
l'oiseau a chanté trois fois, trois fois seulement ;
le lézard sur la pierre blanche
reste immobile
regardant l'herbe grillée
là où la couleuvre a glissé.
Une aile noire trace une entaille profonde
haut dans la coupole de l'azur,
regarde, elle va s'ouvrir.

Douleur de résurrection.

Georges Séféris
Solciste d'été

La sieste

Pas un seul bruit d'insecte ou d'abeille en maraude,
Tout dort sous les grands bois accablés de soleil
Où le feuillage épais tamise un jour pareil
Au velours sombre et doux des mousses d'émeraude.

Criblant le dôme obscur, Midi splendide y rôde
Et, sur mes cils mi-clos alanguis de sommeil,
De mille éclairs furtifs forme un réseau vermeil
Qui s'allonge et se croise à travers l'ombre chaude.

Vers la gaze de feu que trament les rayons,
Vole le frêle essaim des riches papillons
Qu'enivrent la lumière et le parfum des sèves ;

Alors mes doigts tremblants saisissent chaque fil,
Et dans les mailles d'or de ce filet subtil,
Chasseur harmonieux, j'emprisonne mes rêves.

José Maria de Heredia
Les Trophées

26 Août

Le cimetière marin

Ce toit tranquille, où marchent des colombes,
Entre les pins palpite, entre les tombes ;
Midi le juste y compose de feux
La mer, la mer, toujours recommencée !
Ô récompense après une pensée
Qu'un long regard sur le calme des dieux !

Quel pur travail de fins éclairs consume
Maint diamant d'imperceptible écume,
Et quelle paix semble se concevoir !
Quand sur l'abîme un soleil se repose,
Ouvrages purs d'une éternelle cause,
Le Temps scintille et le Songe est savoir.

Stable trésor, temple simple à Minerve,
Masse de calme, et visible réserve,
Eau sourcilleuse, Œil qui gardes en toi
Tant de sommeil sous un voile de flamme,
Ô mon silence !... Édifice dans l'âme,
Mais comble d'or aux mille tuiles, Toit !

Temple du Temps, qu'un seul soupir résume,
À ce point pur je monte et m'accoutume,
Tout entouré de mon regard marin ;
Et comme aux dieux mon offrande suprême,
La scintillation sereine sème
Sur l'altitude un dédain souverain.

Paul Valéry
Charmes

27 Août

Le village à midi

Le village à midi. La mouche d'or bourdonne
entre les cornes des bœufs.
Nous irons, si tu le veux,
si tu le veux, dans la campagne monotone.

Entends le coq... Entends la cloche... Entends le paon...
Entends là-bas, là-bas, l'âne...
L'hirondelle noire plane.
Les peupliers au loin s'en vont comme un ruban.
Le puits rongé de mousse ! Écoute sa poulie
qui grince, qui grince encor,
car la fille aux cheveux d'or,
tient le vieux seau tout noir d'où l'argent tombe en pluie.

La fillette s'en va d'un pas qui fait pencher
sur sa tête d'or la cruche,
sa tête comme une ruche,
qui se mêle au soleil sous les fleurs du pêcher.

Et dans le bourg voici que les toits noircis lancent
au ciel bleu des flocons bleus :
et les arbres paresseux
à l'horizon qui vibre à peine se balancent.

Francis Jammes
De l'angélus de l'aube à l'angélus du soir

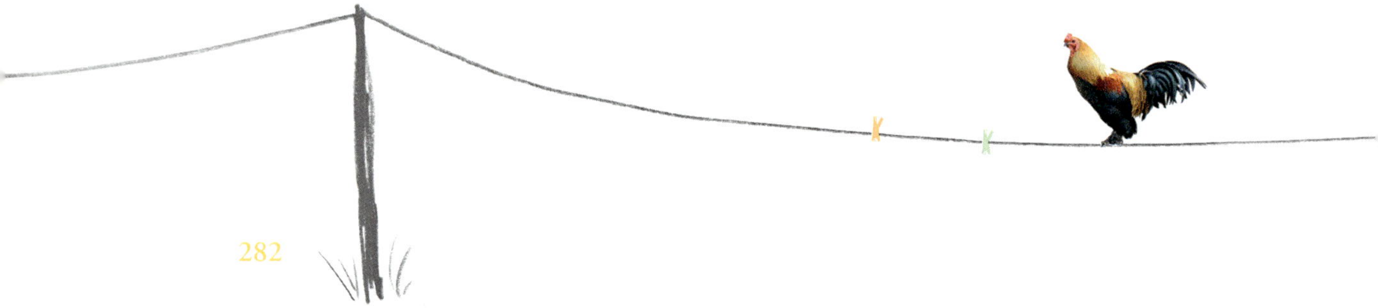

28 Août

Pax

Ô souvent je voudrais que la vie éternelle
Fût simplement cela : Quelques-uns réunis
Dans un jardin qu'embaume encor la citronnelle,
Réunis par amour dans l'été qui finit.

L'un d'entre eux serait juste arrivé de voyage.
On le ferait asseoir près de la véranda
Où est la lampe, afin de mieux voir son visage,
Son uniforme usé, sa pâleur de soldat.

La plus jeune viendrait le tenir par sa manche,
On n'oserait pas dire : « Tu es pâle… » Et lui,
Devant cette douceur des très anciens dimanches
Souhaite pour pouvoir pleurer, qu'il fasse nuit.

Une voix s'élèverait alors, la musique
Même de jadis au milieu d'un grand respect
Et du cœur de chacun, dans le soir balsamique
Disant ces mots simples : Mes enfants, c'est la paix.

Aliette Audra
Poèmes pour un marin perdu

29 Août

À Barbentane, ensoleillée

A Barbentane, ensoleillée
Il y a sur la place une ombre
Celle du portail de l'église,
Et l'on y songe à la veillée ;
Les cloches tintent dans la brise.

Sur le chemin de Frégolet
Il y a de vieux oratoires
Qui dorment sous quelques cyprès
Et une vasque où l'on peut boire
Quand on veut se désaltérer ;

Et dans les champs où l'on chemine
Entre un bouquet de pins et un bois d'oliviers
Il y a de bons jardiniers
Qui travaillent sur la colline.

Henri Bosco
Le Roseau et la source

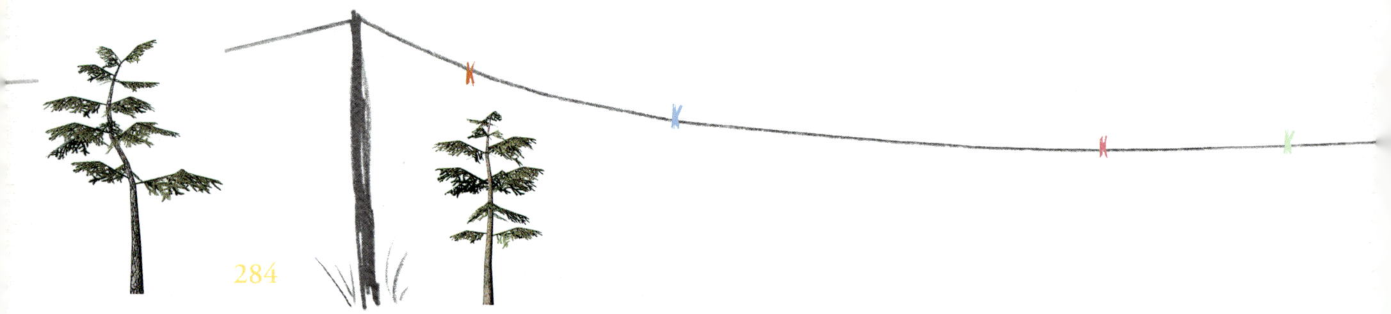

30 Août

Le rêve du jaguar

Sous les noirs acajous, les lianes en fleur,
Dans l'air lourd, immobile et saturé de mouches,
Pendent, et, s'enroulant en bas parmi les souches,
Bercent le perroquet splendide et querelleur,
L'araignée au dos jaune et les singes farouches.
C'est là que le tueur de bœufs et de chevaux,
Le long des vieux troncs morts à l'écorce moussue,
Sinistre et fatigué, revient à pas égaux.
Il va, frottant ses reins musculeux qu'il bossue ;
Et, du mufle béant par la soif alourdi,
Un souffle rauque et bref, d'une brusque secousse,
Trouble les grands lézards, chauds des feux de midi,
Dont la fuite étincelle à travers l'herbe rousse.
En un creux de bois sombre interdit au soleil
Il s'affaisse, allongé sur quelque roche plate ;
D'un large coup de langue il se lustre la patte ;
Il cligne ses yeux d'or hébétés de sommeil ;
Et, dans l'illusion de ses forces inertes,
Faisant mouvoir sa queue et frissonner ses flancs,
Il rêve qu'au milieu des plantations vertes,
Il enfonce d'un bond ses ongles ruisselants
Dans la chair des taureaux effarés et beuglants.

Leconte de Lisle

Les vents qui aiment les voiliers

Les vents qui aiment les voiliers
Sur la mer où les dauphins jouent
Gonflent leurs belles joues.
La côte est pleine de lauriers.
Deux barques qui s'en vont naviguant de conserve
Passent au fil des eaux et sentent le goudron.
Il fait si bon
Qu'on voit fumer un bastidon
Sur le cap de Minerve.

Henri Bosco
Le Roseau et la source

1er Septembre

Chanson d'automne

Les sanglots longs
Des violons
De l'automne

Blessent mon cœur
D'une langueur
Monotone.

Tout suffocant
Et blême, quand
Sonne l'heure,

Je me souviens
Des jours anciens
Et je pleure ;

Et je m'en vais
Au vent mauvais
Qui m'emporte

Deçà, delà,
Pareil à la
Feuille morte.

Paul Verlaine
Poèmes saturniens

N°32. Molto Allegro
N°27. Andante maestoso

2 Septembre

Automne

Odeur des pluies de mon enfance
Derniers soleils de la saison !
À sept ans comme il faisait bon
Après d'ennuyeuses vacances,
Se retrouver dans sa maison !

La vieille classe de mon père,
Pleine de guêpes écrasées,
Sentait l'encre, le bois, la craie
Et ces merveilleuses poussières
Amassées par tout un été.

Ô temps charmant des brumes douces,
Des gibiers, des longs vols d'oiseaux,
Le vent souffle sous le préau,
Mais je tiens entre paume et pouce
Une rouge pomme à couteau.

René Guy Cadou
Les Amis d'enfance

3 Septembre

La pluie

La pluie tombe infinie. Les horizons s'enfuient. Où vont-ils ces coteaux, ces coteaux sous la pluie, qui portent sur leur dos ces forêts qui s'ennuient ?

Où donc est Andely, Andely-le-Petit ? Son coteau ? Son château ?
Je les voyais tantôt. Les horizons s'enfuient. La pluie tombe infinie.

Du côté des forêts, qui donc réapparaît ? Ce géant, est-ce lui ?
Est-ce toi, vieux château, qui vas courbant ton dos sous neuf siècles d'ennui ?

La pluie tombe infinie.

Paul Fort

4 Septembre

Le geste auguste du semeur…

C'est le moment crépusculaire.
J'admire, assis sous un portail,
Ce reste de jour dont s'éclaire
La dernière heure du travail.

Dans les terres, de nuit baignées,
Je contemple, ému, les haillons
D'un vieillard qui jette à poignées
La moisson future aux sillons.

Sa haute silhouette noire
Domine les profonds labours.
On sent à quel point il doit croire
À la fuite utile des jours.

Il marche dans la plaine immense,
Va et vient, lance la graine au loin,
Rouvre sa main, et recommence,
Et je médite, obscur témoin,

Pendant que déployant ses voiles,
L'ombre, où se mêle une rumeur,
Semble élargir jusqu'aux étoiles
Le geste auguste du semeur.

Victor Hugo

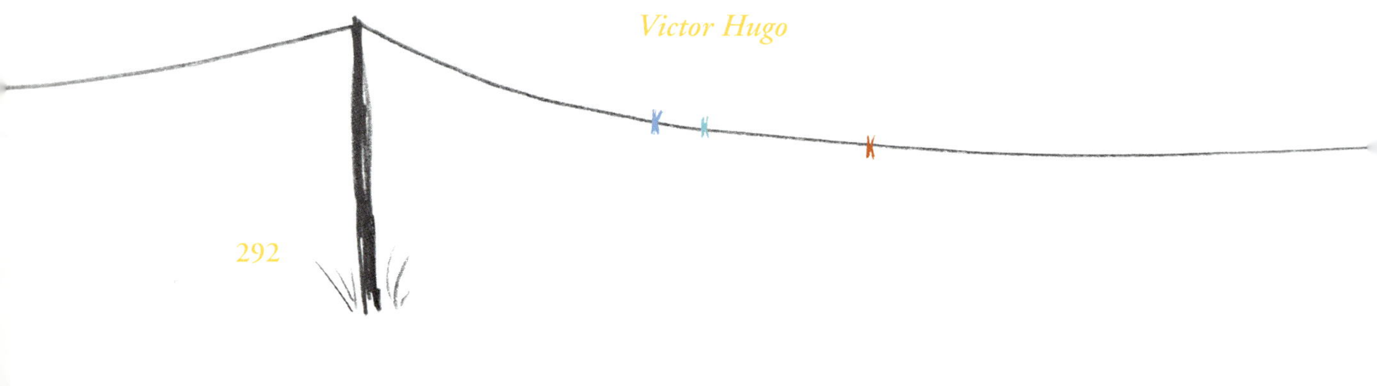

5 Septembre

L'automne

L'automne, au coin du bois,
Joue de l'harmonica.

Quelle joie chez les feuilles !

Elles valsent au bras
Du vent qui les emporte.

On dit qu'elles sont mortes,
Mais personne n'y croit.

L'automne, au coin du bois,
Joue de l'harmonica.

Maurice Carême
La Lanterne magique

6 Septembre

Et maintenant les troupeaux...

Et maintenant les troupeaux revenaient,
fuyant l'ombre mystérieuse des neiges.
On entendait la plaine et la vallée
s'emplir du bourdonnement désolé
des clarines sombres qu'accompagnaient
les piétinements précipités.

Et les enfants qui allaient à l'école,
dans l'aigre vent de la tombée d'automne
voyaient venir sur la route monotone
l'âne au collier de bois et le chien jaune,
les parapluies et les bidons qui sonnent,
et le berger pensif et les moutons.

Sous le troupeau ennuagé du ciel,
il conduisait le troupeau de la terre.
D'un geste large et rond il étendait
son long bâton, comme s'il bénissait
les brebis donneuses de laine et de lait.
Et tout à coup, son chien, il le sifflait.

Et alors, l'être fidèle entre tous,
le chien, aux yeux fixes et pleins d'amour,
celui qui aime l'homme sans détour,
celui qui se nourrirait de cailloux
lorsqu'il a pour maître un mendiant des routes,
le chien, mordait les brebis en déroute.

On le voyait. Il dressait les oreilles.
Puis, immobile et les yeux pleins de braise,
prêt à bondir sur les retardataires,
il surveillait le troupeau de côté.
Et le troupeau passait, passait, passait
Et sa rumeur divine se perdait.

Francis Jammes
Le Triomphe de la vie

Il pleut, bergère...

Il pleut, bergère. C'est l'automne qui s'en vient,
L'heure des potagers vides où les laitues
S'affadissent. Toutes les cloches se sont tues.
Seul, le vieux pigeonnier délabré se souvient.
Les chambres, longuement, s'emplissent de mystère.
On n'a pas allumé de lampe... il pleut, bergère.
Vers la ville, les routes larges sont parties
Et toutes les maisons sont closes à jamais
Avec des airs de calme éternel et de paix.
Mais, cependant, dans tout ce silence, je sais
Qu'aux jardins il y a des limaces sorties,
Silencieuses, et qui vont par les orties...
Et que, parmi les grandes plaines, sans personne,
Les herbes folles ont compris l'heure et frissonnent.

Francis Carco
La Bohème et mon cœur

8 Septembre

Automne malade

Automne malade et adoré
Tu mourras quand l'ouragan soufflera dans les roseraies
Quand il aura neigé
Dans les vergers

Pauvre automne
Meurs en blancheur et en richesse
De neige et de fruits mûrs
Au fond du ciel
Des éperviers planent
Sur les nixes nicettes aux cheveux verts et naines
Qui n'ont jamais aimé

Aux lisières lointaines
Les cerfs ont bramé

Et que j'aime ô saison que j'aime tes rumeurs
Les fruits tombant sans qu'on les cueille
Le vent et la forêt qui pleurent
Toutes leurs larmes en automne feuille à feuille
Les feuilles
Qu'on foule
Un train
Qui roule
La vie
S'écoule

Guillaume Apollinaire
Alcools

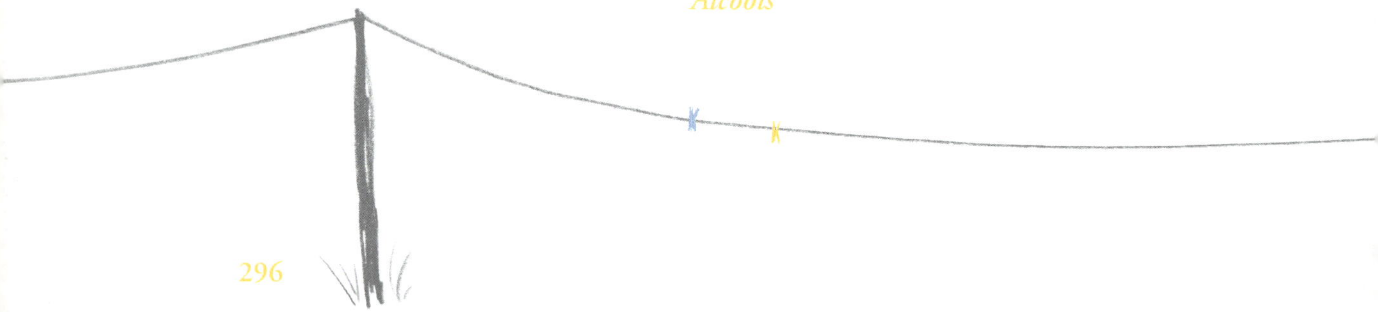

9 Septembre

Les greniers

Sous le manteau des toits s'étalaient les greniers,
Larges, profonds, avec de géantes lignées
De traverses en croix et de lourds madriers,
D'où pendaient à des fils un peuple d'araignées

Les récoltes d'été s'y trouvaient alignées ;
Le seigle et le froment par sacs et par paniers ;
Et les orges et les avoines rencognées
Pesaient sur les planchers en monceaux réguliers.

Un silence profond et lourd, telle une mare,
S'étendait sur les grains que coupait de sa barre
Faite de pourpre et d'or le soleil de juillet.

Les petites souris toutes se tenaient coites,
Les museaux enfoncés dans leurs niches étroites,
Tandis que sur un van le grand chat blanc veillait.

Émile Verhaeren
Les Flamandes

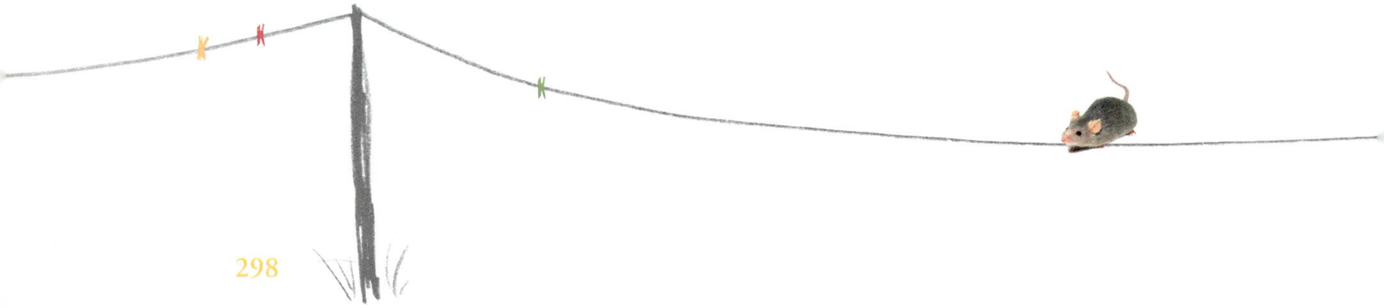

10 Septembre

Chanson

Les hirondelles sont parties.
Le brin d'herbe a froid sur les toits ;
Il pleut sur les touffes d'orties.
Bon bûcheron, coupe du bois.

Les hirondelles sont parties.
L'air est dur, le logis est bon.
Il pleut sur les touffes d'orties.
Bon charbonnier, fais du charbon.

Les hirondelles sont parties.
L'été fuit à pas inégaux ;
Il pleut sur les touffes d'orties.
Bon fagotier, fais des fagots.

Les hirondelles sont parties.
Bonjour l'hiver ! bonsoir ciel bleu !
Il pleut sur les touffes d'orties.
Vous qui tremblez, faites du feu.

Victor Hugo
Chansons des rues et des bois

11 Septembre

Matin

Le gars balance la pompe.
La fille balaye le seuil.
Le vent remue le rosier.

Le bon chien jappe, la porte s'ouvre.
Sur les branches du tamaris
La mésange craque son cri sec.

Les pots de la laitière sonnent.
Le boulanger pose son pain.
Un bras nu pousse le volet.

Dans le ciel déchiqueté d'arbres
Un nuage mauve s'effiloche…
Des gouttes tombent sur le jardin

André Spire
Beg-Meil

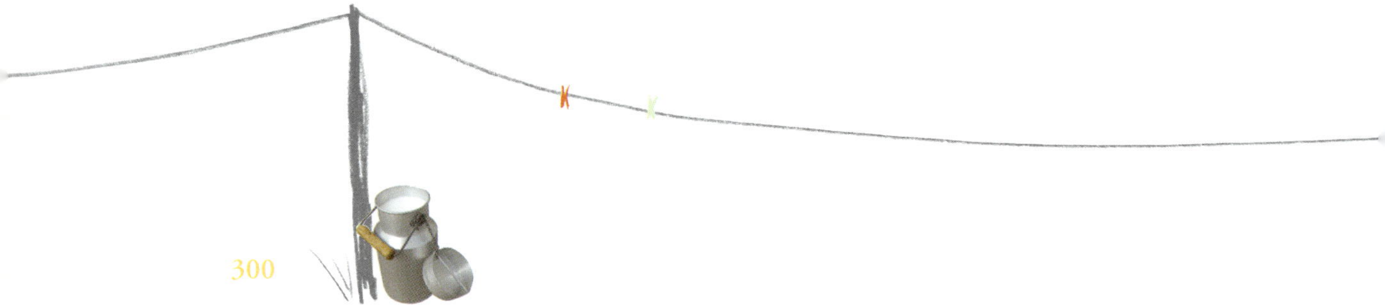

12 Septembre

Chez nous

Septembre. La journée est transparente et pure.
L'automne semble un beau souvenir de l'été,
Et ne menace pas encor les feuilles mûres.

Le ciel est une coupe immense de clarté.
Le visage sacré de la terre respire
La paix, la plénitude et la fécondité.

Les vignobles heureux dans le fleuve se mirent.
Sous l'eau calme, chargés du don des pampres lourds,
Les coteaux inclinés se regardent sourire.

Autour de son clocher là-haut sommeille un bourg ;
La chaleur sur les toits vibre et se réverbère,
Et l'on entend chanter les poules dans les cours.

Pas une âme dehors. C'est la saison prospère
Où, sans qu'il soit aidé par le travail humain,
Seul dans les champs déserts, le grand soleil opère
Le miracle éternel qui nous donne le vin.

Louis Mercier
Les Voix de la terre et du temps

Un jour mol et soyeux

Dans le silencieux automne
D'un jour mol et soyeux,
Je t'écoute en fermant les yeux,
Voisine monotone.

Ces gammes de tes doigts hardis,
C'était déjà des gammes
Quand n'étaient pas encor des dames
Mes cousines, jadis ;

Et qu'aux toits noirs de la Rafette,
Où grince un fer changeant,
Les abeilles d'or et d'argent
Mettaient l'aurore en fête.

Paul-Jean Toulet
Les Contrerimes

14 Septembre

Pâle saison

C'est bien l'automne qui revient
Va-t-en chanter
Mais plus personne
que moi
n'y tient
Je serai le dernier

Mais elle n'est pas si triste
qu'on l'avait dit
cette pâle saison
Un peu plus de mélancolie
Pour vous donner raison

La fumée interroge
Sera-ce lui ou toi
qui en ferez l'éloge
avant les premiers froids
Et moi j'attends
La dernière lumière
qui monte dans la nuit

Mais la terre descend
Et tout n'est pas fini
Une aile la supporte
Pendant tout ce temps
Avec toi j'irai à la fin du compte
Refermer la porte
S'il fait trop de vent

Pierre Reverdy
Grande nature

15 Septembre

Stances

Quand reviendra l'automne avec les feuilles mortes
Qui couvriront l'étang du moulin ruiné,
Quand le vent remplira le trou béant des portes
Et l'inutile espace où la meule a tourné,

Je veux aller encor m'asseoir sur cette borne,
Contre le mur tissé d'un vieux lierre vermeil,
Et regarder longtemps dans l'eau glacée et morne
S'éteindre mon visage et le pâle soleil.

Jean Moréas
Les Stances

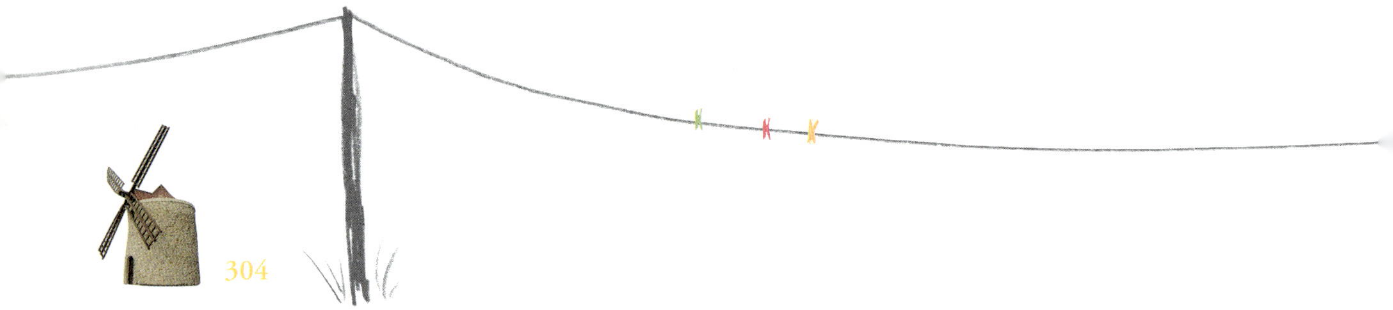

16 Septembre

En septembre

Ciel roux. Ciel de septembre.
De la pourpre et de l'ambre
Fondus en ton brouillé.
Draperie ondulante
Où le soleil se plante
Comme un vieux clou rouillé.

Flots teintés d'améthyste.
Écumes en batiste
Aux légers falbalas.
Horizon de nuées
Vaguement remuées
En vaporeux lilas.

Falaises jaunissantes.
Des mûres dans les sentes.
Du chaume dans les champs.
Aux flaques des ornières,
En lueurs prisonnières
Le cuivre des couchants.

Aucun cri dans l'espace.
Nulle barque qui passe.
Pas d'oiseaux aux buissons
Ni de gens sur l'éteule.
Et la couleur est seule
À chanter ses chansons.

Apaisement. Silence.
La brise ne balance
Que le bruit endormant
De la mer qui chantonne.
Ciel de miel. Ciel d'automne.
Silence. Apaisement.

Jean Richepin
La Mer

17 Septembre

Paysage

L'automne à Chaville est superbe ;
Le bois par place est resté vert ;
Ailleurs, tournant au vent d'hiver,
Les feuilles s'abattent sur l'herbe ;
Mais les grands chênes, fiers encor,
Gardent leur parure tenace,
Et sentant que le froid menace,
S'habillent de cinabre et d'or.
Qu'importe si le ciel est sombre,
Quand on a la claire forêt ?
Son feuillage ardent qui paraît
Plus radieux au sein de l'ombre
Nous garde en ses rameaux vermeils,
Dans ses feuilles d'or pur baignées
Et de longs rayons imprégnées,
Le souvenir des vieux soleils.

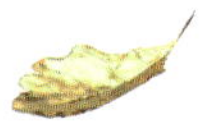

Paul Arène
Tableaux parisiens et paysages

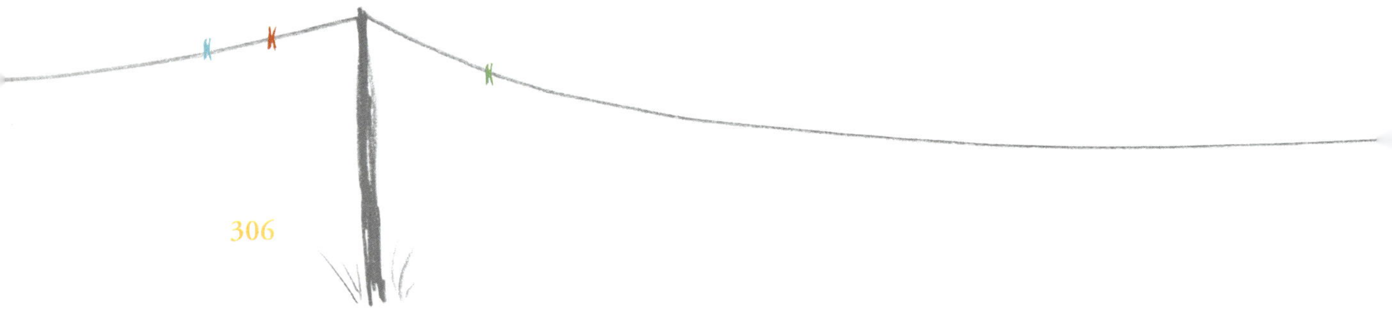

18 Septembre

Les longs jours sont passés

L'aube est moins claire, l'air moins chaud, le ciel moins pur ;
Le soir brumeux ternit les astres de l'azur.
Les longs jours sont passés ; les mois charmants finissent,
Hélas ! voici déjà les arbres qui jaunissent !
Comme le temps s'en va d'un pas précipité !
Il semble que nos yeux, qu'éblouissait l'été,
Ont à peine eu le temps de voir les feuilles vertes.

Pour qui vit, comme moi, les fenêtres ouvertes,
L'automne est triste avec sa bise et son brouillard.
Et l'été qui s'enfuit est un ami qui part.
Adieu, dit cette voix qui dans notre âme pleure,
Adieu ciel bleu ! beau ciel qu'un souffle tiède effleure !
Voluptés du grand air, bruits d'ailes dans les bois,
Promenades, ravins pleins de lointaines voix,
Fleurs, bonheur innocent des âmes apaisées,
Adieu, rayonnements ! aubes ! chansons ! rosées !

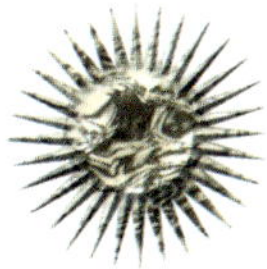

Puis tout bas on ajoute : ô jours bénis et doux !
Hélas ! vous reviendrez ! me retrouverez-vous ?

Victor Hugo
Toute la lyre

19 Septembre

Les pommes

Bel automne,
À moi tes pommes,
Qui sont rougeaudes comme joues de jeune vierge !
J'y veux mordre à pleines dents ;
J'y veux boire à pleines lèvres :
Bel automne,
À moi tes pommes,
Pour le pressoir qui les attend !
J'en veux faire éclater la fine chair
Entre les mâchoires de fer ;

J'en veux tirer la liqueur blonde ;
À grand effort de vis et de levier,
J'en veux faire jaillir une source de songe !

Pour défier
L'ennui d'hiver et des mois sombres,
Rien ne vaut cave pleine et froment au grenier.

Bel automne,
À moi tes pommes !
Aux glèbes fraîches,
Mon blé germe :
Qu'importe le passé ? J'ai semé l'avenir.
Les feuilles sèches,
Au gré du vent, peuvent courir
Dans la brume des soirs ternes ;

Si j'ai du cidre
En mon cellier,
Il m'est permis d'oublier
L'angoisse même de vivre,
L'angoisse de marcher ployé,
Et d'être si peu, si peu libre !

Philéas Lebesgue
Les Servitudes

La plaine

La plaine est morne et ses chaumes et granges,
Et ses fermes dont les pignons sont vermoulus,
La plaine est morne et lasse et ne se défend plus,
La plaine est morne et morte – et la ville la mange.

Formidables et criminels,
Les bras des machines hyperboliques,
Fauchant les blés évangéliques,
Ont effrayé le vieux semeur mélancolique
Dont le geste semblait d'accord avec le ciel.

L'orde fumée et ses haillons de suie
Ont traversé le vent et l'ont sali :
Un soleil pauvre et avili
S'est comme usé en de la pluie.

Et maintenant, où s'étageaient les maisons claires
Et les vergers et les arbres allumés d'or,
On aperçoit, à l'infini, du sud au nord,
La noire immensité des usines rectangulaires.

Émile Verhaeren
Les Villes tentaculaires

Automne

21 Septembre

Après l'ondée

Dieu merci, la pluie est tombée
En de fluides, longues flèches,
La rue est comme un bain d'eau fraîche,
Toute fatigue est décourbée.

Les réverbères qui s'allument
Par cette nuit lourde et mouillée,
Brillent dans la ville embrouillée
Comme des phares sur la brume.

Un parfum de verdure nage
Dans toute cette eau renversée ;
À petites gouttes pressées
L'été s'évade du naufrage.

On voit des gens à leur fenêtre
Qui, le corps et le rêve en peine,
Respiraient et vivaient à peine,
Et que l'ondée a fait renaître.

La journée était moite et lente
Et couvait trop son rude orage,
Maintenant l'esprit calme et sage
Se trempe d'eau comme une plante.

L'âme était sèche, âcre et rampante,
L'éclair y préparait sa course ;
L'air est dans l'air comme une source,
D'humides courants frais serpentent,

Tout se repose, tout s'apaise,
Tout rentre dans l'ombre et le somme,
Tandis que meurt au cœur de l'homme
Le feu des volontés mauvaises…

Anna de Noailles
L'Ombre des jours

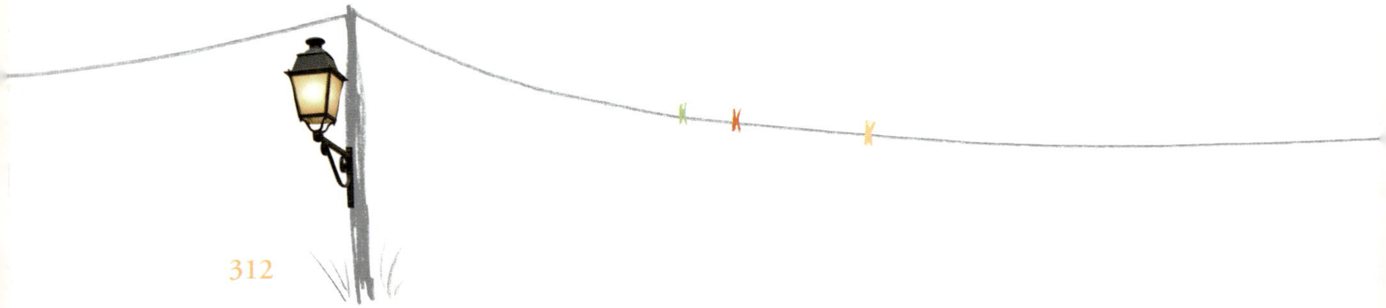

22 Septembre

Il pleure dans mon cœur

Il pleut doucement sur la ville
Arthur Rimbaud.

Il pleure dans mon cœur
Comme il pleut sur la ville ;
Quelle est cette langueur
Qui pénètre mon cœur ?

Ô bruit doux de la pluie
Par terre et sur les toits !
Pour un cœur qui s'ennuie
Ô le chant de la pluie !

Il pleure sans raison
Dans ce cœur qui s'écœure.
Quoi ! nulle trahison ?...
Ce deuil est sans raison.

C'est bien la pire peine
De ne savoir pourquoi
Sans amour et sans haine
Mon cœur a tant de peine !

Paul Verlaine
Romances sans paroles

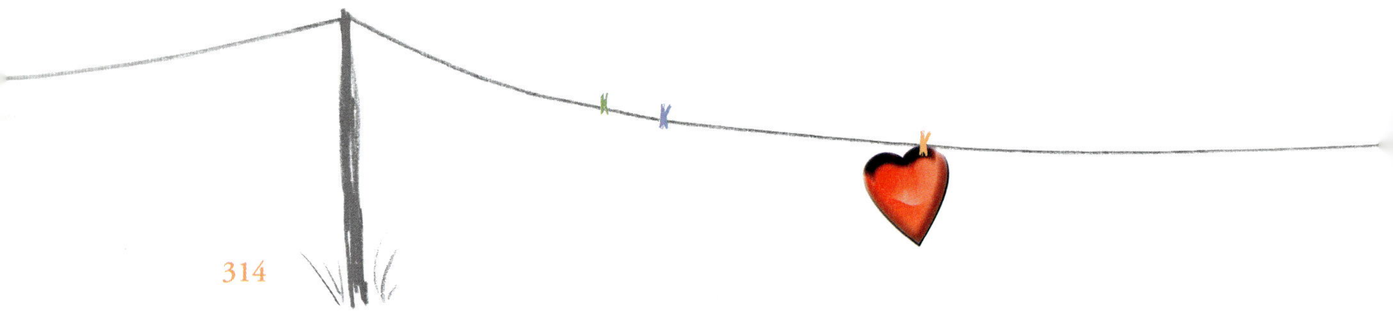

Septembre

Septembre, Septembre,
Cueilleur de fruits, teilleur de chanvre,
Aux clairs matins, aux soirs de sang,
Tu m'apparais
Debout et beau
Sur l'or des feuilles de la forêt,
Au bord de l'eau,
En ta robe de brume et de soie,
Avec ta chevelure qui rougeoie,
D'or, de cuivre, de sang et d'ambre,
Septembre,
Avec l'outre de peau obèse
Qui charge à ton épaule et pèse
Et suinte à ses coutures vermeilles
Où viennent bourdonner les dernières abeilles.
Septembre,
Le vin nouveau fermente et mousse de la tonne
Aux cruches ;
La cave embaume, le grenier ploie ;
La gerbe de l'été cède au cep de l'automne ;
La meule luit des olives qu'elle broie.
Toi, seigneur des pressoirs, des meules et des ruches.

Henri de Régnier
La Sandale ailée

24 Septembre

Les hirondelles

Le long des fils télégraphiques
les hirondelles en habit
tiennent leur conciliabule d'automne.
Les froids sont venus, et le vent
maintenant tous les jours souffle du nord.
« Sacré pays, disent-elles, les petites hirondelles
serrées et pelotonnées sur leur fil,
il va falloir émigrer encore !
Adieu, chère vallée où les moustiques étaient si bons !
Quels bons repas de moucherons nous avons faits !
Quel bel été nous avons eu ! Comme nous avons bien ri,
bien crié, bien volé et virevolté dans ce ciel !
Comme elle était douce sa lumière, comme il était léger
l'air de Seine-et-Oise !
À présent, c'est fini, il nous faut partir ;
nous attraperions des rhumatismes dans ces brumes,
et pour vivre il nous faudrait voler si bas, au ras du sol comme les hommes !
Adieu, chers hôtes du hangar et de la grange,
adieu, cochons inoffensifs, et toi brave chien qui sais que nous
ne sommes pas comestibles ;
adieu, vilain chat qui aurais tant voulu avoir des ailes
pour nous courir après dans l'azur et piller nos nids.
Adieu, le fermier et la fermière !
Ne démolissez pas nos nids de boue et de brindilles bien tressées.
Au revoir, pauvres amis ! nous penserons à vous en Égypte,
et nous reviendrons l'année prochaine.
N'ayez pas trop froid dans ce sale hiver ! »

Émile Henriot
Le Livre de mon père

25 Septembre

Heureux qui comme Ulysse...

Heureux qui, comme Ulysse, a fait un beau voyage,
Ou comme celui-là qui conquit la toison,
Et puis est retourné, plein d'usage et raison,
Vivre entre ses parents le reste de son âge !

Quand reverrai-je, hélas ! de mon petit village
Fumer la cheminée, et en quelle saison
Reverrai-je le clos de ma pauvre maison,
Qui m'est une province et beaucoup davantage ?

Plus me plaît le séjour qu'ont bâti mes aïeux,
Que des palais romains le front audacieux :
Plus que le marbre dur me plaît l'ardoise fine,

Plus mon Loire gaulois que le Tibre latin,
Plus mon petit Liré que le mont Palatin,
Et plus que l'air marin la douceur angevine.

Joachim du Bellay
Les Regrets

26 Septembre

Pluie

La pluie, dans la cour où je la regarde tomber, descend à des allures très diverses. Au centre c'est un fin rideau (ou réseau) discontinu, une chute implacable mais relativement lente de gouttes probablement assez légères, une précipitation sempiternelle sans vigueur, une fraction intense du météore pur. À peu de distance des murs de droite et de gauche tombent avec plus de bruit des gouttes plus lourdes, individuées. Ici elles semblent de la grosseur d'un grain de blé, là d'un pois, ailleurs presque d'une bille. Sur des tringles, sur les accoudoirs de la fenêtre la pluie court horizontalement tandis que sur la face inférieure des mêmes obstacles elle se suspend en berlingots convexes. Selon la surface entière d'un petit toit de zinc que le regard surplombe elle ruisselle en nappe très mince, moirée à cause de courants très variés par les imperceptibles ondulations et bosses de la couverture. De la gouttière attenante où elle coule avec la contention d'un ruisseau creux sans grande pente, elle choit tout à coup en un filet parfaitement vertical, assez grossièrement tressé, jusqu'au sol où elle se brise et rejaillit en aiguillettes brillantes.

Chacune de ses formes a une allure particulière ; il y répond un bruit particulier. Le tout vit avec intensité comme un mécanisme compliqué, aussi précis que hasardeux, comme une horlogerie dont le ressort est la pesanteur d'une masse donnée de vapeur en précipitation.

La sonnerie au sol des filets verticaux, le glou-glou des gouttières, les minuscules coups de gong se multiplient et résonnent à la fois en un concert sans monotonie, non sans délicatesse.

Lorsque le ressort s'est détendu, certains rouages quelque temps continuent à fonctionner, de plus en plus ralentis, puis toute la machinerie s'arrête. Alors si le soleil reparaît tout s'efface bientôt, le brillant appareil s'évapore : il a plu.

Francis Ponge
Le Parti Pris des choses

27 Septembre

Écoute le cri des vendanges

Contemple la maison de pierre,
Dont nos pas usèrent le seuil :
Vois-la se vêtir de son lierre
Comme d'un vêtement de deuil.

Écoute le cri des vendanges
Qui monte du pressoir voisin,
Vois les sentiers rocheux des granges
Rougis par le sang du raisin.

Regarde au pied du toit qui croule :
Voilà, près du figuier séché,
Le cep vivace qui s'enroule
À l'angle du mur ébréché !

L'hiver noircit sa rude écorce ;
Autour du banc rongé du ver,
Il contourne sa branche torse
Comme un serpent frappé du fer.

Autrefois, ses pampres sans nombre
S'entrelaçaient autour du puits,
Père et mère goûtaient son ombre,
Enfants, oiseaux, rongeaient ses fruits.

Il grimpait jusqu'à la fenêtre,
Il s'arrondissait en arceau ;
Il semble encor nous reconnaître
Comme un chien gardien d'un berceau.

Sur cette mousse des allées
Où rougit son pampre vermeil,
Un bouquet de feuilles gelées
Nous abrite encor du soleil.

Alphonse de Lamartine
La Vigne et la maison

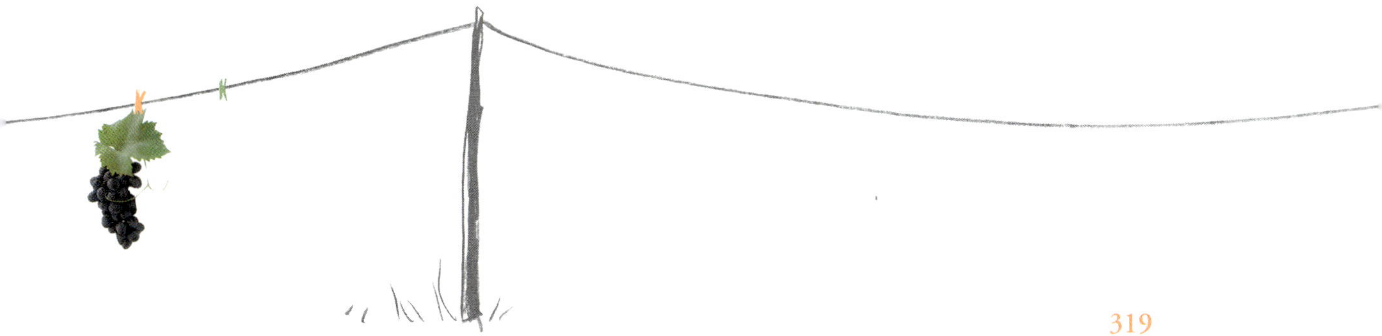

Les saisons de Chevreuse

Dans le chaudron du vert les prunes de septembre
Cuisent au feu solaire, au feu des guêpes chaudes
Et des miels éclatés, pourris de sucre et d'or
L'odeur éclaire et mord le cœur charnu des chambres
Les lampes oubliées et les taffetas morts.

Le village est plus frais que la main des rivières
L'abreuvoir aux chevaux suce ses flûtes d'eau
La forêt fume au fond. Crache son jet de pierres
Le mur monté, armé, des reins de la colline
Et que mine le pas lamineur des troupeaux.

Les toits coulent le bleu des craquantes lumières
Sur le tourbillon fou des vergers voyageurs
Sur les vallons secrets, sur la paille des fleurs
Aux feuillages mouvants de l'arbre des nuages
Aux ombres balancées des prairies d'outre-temps
À la forêt fine, aux étangs.

La pluie marche dans le printemps
Heureuse et nue, heureuse et nue…

Luc Bérimont

29 Septembre

L'automne et l'écho

Je suis soumis au chef du signe de l'automne
Partant j'aime les fruits je déteste les fleurs
Je regrette chacun des baisers que je donne
Et je vis anxieux dans un concert d'odeurs

Mon automne éternel ô ma saison mentale
Les mains des amantes d'antan jonchent ton sol
Les fleurs ne laissent plus tomber aucun pétale
Les colombes le soir tentent un dernier vol

Or ma vie est debout sur un socle stylite
Vaine qui voit venir les foules que j'attends
Et vers elle souvent mon amante contrite
Vient murmurer L'amour est bleu couleur du temps

Moi je regarde les passants Leurs bouches sèches
Me disent leurs désirs au soleil embrasés
Tel qui songe à l'été voudrait mûrir les pêches
Et tel pour sa laideur demande des baisers

Je regarde et j'écoute et j'entends chaque plainte
Répétée et la plaine et les monts et les bois
S'éveillent et surpris moi je cherche une empreinte
Aux sites où riait l'imiteuse des voix

Puis lorsque j'ai trouvé la place tiède encore
Où je m'étends j'imite des cris incertains
Mais là sur ma clameur toujours la voix sonore
Et qui s'enfuit s'émeut en longs éclats lointains

Et je comprends alors Ô nymphe tu te moques
De ce que nous aimons les poètes et moi
Et je médite assis aux tragiques époques
Où les femmes toujours ont agi comme toi

Car Orphée amoureux fut tué par les femmes
Et Térambe invaincu rampe aux jardins d'été
Je déteste les fleurs parce qu'elles sont femmes
Et je souffre de voir partout leur nudité

Ma vie est recueillie en ma saison factice
Et je feins d'écouter la chute des fruits mûrs
Tandis qu'une araignée entre mes bras se tisse
La toile où tôt cherront les moucherons impurs

Guillaume Apollinaire
Le Guetteur mélancolique

30 Septembre

Aller en ville un jour de pluie

On piétine la boue
en attendant le car
le car est en retard
la colère qui bout

enfin voici le car
il fait gicler la boue
on voyage debout
le car est en retard

ça sent le drap mouillé
la sueur qui s'évapore
sur les vitres la buée
Ce moyen de transport

nous amène à la ville
on s'y fait insulter
des agents peu civils
nous y mépriseraient

si farauds du terroir
on leur un peu marchait
sur leurs vastes panards
en allant au marché

les garçons de café
nous servent peu aimables
ils n'ont pas de respect
pour la terre labourable

la journée est finie
on rentre par le car
la boue toujours jaillit
pressée par les chauffards

voici notre village
voici notre maison
il pleut il pleut bergère
rentre tes bleus moutons

Raymond Queneau
Battre la campagne

1er Octobre

Un village

Des murs crépis, de pauvres toits,
Un pont, un chemin de halage,
Et le moulin qui fait sa croix
De haut en bas, sur le village.

Les appentis et les maisons
S'échouent, ainsi que choses mortes.
Le filet dort : et les poissons
Sèchent, pendus au seuil des portes.

Un chien sursaute en longs abois ;
Des cris passent, lourds et funèbres ;
Le menuisier coupe son bois,
Presque à tâtons, dans les ténèbres.

Tous les métiers à bruit discord
Se sont lassés l'un après l'autre :
Derrière un mur, marmonne encor
Un dernier bruit de patenôtres.

Une pauvresse aux longues mains,
Du bout de son bâton tâtonne
De seuil en seuil, par les chemins ;
Le soir se fait et c'est l'automne.

Et puis viendra l'hiver osseux,
Le maigre hiver expiatoire,
Où les gens sont plus malchanceux
Que les âmes en purgatoire.

Émile Verhaeren
Toute la Flandre

2 Octobre

Automne

Dans le brouillard s'en vont un paysan cagneux
Et son bœuf lentement dans le brouillard d'automne
Qui cache les hameaux pauvres et vergogneux

Et s'en allant là-bas le paysan chantonne
Une chanson d'amour et d'infidélité
Qui parle d'une bague et d'un cœur que l'on brise

Oh ! l'automne l'automne a fait mourir l'été
Dans le brouillard s'en vont deux silhouettes grises

Guillaume Apollinaire
Alcools

Le soir

Les feuilles ne sont plus que cendres et que rouilles,
Le jour est mort, le ciel est dépeuplé d'oiseaux ;
Déjà la lune monte, et déjà les grenouilles
De leur chant querelleur ont troublé les roseaux.

Vincent Muselli
Points et contrepoints

4 Octobre

Automne précoce

On parle de vendanges. Les prunes sont douces sous les dents. Les enfants courent jusque dans les bois. Ils disparaissent dans les broussailles, grimpent à l'échelle du mirador.

« Et je tuerai tous les sangliers, mais pas les petits, car ils sont trop mignons », dit, d'une voix déjà assurée, la petite fille.

Nous marchons dans les prés. Nous ramassons des pommes et des poires. La grande rumeur des branches. Psaume d'où s'échappent les feuilles sèches.

L'allure du jour change déjà ; le temps fraîchit. Au cœur du vent, cette odeur d'humus, un goût d'automne. D'automne précoce.

Joseph-Paul Schneider

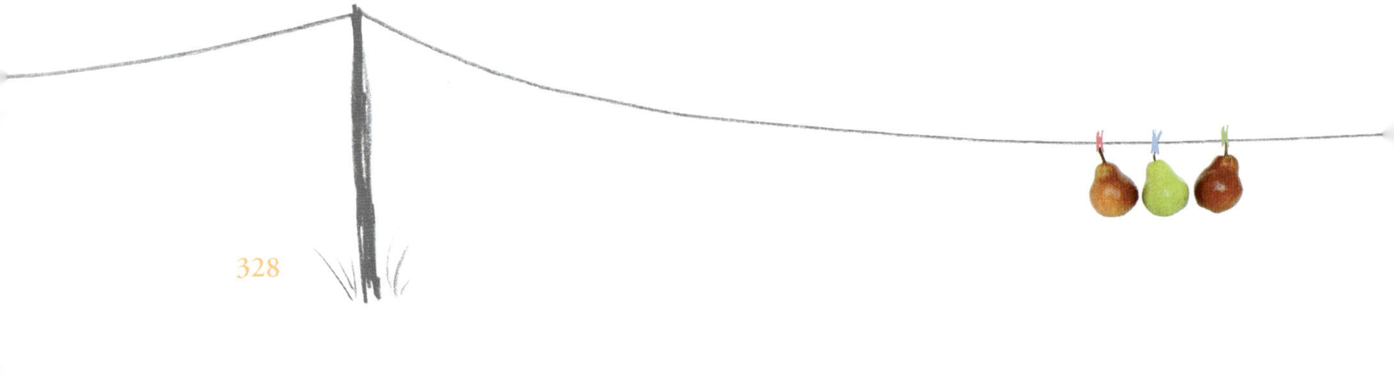

5 Octobre

Le brouillard

Le brouillard a tout mis
Dans son sac de coton ;
Le brouillard a tout pris
Autour de ma maison.

Plus de fleurs au jardin,
Plus d'arbres dans l'allée ;
La serre du voisin
Semble s'être envolée.

Et je ne sais vraiment
Où peut s'être posé
Le moineau que j'entends
Si tristement crier.

Maurice Carême
La Lanterne magique

6 Octobre

Rester au logis quand il vente

J'écris près de la lampe. Il fait bon. Rien ne bouge.
Toute petite, en noir, dans le grand fauteuil rouge,
Tranquille auprès du feu, ma vieille mère est là ;
Elle songe sans doute au mal qui m'exila
Loin d'elle, l'autre hiver, mais sans trop d'épouvante,
Car je suis sage et reste au logis, quand il vente.
Et puis, se souvenant qu'en octobre la nuit
Peut fraîchir, vivement et sans faire de bruit,
Elle met une bûche au foyer plein de flammes.
Ma mère, sois bénie entre toutes les femmes !

François Coppée
Promenades et intérieurs

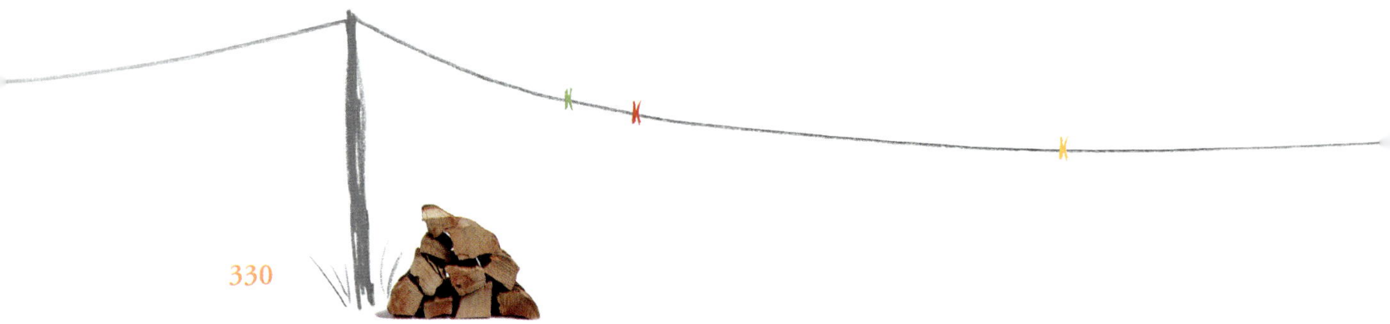

7 Octobre

Octobre

« Adieu, derniers beaux jours »
A. de Lamartine, *Méditations poétiques.* « L'automne »

Les petits savoyards sont de retour, et déjà leur cri interroge l'écho sonore du quartier ; comme les hirondelles suivent le printemps, ils précèdent l'hiver.

Octobre, le courrier de l'hiver, heurte à la porte de nos demeures. Une pluie intermittente inonde la vitre offusquée, et le vent jonche des feuilles mortes du platane le perron solitaire.

Voici venir les veillées de famille, si délicieuses quand tout au-dehors est neige, verglas et brouillard, et que les jacinthes fleurissent sur la cheminée, à la tiède atmosphère du salon.

Voici venir la Saint-Martin et ses brandons, Noël et ses bougies, le jour de l'an et ses joujoux, les Rois et leur fève, le carnaval et sa marotte.

Et Pasques, enfin, Pasques aux hymnes matinales et joyeuses, Pasques dont les jeunes filles reçoivent la blanche hostie et les œufs rouges !

Alors un peu de cendre aura effacé de nos fronts l'ennui de six mois d'hiver, et les petits savoyards salueront du haut de la colline le hameau natal.

Aloysius Bertrand
Gaspard de la nuit

8 Octobre

Fleurs d'automne

Fleurs d'automne jetées sur la table de marbre
avec tant de couleurs et des parfums de miel
c'est l'été finissant meurtrissure des arbres
que déjà vous portez malgré votre arc-en-ciel

Sous la cascade froide et les herbes très vertes
elles furent cueillies par la main ingénue
qui déjà redoutait l'allée presque déserte
et la fraîcheur tombée sur les épaules nues

Brassée de fleurs d'automne un peu mélancolique
d'entendre s'écourter les matins et les soirs
vous vous ensoleillez d'un soleil romantique
dans le coin du salon où l'on viendra s'asseoir

Puis l'on éclairera plus tôt les lampes mauves
peut-être une flambée sera la bienvenue
dans la grande maison blottie comme une alcôve
tout se rapprochera septembre revenu

Fleurs d'automne signal de tant d'années qui passent
dans le demi-orgueil de votre éclatement
vous aimez la torpeur d'une vie un peu lasse
d'avoir trop épuisé les étés des printemps.

Louis Amade
Les Serrures rouillées

Paysage

Pas une feuille qui bouge,
Pas un seul oiseau chantant,
Au bord de l'horizon rouge
Un éclair intermittent ;

D'un côté rares broussailles,
Sillons à demi noyés,
Pans grisâtres de murailles,
Saules noueux et ployés ;

De l'autre, un champ que termine
Un large fossé plein d'eau,
Une vieille qui chemine
Avec un pesant fardeau,

Et puis la route qui plonge
Dans le flanc des coteaux bleus
Et comme un ruban s'allonge
En minces plis onduleux.

Théophile Gautier
Premières poésies

10 Octobre

Beaux jours d'octobre

En ces jours clairs, l'Automne au rêve nous exhorte ;
On prendrait son adieu pour l'éveil du printemps,
Si le bruit et le vol blessé des feuilles mortes
Imitaient les chansons et les ailes d'antan.

Mais en vain nous rêvons d'avril ! Voici les temps
Où l'âpre bise aura les neiges pour escorte.
Les cygnes noirs n'ont pas encor quitté l'étang,
Mais déjà le grand vent d'hiver sanglote aux portes.

Ainsi semble parfois si douce la tristesse,
Qu'on la prendrait pour du bonheur si, par moments,
Plein de cris et chargé de larmes prophétesses,

Un vent mystérieux ne soufflait brusquement
Une angoisse infinie et de proches tourments
Dans l'Automne doré des sereines tristesses.

Fernand Gregh
La Maison de l'enfance

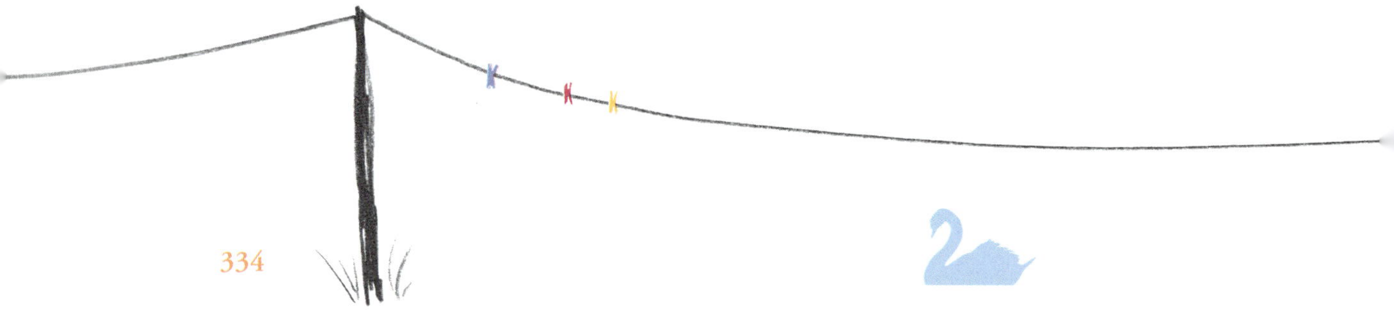

11 Octobre

Complainte d'un autre dimanche

C'était un très-au vent d'octobre paysage,
Que découpe, aujourd'hui dimanche, la fenêtre,
Avec sa jalousie en travers, hors d'usage,
Où sèche, depuis quand ! une paire de guêtres
Tachant de deux mals blancs ce glabre paysage.

Un couchant mal bâti suppurant du livide ;
Le coin d'une buanderie aux tuiles sales ;
En plein, le Val-de-Grâce, comme un qui préside ;
Cinq arbres en proie à de mesquines rafales
Qui marbrent ce ciel cru de bandages livides.

Puis les squelettes de glycines aux ficelles,
En proie à des rafales encor plus mesquines !
Ô lendemains de noce ! ô bribes de dentelles !
Montrent-elles assez la corde, ces glycines
Recroquevillant leur agonie aux ficelles !

Ah ! qu'est-ce que je fais, ici, dans cette chambre !
Des vers. Et puis, après ? ô sordide limace !

Quoi ! la vie est unique, et toi, sous ce scaphandre,
Tu te racontes sans fin, et tu te ressasses !
Seras-tu donc toujours un qui garde la chambre ?

Ce fut un bien au vent d'octobre paysage…

Jules Laforgue
Les Complaintes

12 Octobre

Il pleut

Averse averse averse averse averse averse
pluie ô pluie ô pluie ô ! pluie ô pluie ô pluie !
gouttes d'eau gouttes d'eau gouttes d'eau gouttes d'eau
parapluie ô parapluie ô paraverse ô !
paragouttes d'eau paragouttes d'eau de pluie
capuchons pèlerines et imperméables
que la pluie est humide et que l'eau mouille et mouille !
mouille l'eau mouille l'eau mouille l'eau mouille l'eau
et que c'est agréable agréable agréable
d'avoir les pieds mouillés et les cheveux humides
tout humides d'averse et de pluie et de gouttes
d'eau de pluie et d'averse et sans un paragoutte
pour protéger les pieds et les cheveux mouillés
qui ne vont plus friser qui ne vont plus friser
à cause de l'averse à cause de la pluie
à cause de l'averse et des gouttes de pluie
des gouttes d'eau de pluie et des gouttes d'averse
cheveux désarçonnés cheveux sans parapluie.

Raymond Queneau
Les Ziaux

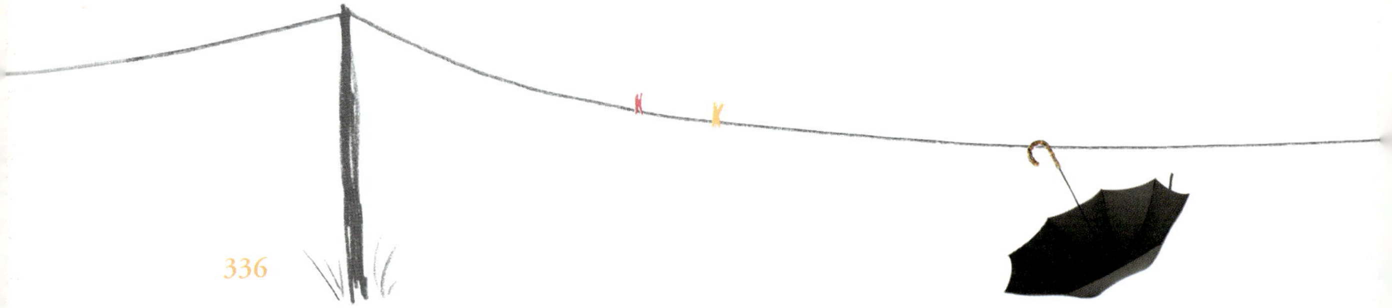

13 Octobre

Adieu

L'automne déjà ! – Mais pourquoi regretter un éternel soleil, si nous sommes engagés à la découverte de la clarté divine –, loin des gens qui meurent sur les saisons.

L'automne. Notre barque élevée dans les brumes immobiles tourne vers le port de la misère, la cité énorme au ciel taché de feu et de boue. Ah ! les haillons pourris, le pain trempé de pluie, l'ivresse, les mille amours qui m'ont crucifié ! Elle ne finira donc point cette goule reine de millions d'âmes et de corps morts *et qui seront jugés !* Je me revois la peau rongée par la boue et la peste, des vers plein les cheveux et les aisselles et encore de plus gros vers dans le cœur, étendu parmi les inconnus sans âge, sans sentiment… J'aurais pu y mourir… L'affreuse évocation ! J'exècre la misère.

Et je redoute l'hiver parce que c'est la saison du confort !

– Quelquefois je vois au ciel des plages sans fin couvertes de blanches nations en joie. Un grand vaisseau d'or, au-dessus de moi, agite ses pavillons multicolores sous les brises du matin. J'ai créé toutes les fêtes, tous les triomphes, tous les drames. J'ai essayé d'inventer de nouvelles fleurs, de nouveaux astres, de nouvelles chairs, de nouvelles langues. J'ai cru acquérir des pouvoirs surnaturels. Eh bien ! je dois enterrer mon imagination et mes souvenirs ! Une belle gloire d'artiste et de conteur emportée !

Moi ! moi qui me suis dit mage ou ange, dispensé de toute morale, je suis rendu au sol, avec un devoir à chercher, et la réalité rugueuse à étreindre ! Paysan !

Suis-je trompé ? La charité serait-elle sœur de la mort, pour moi ?

Enfin, je demanderai pardon pour m'être nourri de mensonge. Et allons.

Mais pas une main amie ? et où puiser le secours ?

Arthur Rimbaud
Une saison en enfer

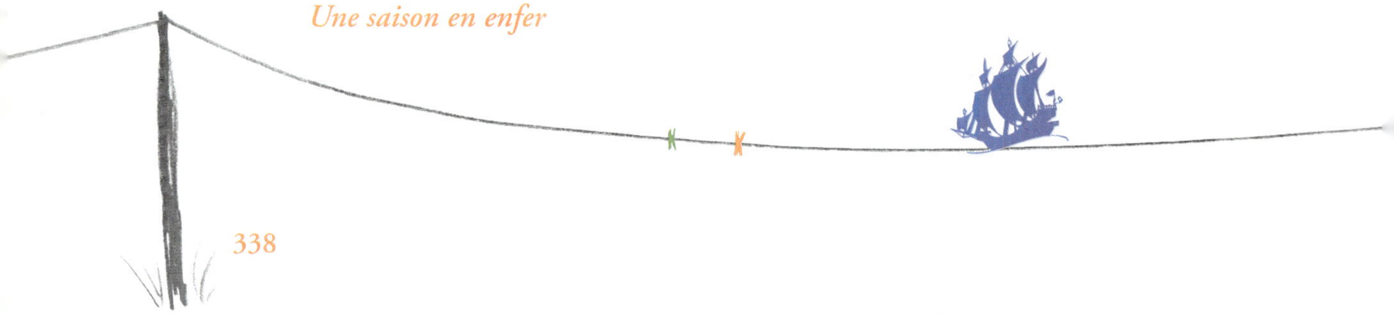

14 Octobre

Automne

Comme la lande est riche aux heures empourprées,
Quand les cadrans du ciel ont sonné les vesprées !

Quels longs effeuillements d'angélus par les chênes !
Quels suaves appels des chapelles prochaines !

Là-bas, groupes meuglants de grands bœufs aux yeux glauques
Vont menés par des gars aux bruyants soliloques.

La poussière déferle en avalanches grises
Pleines du chaud relent des vignes et des brises.

Un silence a plu dans les solitudes proches :
Des Sylphes ont cueilli le parfum mort des cloches.

Quelle mélancolie ! Octobre, octobre en voie !
Watteau ! que je vous aime, Autran, ô Millevoye !

Émile Nelligan
Poésies complètes

Le carillon

Le carillon bat dans la pluie
Méticuleuse de province.
Le carillon bat, chante et grince
Sous ma fenêtre et je t'écris :
« Il pleut. Vas-tu m'aimer longtemps, ma tendre amie ? »

Je n'en sais rien. Tu n'en sais rien
Et notre amour si plein de frissons et de grâce
Pourrait mourir, comme le soleil passe,
Comme un brisement frais du vent léger s'éteint,
Sans que rien ait changé du monde et de l'espace,
Sans que mon cœur en soit, hélas ! moins incertain.

Francis Carco
La Bohème et mon cœur

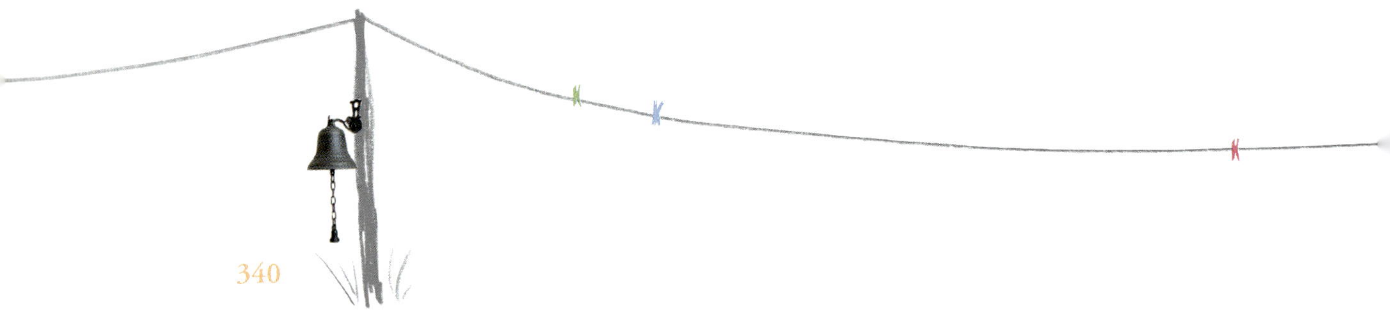

16 Octobre

Il va pleuvoir...

Il va pleuvoir
Les marronniers sont noirs

S'il tombe de l'eau, bernique
Je pars pour la Martinique

S'il tombe du vin c'est bien
J'en remplis un cruchon plein

S'il arrive de la grêle
C'est tant pis pour les ombrelles

Mais s'il tombe de la neige ?
S'il en tombe, alors, que fais-je ?...

Luc Bérimont
L'Enfant et la Poésie

17 Octobre

L'abondance

L'automne roux et las s'effeuille sur l'étang,
Voici la chute prompte et sèche de l'année,
On entend dans les bois l'âpre course du Temps
Sonner comme un sabot de bête éperonnée.

– Ah ! ne sois pas si triste et ne crains point l'hiver,
Tu ne sentiras pas sa froideur inactive ;
Les rosiers du jardin, la viorne, le buis vert
Refleuriront pour toi dans mon âme inventive !

Car pendant tout le mois, alors que dans les champs
Tu marchais, respirant la vivace aventure,
J'allais d'un air plus grave et plus lent, et penchant
Mon désir vers la terre âcre, savante et mûre.

Je sais tous les secrets des plantes et des eaux.
La feuille dentelée et le bruit de la source
Sont entrés dans mon cœur aux merveilleux réseaux,
Mon cœur est plein de joie et de bonnes ressources.

Je te dirai, tandis que les pommes de pin
Grésilleront au creux de la moelleuse cendre,
Comme le jour est beau, pendant l'été divin,
Quand la force amoureuse au sillon va descendre.

La fraîcheur tournoyante et claire du matin
Glissera comme une eau de ma voix sur tes lèvres,
Au souvenir de l'herbe et des touffes de thym
Qu'à l'aube remuaient la rainette et les lièvres,

Je te dirai le cri des cigales au soir
Sur le silence ardent et triste de la plaine,
Le repos des vergers, l'odeur des arrosoirs,
Les troupeaux, leurs plaisirs, leur sagesse et leur laine.

Je te dirai l'approche auguste de la nuit
Sur la campagne calme et les tiges bercées,
La forme des reflets sur la route qui suit
La petite rivière, onduleuse et pressée.

– Alors tu reverras les jours qui ont été
Rosir dans la douceur de ma parole habile,
Et mon regard sera sur toi comme un été
Plein de feuillage vert et de branches mobiles !...

Anna de Noailles
L'Ombre des jours

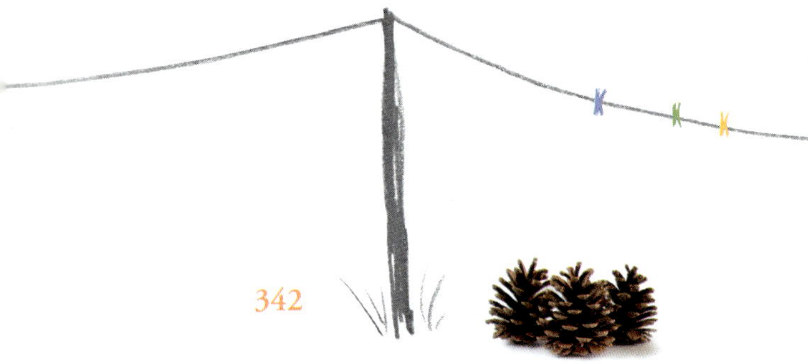

18 Octobre

D'étranges matins blancs se lèvent sur Sydney

D'étranges matins blancs se lèvent sur Sydney
Dérivant lentement de la mer antarctique
De grands brouillards confus enveloppent la ville
Où flottent d'anciens parcs et des banques de pierre,
Des fantômes de rue et des ombres opaques
D'hommes, vite abolis, et que nul ne rappelle
De ces limbes qu'un jour aucun soleil peut-être
Ne viendra disputer aux glaces du néant.

Louis Brauquier
Brouillard à Wooloomooloo

19 Octobre

Octobre et son odeur de vent

Octobre, et son odeur de vent, de brou de noix,
D'herbage, de fumée et de froides châtaignes,
Répand comme un torrent l'alerte désarroi
Du feuillage arraché et des fleurs qui s'éteignent.

Dans l'éther frais et pur, et clair comme un couteau,
Le soleil romanesque en hésitant arrive,
Et sa paille dorée est comme un clair chapeau
Dont les bords lumineux s'inclinent sur la rive…

– Automne, quelle est donc votre séduction ?
Pourquoi, plus que l'été, engagez-vous à vivre ?
Bacchante aux froides mains, de quelle région
Rapportez-vous la pomme au goût d'ambre et de givre ?

Dans votre air épuré, argentin, élagué,
On entend bourdonner une dernière abeille.
Le soleil, étourdi et déjà fatigué,
Ne s'assied qu'un instant à l'ombre de la treille ;

Les rosiers, emmêlés aux rayons blancs du jour,
Les dahlias, voilés de gouttes d'eau pesantes,
Sont encore encerclés de guêpes bruissantes,
Mais la rouille du temps les gagne tour à tour.

La fontaine sanglote une froide prière ;
Dans le saule, un oiseau semble faire le guet,
Tant son cri est prudent, défiant, inquiet.
Mais les cieux, les doux cieux, ont des lacs de lumière !

– Ces glauques flamboiements, cette poussière d'or,
Cet azur, embué comme une pensée ivre,
Ces soleils oscillant comme un vaisseau qui sort
De la rade, chargé de baumes et de vivres,
Flotteront-ils au toit d'un couvent florentin,
Sur les verts bananiers des îles Canaries,
Dans un vallon d'Espagne, où jamais ne s'éteint
L'écarlate lampion des grenades mûries,
Tandis que nous entrons dans l'hiver obsédant,
Dans l'étroite saison, où, seule, la musique
Fait un espace immense, et semble un confident
Qui, saturé des pleurs de nos soirs nostalgiques,

Les porte jusqu'aux cieux, avec un cri strident !

Anna de Noailles
Les Vivants et les morts

20 Octobre

Soir de pluie

Ne regrette pas que la nuit soit venue plus tôt avec l'ondée
le beau noir pluvieux du velours de l'été
enserre la terre
ne regrette pas la lumière…
les formes sont mortes
les arbres se figent au-delà des vitres

Il n'y a plus que la petite lampe de la chambre
et ce papier où je vois trembler d'autres temps
écoute le sable blessé :
plus aucun pas sur l'allée
écoute l'air :
plus aucun vol, plus aucun vent
écoute la pensive pluie aveugle tâtonner

« Voici, dit-elle, la terre tiède
voici ses feuilles et ses maisons
voici l'odeur de ses moissons
et la margelle brûlée des puits
voici dit-elle je viens avec la nuit
blanche sur son front noir »

écoute le destin entravé qui frappe
ta vie se ferme : ouvre la porte à ton enfance.

Alain Borne
L'Eau fine

21 Octobre

Automne

À pas lents et suivis du chien de la maison,
Nous refaisons la route à présent trop connue.
Un pâle automne saigne au fond de l'avenue,
Et des femmes en deuil passent à l'horizon.

Comme dans un préau d'hospice ou de prison,
L'air est calme et d'une tristesse contenue ;
Et chaque feuille d'or tombe, l'heure venue ;
Ainsi qu'un souvenir, lente, sur le gazon.

Le Silence entre nous marche… Cœurs de mensonges,
Chacun, las du voyage, et mûr pour d'autres songes,
Rêve égoïstement de retourner au port.

Mais les bois ont, ce soir, tant de mélancolie
Que notre cœur s'émeut à son tour et s'oublie
À parler du passé, sous le ciel qui s'endort,

Doucement, à mi-voix, comme d'un enfant mort…

Albert Samain
Au jardin de l'infante

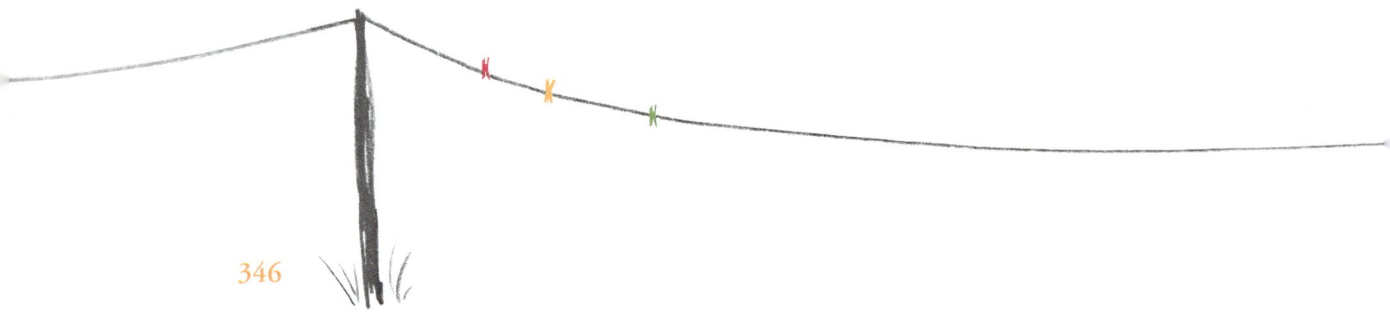

Le vin

Le vin, fils des beaux ceps, qui, durant tout l'été,
Se sont nourris de flamme et gorgés de clarté ;

Le vin, né du raisin dont la fragile écorce
Enferma le soleil et captura sa force ;

Le vin, fougueux et clair comme le sang d'un dieu,
Et qui, secoué d'un courroux mystérieux,

Nuit et jour a grondé dans la cuve profonde
Avant de s'échapper en fumant de la bonde ;

Le vin tumultueux a maintenant sur lui
Le sommeil de la cave et le poids de la nuit.

Exilé du soleil et loin de la lumière,
Il gît silencieux sous les voûtes de pierre.

Or, c'est dans cette paix et ce recueillement
Que le vin finira de mûrir doucement.

Louis Mercier
Le Poème de la maison

23 Octobre

Un air d'octobre

Un air d'octobre.

Un air comme une traîne immense
Un air qui ne finit jamais
Un air d'octobre une romance
Plus douce que le mois de mai
Un air qui toujours recommence

Tes yeux ont le mal d'horizon
Fou qui trouve assez bleu l'azur
A qui le ciel n'est pas prison
Il faut aimer à démesure
Ce n'est pas assez que raison

Bel automne aux mains de velours
C'est la chanson jamais chantée
C'est la chanson de notre amour
C'est la chanson des roses thé
Dont le cœur est couleur du jour

Est-il assez profond sanglot
Pour dire les déserts physiques
Pareils aux ronds qu'on fait dans l'eau
Les mots valent-ils la musique
Du long désir au cœur enclos

Un air Elsa de la démence
Un air qui ne finit jamais
Un air d'octobre une romance
Plus doux que n'est le mois de mai
Un air comme une traîne immense.

Louis Aragon
Le Nouveau Crève-cœur

24 Octobre

Grillage de la pluie

Les flèches de la pluie
brûlent et la route fume
Et dix mille petites
blessures étincellent

La grille de la pluie
tisse le paysage
enserre les jardins
et griffe la fenêtre

Le grillage de la pluie
étend ses doigts lisses
sur les frais visages
ruisselants des enfants

Gabriel Cousin

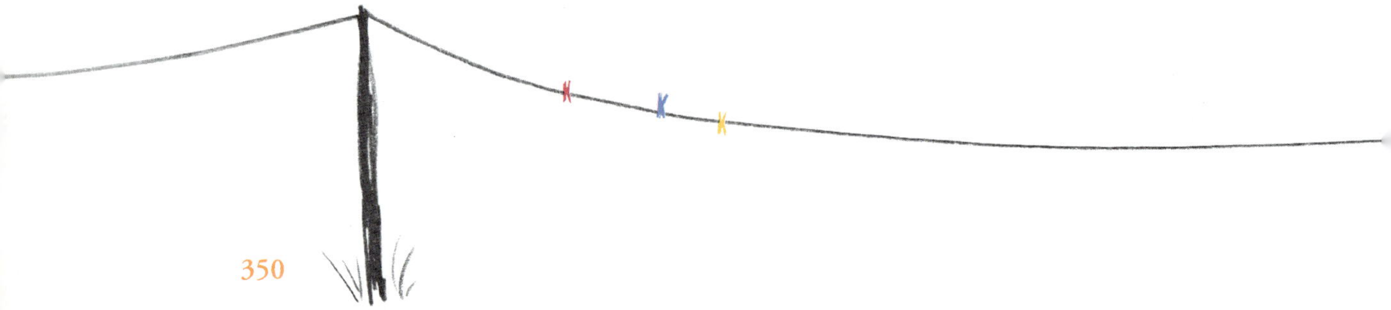

25 Octobre

La lune est rouge...

La lune est rouge au brumeux horizon ;
Dans un brouillard qui danse, la prairie
S'endort fumeuse et la grenouille crie
Par les joncs verts où circule un frisson ;

Les fleurs des eaux referment leurs corolles ;
Des peupliers profilent aux lointains,
Droits et serrés, leurs spectres incertains ;
Vers les buissons errent les lucioles ;

Les chats-huants s'éveillent, et sans bruit
Rament l'air noir avec leurs ailes lourdes,
Et le zénith s'emplit de lueurs sourdes.
Blanche, Vénus émerge, et c'est la nuit.

Paul Verlaine
Poèmes saturniens

26 Octobre

Montagnes que voilait le brouillard de l'automne

Pourquoi le prononcer ce nom de la patrie ?
Dans son brillant exil mon cœur en a frémi ;
Il résonne de loin dans mon âme attendrie,
Comme les pas connus ou la voix d'un ami.

Montagnes que voilait le brouillard de l'automne,
Vallons que tapissait le givre du matin,
Saules dont l'émondeur effeuillait la couronne,
Vieilles tours que le soir dorait dans le lointain,

Murs noircis par les ans, coteaux, sentier rapide,
Fontaine où les pasteurs accroupis tour à tour
Attendaient goutte à goutte une eau rare et limpide,
Et, leur urne à la main, s'entretenaient du jour,

Chaumière où du foyer étincelait la flamme,
Toit que le pèlerin aimait à voir fumer,
Objets inanimés, avez-vous donc une âme
Qui s'attache à notre âme et la force d'aimer ?

Alphonse de Lamartine
Milly ou la terre natale

C'est la pluie de la Saint-Jean

La pluie de minuit est bonne ;
Elle donne
Leur duvet rose aux pommes
Et à la fleur du blé,
Qui serait sèche et jaune,
Son velouté.

Elle est tremblante, elle est douce.
Elle descend sur la mousse
Dans la lueur voilée
De la lune mouillée,
Et met sur les prunelles
Une buée
Couleur d'hirondelle.

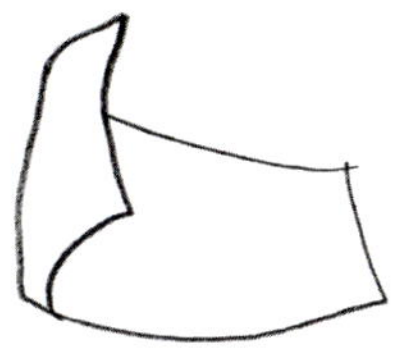

C'est la pluie de la Saint-Jean ;
Le vieillard qui se réveille
La devine à son bruit d'abeille
Et tout bas redevient enfant.

René Bichet
Les Poèmes du petit B

28 Octobre

Virgilienne

Octobre étend son soir de blanc repos
Comme une ombre de mère morte.

Les chevriers, du son de leurs pipeaux,
Semblent railler la brise forte.

Mais l'un s'est tu. L'instrument, de ses lèvres,
Soudain se dégage à mes pas ;

Celui-là sait mon amour pour ses chèvres ;
Que j'aime à causer aux soirs bas.

Je le respecte… il est vieux, c'est assez ;
Puis, c'est mon trésor bucolique.

Ce centenaire a tout peuplé de ses
Conseils mon cœur mélancolique.

Nous veillons tels parfois tard à nuit brune
Aux intermèdes prompts et doux

De pipeau qui chevrote au clair de lune
Sa vieille sérénade aux houx !

Émile Nelligan
Poésies complètes

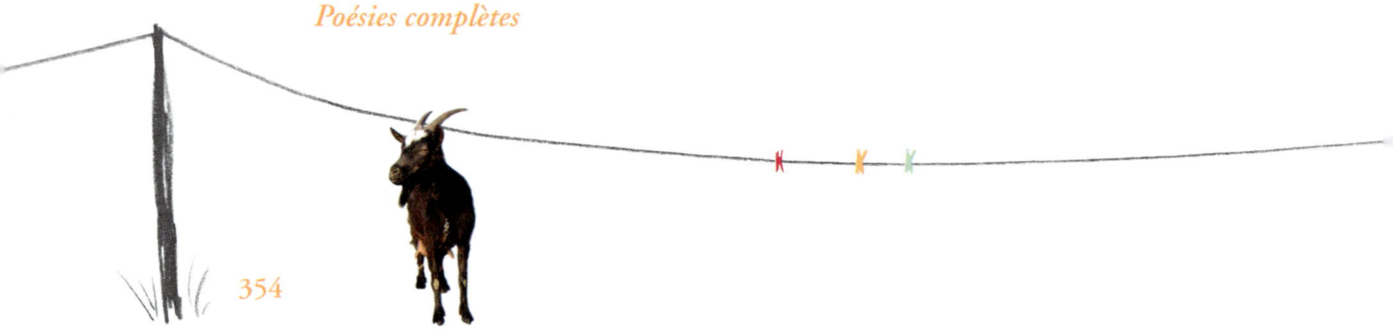

29 Octobre

Octobre

Le vent dans les jardins dépouille les corbeilles,
La lumière qui fuit remporte ses couleurs,
Et l'allée abandonne aux dernières abeilles
Les restes de l'été qui traînent sur les fleurs.

Vincent Muselli
Points et contrepoints

30 Octobre

Douceur d'octobre

Octobre est doux. – L'hiver pèlerin s'achemine
Au ciel où la dernière hirondelle s'étonne.
Rêvons… le feu s'allume et la bise chantonne.
Rêvons… le feu s'endort sous la cendre d'hermine.

L'abat-jour transparent de rose s'illumine.
La vitre est noire sous l'averse monotone.
Oh ! le doux « remember » en la chambre d'automne,
Où des trumeaux défunts l'âme se dissémine.

La ville est loin : Plus rien qu'un bruit sourd de voiture
Qui meurt, mélancolique, aux plis lourds des tentures.
Formons des rêves fins sur des miniatures.

Vers de mauves lointains d'une douceur fanée
Mon âme s'est perdue ; et l'Heure enrubannée
Sonne cent ans à la pendule surannée…

Albert Samain
Au jardin de l'infante

31 Octobre

La gargouille

Je suis une antique gargouille
Logée au sommet d'un clocher.
Je ne sais qui vint m'y percher…
Mes souvenirs, le temps les brouille.

Sous moi, très bas, la foule grouille.
De mon haut je la vois marcher…
Je suis une antique gargouille
Logée au sommet d'un clocher.

Quand il pleut fort, j'aime à pencher
Sur les gens que l'averse mouille
Mon bec crochu. J'aime à cracher,
Sur eux, mon eau pleine de rouille.
Je suis une antique gargouille
Logée au sommet d'un clocher.

Jean de La Ville de Mirmont

1er Novembre

C’est la Toussaint

C’est la Toussaint
Le ciel est gris comme demain
Et lourd comme les chrysanthèmes.

Le vent
Rougit le nez des gens,
Glace leurs pieds,
Glace leurs mains :
C’est la Toussaint.

Des feuilles mortes
Que la brise emporte
Bouchent les portes.

Dans les maisons,
Le feu chante
À son diapason
Sa chanson.

Mais le froid
Entre quand même
Par les fentes des croisées :
Il faut geler.

Alors,
Dedans comme dehors,
Le froid mord.

Et les gens moroses
Se plaignent des choses
De l’hiver qui vient :
C’est la Toussaint…

Clod’Aria
Poèmes choisis

Toussaint

On verra s'ouvrir chaque porte
Et des formes en jailliront :
Filles graciles dont le front
S'étoilera de feuilles mortes.

Par la Toussaint qui glorifie
D'humbles saints que mémoire oublie,
Cloches, sonnez dans la nuit bleue.
Qu'on vous entende à cent lieues.

Les oubliées de tout le bourg,
À pas bénins, s'en sont allées
Dans le tendre minuit d'amour,
Et parurent si désolées

Qu'au bleu très doux de la nuit claire
Apparurent autant de gars
Qui, les ayant prises à leurs bras,
Spontanément les épousèrent.

Clément Marchand
Les Soirs rouges

3 Novembre

La fête des morts

J'aime quand l'hiver point,
Le soir de la Toussaint,
Et que la bise chasse
Les feuilles, que les plantes sont brûlées
Par le givre commençant ;
Quand la terre se dépouille
De sa verdure, de sa joie ;
Quand, seulette, dans son coin,
La fleurette solitaire
Qui brille dans la muraille,
Du soleil fille tardive,
Guette son dernier baiser.

Quand l'oie voyageuse
Quittant son causse estival
De son cri rauque rappelle
Son bataillon qu'elle forme en troupe
Comme un coin, contre le vent ;
Quand des loups l'œil étincelle ;
Quand le grillon bavarde,
Hiverné dans le cendrier du four ;
Quand la veillée se prolonge ;
Quand la famille, ravivée
Par la piquette et les châtaignes rôties,
Fait le cercle autour de la crémaillère ;

De la lune rendue trouble
Quand l'argent semble de l'étain ;
Quand la chouette, qui s'oublie,
Du clocher s'enfuit et crie ;
Quand l'angélus fait tan tan ;
À l'heure où la prière
Fait rentrer dessous la terre
Tous les esprits de l'enfer,
Le fantasti trouble-fête,
Et le gripé jambe leste,
Et la roumèque sans tête,
Pourchassés par un pater ;

Quand seul dans mon ermitage,
Je chauffe mes pieds endormis
Par l'hiver qui fait tapage,
Un peu par l'hiver de l'âge,
En rêvant de mes amis :
De mes amis, hélas !
Que la faux du grand moissonneur
Éclaircit à mon entour :
J'aime alors, j'aime cette heure
Où la cloche, la cloche pleure
Comme la tourterelle veuve,
Dès que le jour disparaît.

La Fare-Alais

4 Novembre

Chant d'automne

Bientôt nous plongerons dans les froides ténèbres ;
Adieu, vive clarté de nos étés trop courts !
J'entends déjà tomber avec des chocs funèbres
Le bois retentissant sur le pavé des cours.

Tout l'hiver va rentrer dans mon être : colère,
Haine, frissons, horreur, labeur dur et forcé,
Et, comme le soleil dans son enfer polaire,
Mon cœur ne sera plus qu'un bloc rouge et glacé.

J'écoute en frémissant chaque bûche qui tombe ;
L'échafaud qu'on bâtit n'a pas d'écho plus sourd.
Mon esprit est pareil à la tour qui succombe
Sous les coups du bélier infatigable et lourd.

Il me semble, bercé par ce choc monotone,
Qu'on cloue en grande hâte un cercueil quelque part.
Pour qui ? – C'était hier l'été ; voici l'automne !
Ce bruit mystérieux sonne comme un départ.

Charles Baudelaire
Les Fleurs du mal

5 Novembre

J'aime le son du Cor

J'aime le son du Cor, le soir, au fond des bois,
Soit qu'il chante les pleurs de la biche aux abois,
Ou l'adieu du chasseur que l'écho faible accueille
Et que le vent du nord porte de feuille en feuille.

Que de fois, seul dans l'ombre à minuit demeuré,
J'ai souri de l'entendre, et plus souvent pleuré !
Car je croyais ouïr de ces bruits prophétiques
Qui précédaient la mort des Paladins antiques.

Ô montagnes d'azur ! ô pays adoré !
Rocs de la Frazona, cirque du Marboré,
Cascades qui tombez des neiges entraînées,
Sources, gaves, ruisseaux, torrents des Pyrénées ;

Monts gelés et fleuris, trône des deux saisons,
Dont le front est de glace et le pied de gazons !
C'est là qu'il faut s'asseoir, c'est là qu'il faut entendre
Les airs lointains d'un Cor mélancolique et tendre.

Souvent un voyageur, lorsque l'air est sans bruit,
De cette voix d'airain fait retentir la nuit ;
À ses chants cadencés autour de lui se mêle
L'harmonieux grelot du jeune agneau qui bêle.

Une biche attentive, au lieu de se cacher,
Se suspend immobile au sommet du rocher,
Et la cascade unit, dans une chute immense,
Son éternelle plainte au chant de la romance.

Âmes des Chevaliers, revenez-vous encor ?
Est-ce vous qui parlez avec la voix du Cor ?
Roncevaux ! Roncevaux ! dans ta sombre vallée
L'ombre du grand Roland n'est donc pas consolée !

Alfred de Vigny
Poèmes antiques et modernes

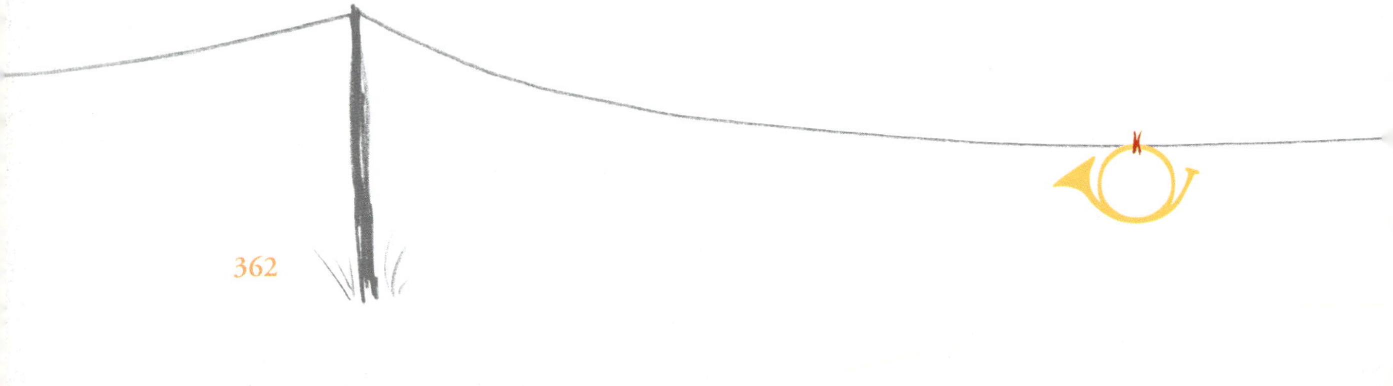

6 Novembre

Première gelée

Voici venir l'Hiver, tueur des pauvres gens.

Ainsi qu'un dur baron précédé de sergents,
Il fait, pour l'annoncer, courir le long des rues
La gelée aux doigts blancs et les bises bourrues.

On entend haleter le souffle des gamins
Qui se sauvent, collant leurs lèvres à leurs mains,
Et tapent fortement du pied la terre sèche.
Le chien, sans rien flairer, file ainsi qu'une flèche.
Les messieurs en chapeau, raides et boutonnés,
Font le dos rond, et dans leur col plongeant leur nez.
Les femmes, comme des coureurs dans la carrière,
Ont la gorge en avant, les coudes en arrière,
Les reins cambrés. Leur pas, d'un mouvement coquin,
Fait onduler sur leur croupe leur troussequin.

Oh ! comme c'est joli, la première gelée !
La vitre, par le froid du dehors flagellée,
Étincelle, au-dedans, de cristaux délicats,
Et papillote sous la nacre des micas
Dont le dessin fleurit en volutes d'acanthe.
Les arbres sont vêtus d'une faille craquante.
Le ciel a la pâleur fine des vieux argents.

Voici venir l'Hiver, tueur des pauvres gens.

Voici venir l'Hiver dans son manteau de glace.
Place au Roi qui s'avance en grondant, place, place !
Et la bise, à grands coups de fouet sur les mollets,
Fait courir le gamin. Le vent dans les collets
Des messieurs boutonnés fourre des cents d'épingles.
Les chiens au bout du dos semblent traîner des tringles.
Et les femmes, sentant des petits doigts fripons
Grimper sournoisement sous leurs derniers jupons,
Se cognent les genoux pour mieux serrer les cuisses.
Les maisons dans le ciel fument comme des Suisses.

Près des chenets joyeux les messieurs en chapeau
Vont s'asseoir ; la chaleur leur détendra la peau.
Les femmes, relevant leurs jupes à mi-jambe,
Étendront leurs deux mains longues aux doigts rosés,
Qu'un tendre amant fera mollir sous les baisers.
Heureux ceux-là qu'attend la bonne chambre chaude !
Mais le gamin qui court, mais le vieux chien qui rôde,
Mais les gueux, les petits, le tas des indigents…

Voici venir l'Hiver, tueur des pauvres gens.

Jean Richepin
La Chanson des gueux

Automnes

Ciel gris, bas, bouché, minotaure.
L'odeur des fanes de l'automne
Fume dans les royaumes gris,
Sur les villages assoupis.

On entend des soupirs qui sont
Les testaments de la musique ;
Un pêcheur mince et bagué d'or
Rit à son image sans yeux.

Sous le frais sourire des aulnes,
On chuchote dans les roseaux.

Le soleil barbu s'époumone
Dans ses carrosses, ses miroirs.
Il y faudrait un cor de chasse,
Une fée au bas des lavoirs,

Une douce pluie d'arentelles,
Un cercueil de verre filé
Et l'impossible odeur de l'ombre
Qui s'ouvre comme une anémone.

Maurice Fombeure
À dos d'oiseau

8 Novembre

Un toit, là-bas

Oh ! la maison perdue, au fond du vieil hiver,
Dans les dunes de Flandre et les vents de la mer.

Une lampe de cuivre éclaire un coin de chambre ;
Et c'est le soir, et c'est la nuit, et c'est novembre.

Dès quatre heures, on a fermé les lourds volets ;
Le mur est quadrillé par l'ombre des filets.

Autour du foyer pauvre et sous le plafond, rôde
L'odeur du goémon, de l'algue et de l'iode.

Le père, après deux jours de lutte avec le flot,
Est revenu du large, et repose, là-haut ;

La mère allaite, et la flamme qui diminue
N'éclaire plus la paix de sa poitrine nue.

Et lent, et s'asseyant sur l'escabeau boitant,
Le morne aïeul a pris sa pipe, et l'on n'entend

Dans le logis, où chacun vit à l'étouffée,
Que ce vieillard qui fume à pesantes bouffées.

Mais au-dehors,
La meute innombrable des vents
Aboie, autour des seuils et des auvents ;
Ils viennent, d'au-delà des vagues effarées,
Dieu sait pour quelle atroce et nocturne curée ;

L'horizon est battu par leur course et leur vol,
Ils saccagent la dune, ils dépècent le sol ;
Leurs dents âpres et volontaires
Ragent et s'acharnent si fort
Qu'elles mordraient, jusqu'au fond de la terre,
Les morts.

Hélas, sous les cieux fous, la pauvre vie humaine
Abritant, près des flots, son angoisse et sa peine !

La mère et les enfants, et dans son coin, l'aïeul,
Bloc du passé, debout encor, mais vivant seul,

Et récitant, à bras lassés, chaque antienne,
Cahin-caha, des besognes quotidiennes.

Hélas ! la pauvre vie, au fond du vieil hiver,
Lorsque la dune crie, et hurle avec la mer,

Et que la femme écoute, auprès du feu sans flamme,
On ne sait quoi de triste et de pauvre en son âme,

Et que ses bras fiévreux et affolés de peur
Serrent l'enfant pour le blottir jusqu'en son cœur,

Et qu'elle pleure, et qu'elle attend, et que la chambre
Est comme un nid tordu dans le poing de novembre.

Émile Verhaeren
Toute la Flandre

9 Novembre

Durer

Une rafale une seule
D'horizon à horizon
Et ainsi sur toute la terre
Pour balayer la poussière
Les myriades de feuilles mortes
Pour dépouiller tous les arbres
Pour dévaster les cultures
Pour abattre les oiseaux
Pour éparpiller les vagues
Pour détruire les fumées
Pour rompre l'équilibre
Du soleil le plus chaud

Paul Éluard
Grand air

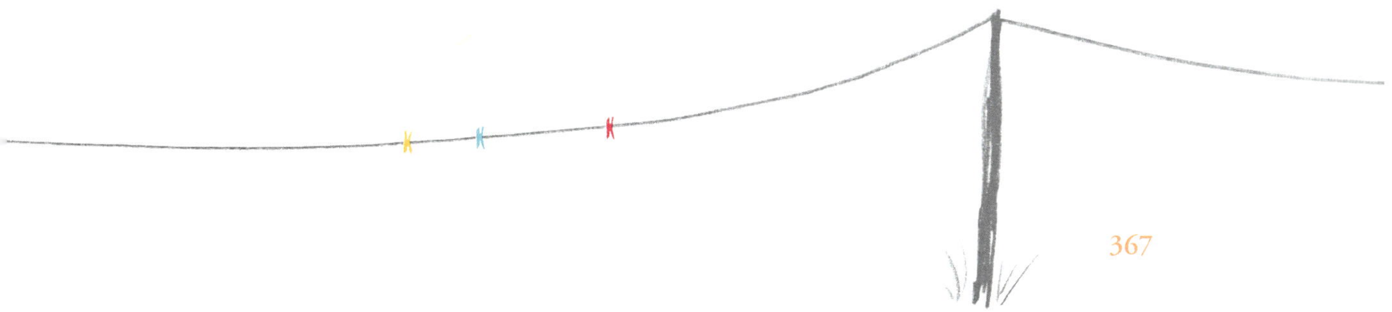

10 Novembre

Pensées d'automne

L'automne va finir ; au milieu du ciel terne,
Dans un cercle blafard et livide que cerne
Un nuage plombé, le soleil dort ; du fond
Des étangs remplis d'eau monte un brouillard qui fond
Collines, champs, hameaux dans une même teinte.
Sur les carreaux la pluie en larges gouttes tinte ;
La froide bise siffle ; un sourd frémissement
Sort du sein des forêts ; les oiseaux tristement,
Mêlant leurs cris plaintifs aux cris des bêtes fauves,
Sautent de branche en branche à travers les bois chauves,
Et semblent aux beaux jours envolés dire adieu.
Le pauvre paysan se recommande à Dieu,
Craignant un hiver rude ; et moi, dans les vallées,
Quand je vois le gazon sous les branches gelées
Disparaître et mourir, je reviens à pas lents
M'asseoir le cœur navré près des tisons brûlants,
Et là je me souviens du soleil de septembre
Qui donnait à la grappe un jaune reflet d'ambre,
Des pommiers du chemin pliant sous leur fardeau,
Et du trèfle fleuri, pittoresque rideau
S'étendant à longs plis sur la plaine rayée,
Et de la route étroite en son milieu frayée,
Et surtout des bleuets et des coquelicots,
Points de pourpre et d'azur dans l'or des blés égaux.

Théophile Gautier
Premières poésies

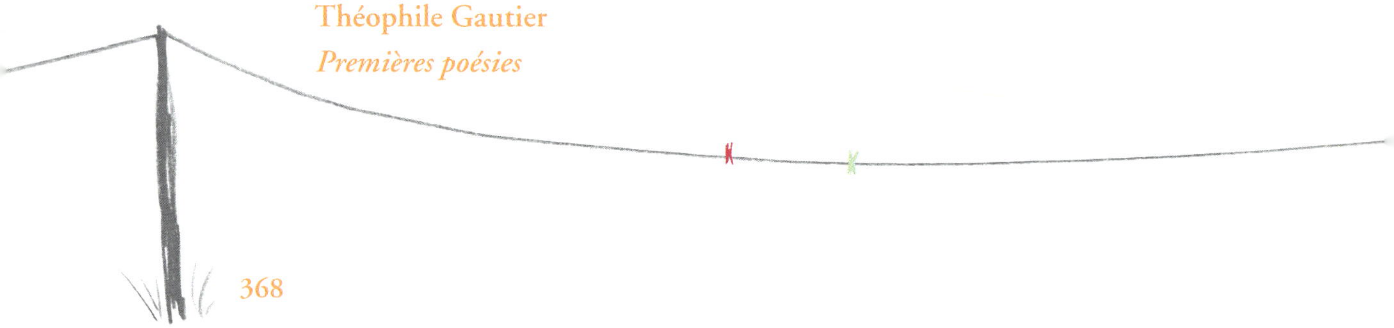

On dirait

On dirait qu'on entend
Pleuvoir le temps
Usant les vieilles pierres
De la rivière ;
On dirait qu'on entend
Pleuvoir les ans
Qu'emportent doucement
Les eaux du temps.

Maurice Carême
Images perdues

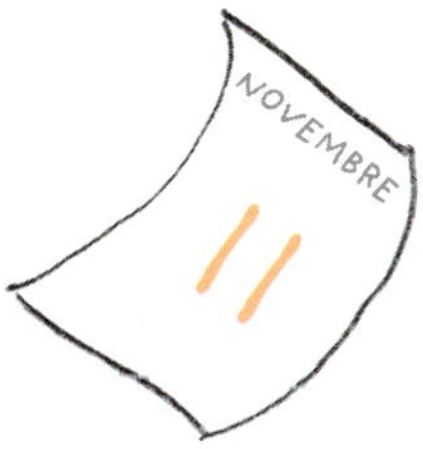

12 Novembre

Le brouillard est froid, la bruyère est grise ;
Les troupeaux de bœufs vont aux abreuvoirs ;
La lune, sortant des nuages noirs,
Semble une clarté qui vient par surprise.

Je ne sais plus quand, je ne sais plus où,
Maître Yvon soufflait dans son biniou.

Le voyageur marche et la lande est brune ;
Une ombre est derrière, une ombre est devant ;
Blancheur au couchant, lueur au levant ;
Ici crépuscule, et là clair de lune ;

Je ne sais plus quand, je ne sais plus où,
Maître Yvon soufflait dans son biniou.

La sorcière assise allonge sa lippe ;
L'araignée accroche au toit son filet ;
Le lutin reluit dans le feu follet
Comme un pistil d'or dans une tulipe.

Je ne sais plus quand, je ne sais plus où,
Maître Yvon soufflait dans son biniou.

On voit sur la mer des chasse-marées ;
Le naufrage guette un mât frissonnant ;
Le vent dit : demain ! l'eau dit : maintenant !
Les voix qu'on entend sont désespérées.

Je ne sais plus quand, je ne sais plus où,
Maître Yvon soufflait dans son biniou.

Le coche qui va d'Avranche à Fougères
Fait claquer son fouet comme un vif éclair ;
Voici le moment où flottent dans l'air
Tous ces bruits confus que l'ombre exagère.

Je ne sais plus quand, je ne sais plus où,
Maître Yvon soufflait dans son biniou.

Dans les bois profonds brillent des flambées :
Un vieux cimetière est sur un sommet ;
Où Dieu trouve-t-il tout ce noir qu'il met
Dans les cœurs brisés et les nuits tombées ?

Je ne sais plus quand, je ne sais plus où,
Maître Yvon soufflait dans son biniou.

Des flaques d'argent tremblent sur les sables :
L'orfraie est au bord des talus crayeux ;
Le pâtre, à travers le vent, suit des yeux
Le vol monstrueux et vague des diables.

Je ne sais plus quand, je ne sais plus où,
Maître Yvon soufflait dans son biniou.

Un panache gris sort des cheminées ;
Le bûcheron passe avec son fardeau ;
On entend, parmi le bruit des cours d'eau,
Des frémissements de branches traînées.

Je ne sais plus quand, je ne sais plus où,
Maître Yvon soufflait dans son biniou.

La faim fait rêver les grands loups moroses ;
La rivière court, le nuage fuit ;
Derrière la vitre où la lampe luit,
Les petits enfants ont des têtes roses.

Je ne sais plus quand, je ne sais plus où,
Maître Yvon soufflait dans son biniou.

Victor Hugo

Fratelli Crosio

13 Novembre

Soirs d'automne

Voici que la tulipe et voilà que les roses,
Sous le geste massif des bronzes et des marbres,
Dans le Parc où l'Amour folâtre sous les arbres,
Chantent dans les longs soirs monotones et roses.

Dans les soirs a chanté la gaieté des parterres
Où danse un clair de lune en des poses obliques,
Et de grands souffles vont, lourds et mélancoliques,
Troubler le rêve blanc des oiseaux solitaires.

Voici que la tulipe et voilà que les roses
Et les lys cristallins, pourprés de crépuscule,
Rayonnent tristement au soleil qui recule,
Emportant la douleur des bêtes et des choses.

Et mon amour meurtri, comme une chair qui saigne,
Repose sa blessure et calme ses névroses.
Et voici que les lys, la tulipe et les roses
Pleurent les souvenirs où mon âme se baigne.

Émile Nelligan
Poésies complètes

14 Novembre

Il pleut

Il pleut sur la bergère
il pleut sur les moutons
j'entends la locotière
et j'entends les wagons

dans le fond du vallon
tout juste une prairie
j'aperçois un wagon
une locomotrie

il pleut sur la bergère
il pleut sur les wagons
c'est le progrès sorcière
la civilisation

Raymond Queneau
L'Instant fatal

15 Novembre

Le froid noir de novembre

Adieu donc les beaux jours ! Le froid noir de novembre
Condamne le poète à l'exil de la chambre.
Où riaient tant de fleurs, de soleil, de gaieté,
Rien, plus rien ; tout a fui comme un songe d'été.
Là-bas, avec sa voix monotone et touchante,
Le pâtre seul détonne un vieux noël ; il chante,
Et des sons fugitifs le vent capricieux
M'apporte la moitié ; l'autre s'envole aux cieux.
La femme de la Bible erre, pâle et courbée,
Glanant le long des bois quelque branche tombée,
Pour attiser encor son foyer, pour nourrir
Encore quelques jours son enfant et mourir.
Plus d'amours sous l'ombrage, et la forêt complice
Gémit sous les frimas comme sous un cilice.
La forêt, autrefois belle nymphe, laissant
Aller ses cheveux verts au zéphyr caressant,
Maigre et chauve aujourd'hui, sans parfum, sans toilette,
Sans vie, agite en l'air ses grands os de squelette.
Un bruit mystérieux par intervalles en sort,
Semblable à cette voix qui disait « Pan est mort ! »

Hégésippe Moreau
Le Myosotis

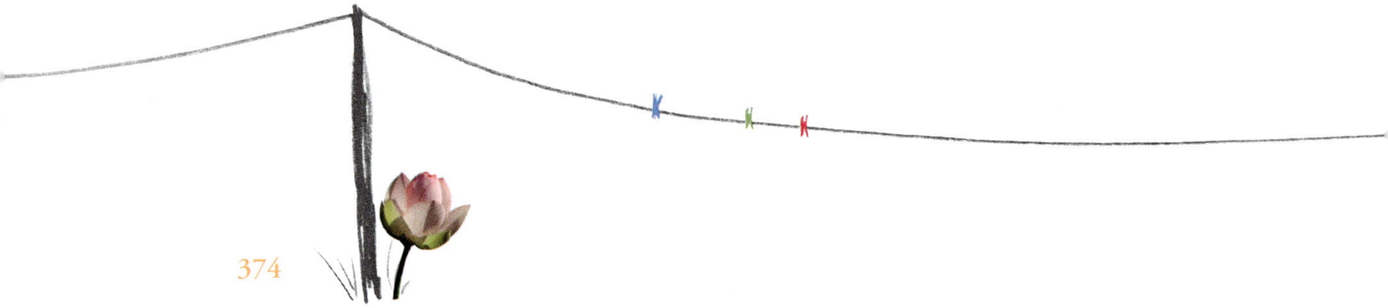

16 Novembre

Après-midi d'automne

Oh ! les après-midi solitaires d'automne !
Il neige à tout jamais. On tousse. On n'a personne.
Un piano voisin joue un air monotone ;
Et, songeant au passé béni, triste, on tisonne.

Comme la vie est triste ! Et triste aussi mon sort.
Seul, sans amour, sans gloire ! et la peur de la mort !
Et la peur de la vie, aussi ! Suis-je assez fort ?
Je voudrais être enfant, avoir ma mère encor.

Oui, celle dont on est le pauvre aimé, l'idole,
Celle qui, toujours prête, ici-bas nous console !...
Maman ! Maman ! oh ! comme à présent, loin de tous,

Je mettrais follement mon front dans ses genoux,
Et je resterais là, sans dire une parole,
À pleurer jusqu'au soir, tant ce serait trop doux.

Jules Laforgue

17 Novembre

En écoutant Schumann

Quand l'automne attristé, qui suspend dans les airs
Des cris d'oiseaux transis et des parfums amers,
Et penche un blanc visage aux branches décharnées,
Reviendra, mon amour, dans la prochaine année,
Quels seront tes souhaits, quels seront mes espoirs ?
Rêverons-nous encor tous deux comme ce soir,
Dans la calme maison qu'assaille la rafale,
Où l'humble cheminée, en rougeoyant, exhale
Une humide senteur de fumée et de bois ?
Entendrons-nous, mes mains se reposant sur toi,
Ces grands chants de Schumann, exaltés, héroïques,
Où le désir est fier comme un sublime exploit,
Où passe tout à coup la chasse romantique
Précipitant ses bonds, ses rires, ses secrets
Dans le gouffre accueillant des puissantes forêts ?

– Ô Schumann, ciel d'octobre où volent des cigognes !
Beffroi dont les appels ont des sanglots d'airain :
Jeunes gens enivrés, dans les nuits de Cologne,
Qui contemplez la lune éparse sur le Rhin !
Carnaval en hiver, quand la froide bourrasque
Jette au détour des ponts les bouquets et les masques,
– Minuit sonne à la sombre horloge d'un couvent, –
Un falot qui brillait est éteint par le vent…
– Et puis, douleur profonde, inépuisable, avide,
Qui monte tout à coup comme une pyramide,
Comme un reproche ardent que ne peut arrêter
La trompeuse, chétive, amère volupté !
– Ô musique, par qui les cœurs, les corps gémissent,
Musique ! intuition du plaisir, des supplices,
Ange qui contenez dans vos chants oppressés
La somme des regards de tous les angoissés,
Vous êtes le vaisseau dansant dans la tempête !
Avec la voix des morts, des héros, des prophètes,
Dans les plus mornes jours vous faites pressentir
Qu'il existe un bonheur qui ressemble au désir !
– Pourtant je vois, là-bas, dans l'ombre dépouillée
Du jardin où le vent d'automne vient gémir,
Les trahisons, les pleurs, les âmes tenaillées,
La vieillesse, la mort, la terre entrebâillée…

Anna de Noailles
Les Vivants et les morts

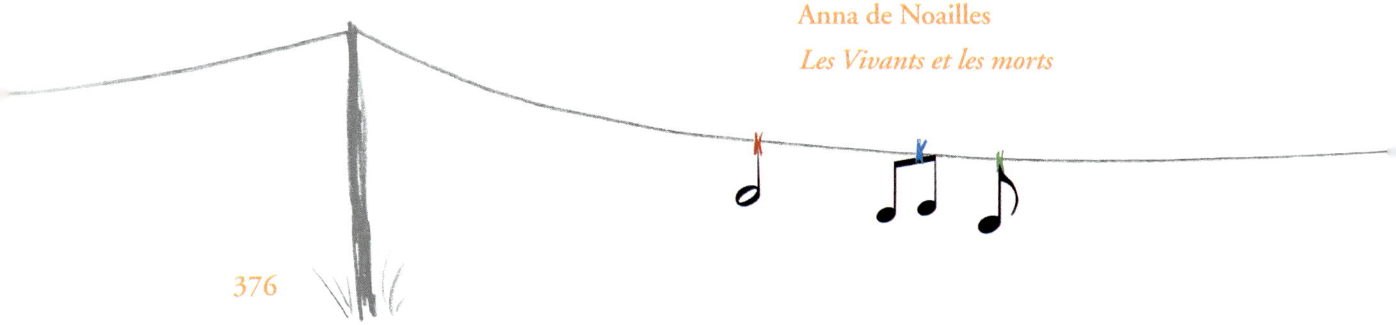

La mort du soleil

Le vent d'automne, aux bruits lointains des mers pareil,
Plein d'adieux solennels, de plaintes inconnues,
Balance tristement le long des avenues
Les lourds massifs rougis de ton sang, ô soleil !

La feuille en tourbillons s'envole par les nues ;
Et l'on voit osciller, dans un fleuve vermeil,
Aux approches du soir inclinés au sommeil,
De grands nids teints de pourpre au bout des branches nues.

Tombe, Astre glorieux, source et flambeau du jour !
Ta gloire en nappes d'or coule de ta blessure,
Comme d'un sein puissant tombe un suprême amour.

Meurs donc, tu renaîtras ! L'espérance en est sûre.
Mais qui rendra la vie et la flamme et la voix
Au cœur qui s'est brisé pour la dernière fois ?

Leconte de Lisle
Poèmes barbares

19 Novembre

La mort des fougères

À Madame Charles Buet

L'âme des fougères s'envole :
Plus de lézards entre les buis !
Et sur l'étang froid comme un puits
Plus de libellule frivole !

La feuille tourne et devient folle,
L'herbe songe aux bluets enfuis.
L'âme des fougères s'envole :
Plus de lézards entre les buis !

Les oiseaux perdent la parole,
Et par les jours et par les nuits,
Sur l'aile du vent plein d'ennuis,
Dans l'espace qui se désole
L'âme des fougères s'envole.

Maurice Rollinat
Les Névroses

20 Novembre

L'averse

Un arbre tremble sous le vent,
Les volets claquent.
Comme il a plu, l'eau fait des flaques.

Des feuilles volent sous le vent
Qui les disperse.
Et, brusquement, il pleut à verse.

Le jour décroît.
Sur l'horizon qui diminue
Je vois la silhouette nue
D'un clocher mince avec sa croix.

Dans le silence,
J'entends la cloche d'un couvent.
Elle s'élève, elle s'élance
Et puis retombe avec le vent.

Un arbre que le vent traverse
Geint doucement
Comme une floue et molle averse
Qui s'enfle et tombe à tout moment.

Francis Carco
La Bohème et mon cœur

21 Novembre

Demain viendra…

Demain viendra avec ses deux ou trois sacs de courrier.
Il y aura tout plein de journaux.
Il y aura plusieurs centaines de lettres.
Et mon camarade et moi trierons ces journaux-là ;
et ces lettres-là nous passeront dans les mains
une à une
une après l'autre.
Nous emplirons nos sacs
et nous irons dans la pluie
de porte en porte
pendant des heures et des heures
distribuer les lettres et les journaux,
les centaines de lettres et le gros tas de journaux.

Avec le large ciré noir sur mes épaules
dans la campagne triste
je ressemblerai à un oiseau qui lutte contre le vent et la pluie
je ressemblerai à un oiseau mouillé qui bat des ailes
désespérément.
Mon cœur battra très fort
car chaque jour je dois appuyer très fort
sur les pédales de mon vélo.

Je ne saluerai plus les herbes
les herbes mouillées sont des ennemies
je ne saluerai plus les arbres
les arbres farouches et noirs, comme des diables
sur l'horizon.

Jules Mougin
Le Comptable du ciel

NEUR
PELLETI
BELCOMPA
Avis au facteur!
Prière de déposer le courrier concernant
le Café Panisse dans la boite aux lettres
située sur la porte d'entrée du restaurant.
D'avance merci.

22 Novembre

L'automne

Salut, bois couronnés d'un reste de verdure !
Feuillages jaunissants sur les gazons épars !
Salut, derniers beaux jours ! le deuil de la nature
Convient à la douleur et plaît à mes regards.

Je suis d'un pas rêveur le sentier solitaire ;
J'aime à revoir encor, pour la dernière fois,
Ce soleil pâlissant, dont la faible lumière
Perce à peine à mes pieds l'obscurité des bois.

Oui, dans ces jours d'automne où la nature expire,
À ses regards voilés je trouve plus d'attraits ;
C'est l'adieu d'un ami, c'est le dernier sourire
Des lèvres que la mort va fermer pour jamais.

Ainsi, prêt à quitter l'horizon de la vie,
Pleurant de mes longs jours l'espoir évanoui,
Je me retourne encore, et d'un regard d'envie
Je contemple ses biens dont je n'ai pas joui.

Terre, soleil, vallons, belle et douce nature,
Je vous dois une larme aux bords de mon tombeau ;
L'air est si parfumé ! la lumière si pure !
Aux regards d'un mourant le ciel est si beau !

Je voudrais maintenant vider jusqu'à la lie
Ce calice mêlé de nectar et de fiel :
Au fond de cette coupe où je buvais la vie,
Peut-être restait-il une goutte de miel !

Peut-être l'avenir me gardait-il encore
Un retour de bonheur dont l'espoir est perdu !
Peut-être dans la foule, une âme que j'ignore
Aurait compris mon âme, et m'aurait répondu !...

La fleur tombe en livrant ses parfums au zéphire ;
À la vie, au soleil, ce sont là ses adieux :
Moi, je meurs ; et mon âme, au moment qu'elle expire,
S'exhale comme un son triste et mélodieux.

Alphonse de Lamartine
Méditations poétiques

La route tournait…

La route tournait sous la pluie.
Novembre… Les eaux étaient grises.
Les enfants cueillaient des alises,
Les villages sentaient la suie.

L'église contre la montagne
N'était plus qu'une aile lassée.
Une bourrasque était passée,
Un troupeau regagnait l'Espagne

Sur un tapis de feuilles mortes
Et la dernière rose blanche
S'ennuyait comme le dimanche
Dont le vent tourmentait les portes.

Jean Lebrau
Corbières

24 Novembre

Hé quoi, déjà...

À Jean Morel

Hé quoi déjà c'est l'automne !
Bientôt midi touche au soir
Et j'entends geindre au pressoir
Bacchus promis à la tonne.

Un cor, au pourpre des bois,
Défaille au nom d'Ophélie ;
Détresse et Mélancolie
Sont pleurantes dans sa voix.

De ses vétustes calèches,
Phœbus, d'un jet languissant,
Laisse aux feuilles en passant,
Traîner tout l'or de ses flèches.

Ne seront ces jours si beaux,
Tout à l'heure que décombre
Et le temps descend vers l'ombre,
D'une impitoyable faux.

En tous lieux, des choses mortes
La chute emplit la saison,
Déjà se clôt l'horizon
Et, déjà forçant les portes,

L'Hiver point, de lourds oiseaux
Malaugurent sur la Terre,
Déjà du vent glacifère
La menace étreint les eaux.

Arrêtons à ce passage,
Morel, s'il te plaît, veux-tu,
Ceins ici cette vertu
Par quoi, nous dit-on, le sage,

Libre en son renoncement,
Sait tirer quand tout décline,
Du plus bas de la ruine
Le plus haut enseignement.

Vincent Muselli
Points et contrepoints

25 Novembre

Effet de nuit

La nuit. La pluie. Un ciel blafard que déchiquette
De flèches et de tours à jour la silhouette
D'une ville gothique éteinte au lointain gris.
La plaine. Un gibet plein de pendus rabougris
Secoués par le bec avide des corneilles
Et dansant dans l'air noir des gigues non pareilles,
Tandis que leurs pieds sont la pâture des loups.
Quelques buissons d'épine épars, et quelques houx
Dressant l'horreur de leur feuillage à droite, à gauche,
Sur le fuligineux fouillis d'un fond d'ébauche.
Et puis, autour de trois livides prisonniers
Qui vont pieds nus, un gros de hauts pertuisaniers
En marche, et leurs fers droits, comme des fers de herse,
Luisent à contresens des lances de l'averse.

Paul Verlaine
Poèmes saturniens

26 Novembre

Le mois mouillé

Par les vitres grises de la lavanderie,
J'ai vu tomber la nuit d'automne que voilà…
Quelqu'un marche le long des fossés pleins de pluie…
Voyageur, voyageur de jadis, qui t'en vas,
À l'heure où les bergers descendent des montagnes,
Hâte-toi. – Les foyers sont éteints où tu vas,
Closes les portes au pays que tu regagnes…
La grande route est vide et le bruit des luzernes
Vient de si loin qu'il ferait peur… Dépêche-toi :
Les vieilles carrioles ont soufflé leurs lanternes…
C'est l'automne : elle s'est assise et dort de froid
Sur la chaise de paille au fond de la cuisine…
L'automne chante dans les sarments morts des vignes…
C'est le moment où les cadavres introuvés,
Les blancs noyés, flottant, songeurs, entre deux ondes,
Saisis eux-mêmes aux premiers froids soulevés,
Descendent s'abriter dans les vases profondes.

Henri Bataille
La Chambre blanche

27 Novembre

Méditation grisâtre

Sous le ciel pluvieux noyé de brumes sales,
Devant l'Océan blême, assis sur un îlot,
Seul, loin de tout, je songe, au clapotis du flot,
Dans le concert hurlant des mourantes rafales.

Crinière échevelée, ainsi que des cavales,
Les vagues se tordant arrivent au galop
Et croulent à mes pieds avec de longs sanglots
Qu'emporte la tourmente aux haleines brutales.

Partout le grand ciel gris, le brouillard et la mer ;
Rien que l'affolement des vents balayant l'air ;
Plus d'heures, plus d'humains, et solitaire, morne,

Je reste là, perdu dans l'horizon lointain
Et songe que l'espace est sans borne, sans borne,
Et que le temps n'aura jamais… jamais de fin.

Jules Laforgue
Œuvres complètes

Les glaneuses de novembre

Vives glaneuses de novembre,
Les grives, sur la grappe en deuil,
Ont oublié ces beaux grains d'ambre
Qu'enfant nous convoitions de l'œil.

Le rayon du soir la transperce
Comme un albâtre oriental,
Et le sucre d'or qu'elle verse
Y pend en larmes de cristal.

Sous ce cep de vigne qui t'aime,
Ô mon âme ! ne crois-tu pas
Te retrouver enfin toi-même,
Malgré l'absence et le trépas ?

N'a-t-il pas pour toi le délice
Du brasier tiède et réchauffant
Qu'allume une vieille nourrice
Au foyer qui nous vit enfant ?

Alphonse de Lamartine
La Vigne et la maison

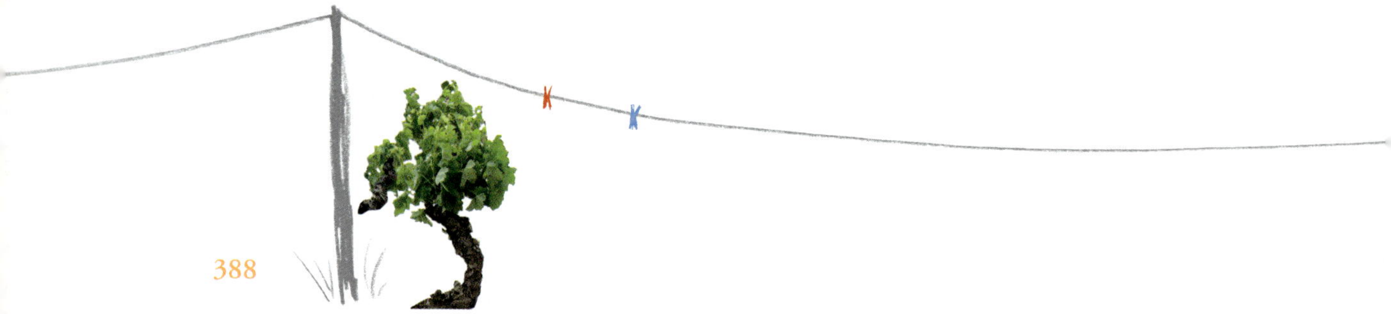

29 Novembre

Soir automnal

Mon cœur a grande peine en ce soir automnal :
Je n'ai plus un ami, je n'ai plus une rose,
Je n'ai plus de chagrin, je n'ai plus qu'une chose :
Ce cœur désaffecté dont le bruit me fait mal.

Le soir est accroupi dans ce bois de santal
Qui se réveille en moi lorsque l'heure est morose.
Oh ! le soir est affreux. Le soir est brun et rose :
Il ouvre contre moi sa gueule de chacal.

Entre deux jours trop longs s'inscrit la nuit trop brève ;
Et le soir est le spasme ultime avant la trêve
Où le rire des nuits boit les larmes du jour.

Mes songes vont mourir et laisser place au rêve.
Je suis comme un navire arrimé sur la grève
Qui part à la conquête absurde de l'Amour.

François Hertel
Strophes et catastrophes

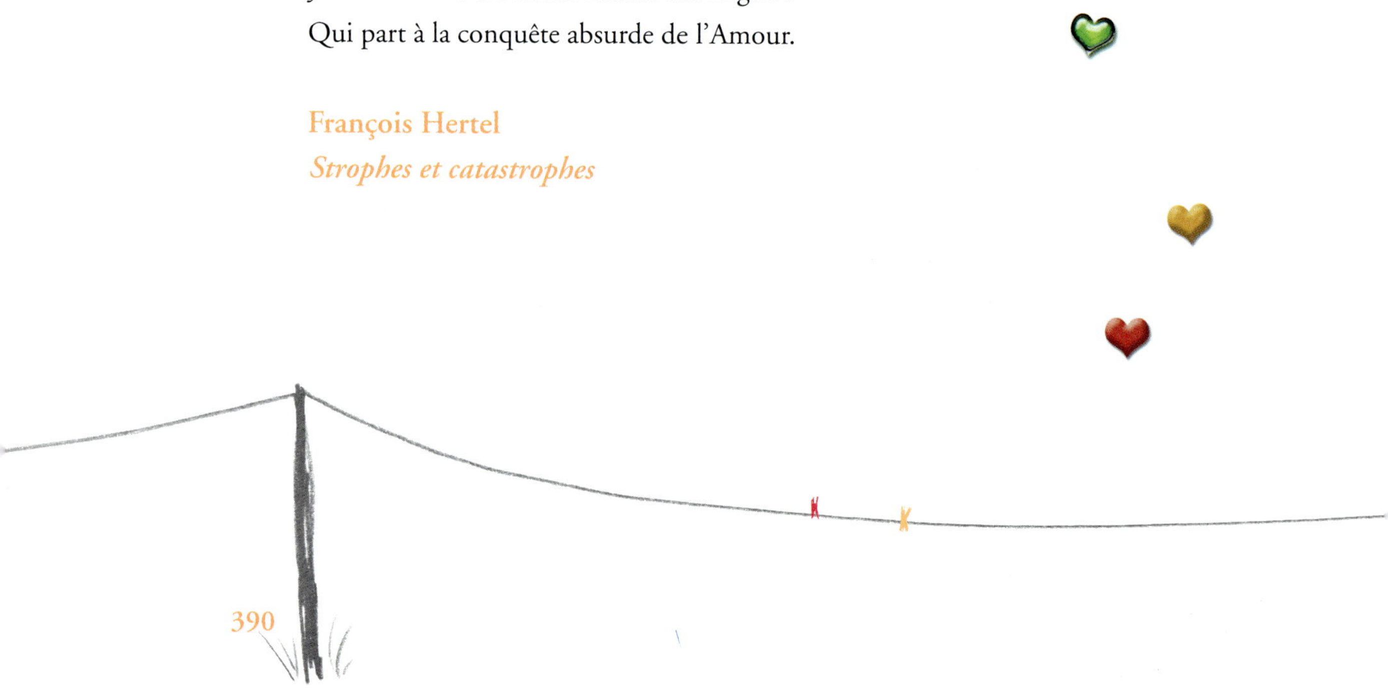

30 Novembre

Sur la bruyère longue infiniment

Sur la bruyère longue infiniment,
Voici le vent cornant novembre,
Sur la bruyère, infiniment,
Voici le vent
Qui se déchire et se démembre,
En souffles lourds battant les bourgs,
Voici le vent,
Le vent sauvage de novembre…
Le vent rafle, le long de l'eau,
Les feuilles vertes des bouleaux,
Le vent sauvage de novembre ;
Le vent mord, dans les branches,
Des nids d'oiseaux ;
Le vent râpe du fer
Et peigne au loin les avalanches,
– Rageusement – du vieil hiver,
Rageusement, le vent,
Le vent sauvage de novembre.
Dans les étables lamentables,
Les lucarnes rapiécées
Ballottent leurs loques falotes
De vitres de papier.

– Le vent sauvage de novembre ! –
Sur sa butte de gazon bistre,
Du bas en haut, à travers airs,
Du haut en bas à coups d'éclairs,
Le moulin noir fauche, sinistre,
Le moulin noir fauche le vent,
Le vent,
Le vent sauvage de novembre.
Les vieux chaumes à cropetons,
Autour de leurs clochers d'églises,
Sont soulevés sur leurs bâtons ;
Les vieux chaumes et leurs auvents
Claquent au vent,
Au vent sauvage de novembre.
Les croix du cimetière étroit,
Les bras des morts que sont ces croix,
Tombent comme un grand vol,
Rabattu, noir, contre le sol.
Le vent sauvage de novembre,
Le vent,
L'avez-vous rencontré, le vent,
Au carrefour des trois cents routes…
L'avez-vous vu cette nuit-là,
Quand il jeta la lune à bas,
Et que n'en pouvant plus,
Tous les villages vermoulus
Criaient comme des bêtes
Sous la tempête ?
Sur la bruyère infiniment,
Voici le vent hurlant,
Voici le vent cornant novembre…

Émile Verhaeren
Les Villages illusoires

1er Décembre

On dirait que l'hiver tombe

On dirait que l'hiver tombe ;
Tous les toits sont déjà gris ;
Il pleut deux ou trois colombes,
Et c'est aussitôt la nuit.

Un seul arbre, comme un clou,
Tient le jardin bien au sol.
Les ombres font sur les joues
Comme des oiseaux qui volent.

L'air est plein d'étoiles blanches,
La Noël est pour lundi.
Qu'il sera long, le dimanche
Que nous passerons ici !

Maurice Carême
En sourdine

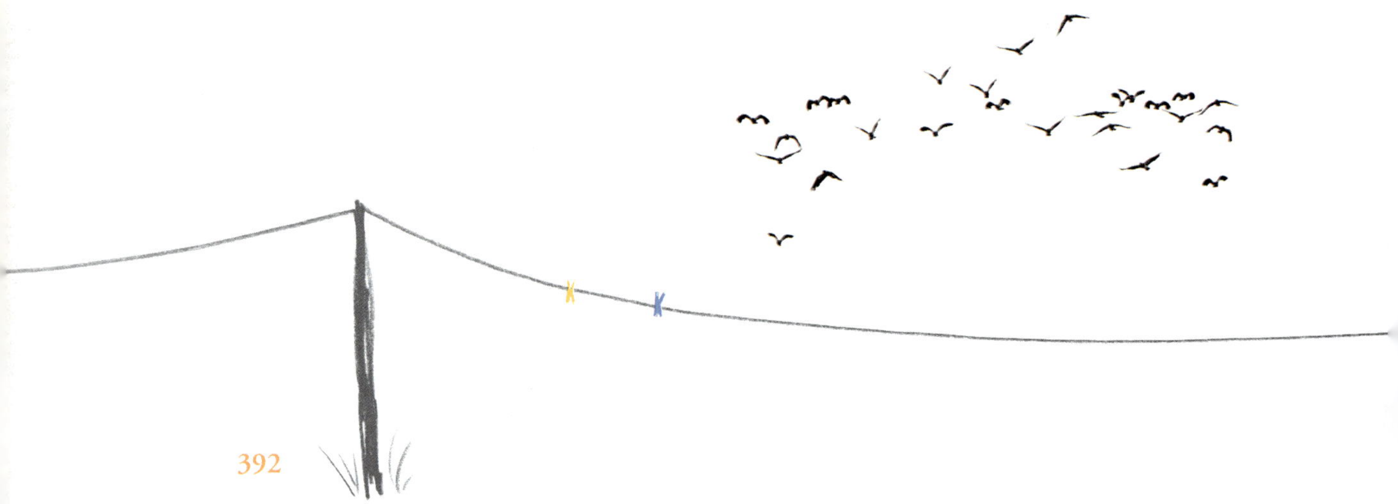

2 Décembre

Un jeune hiver se levait sur Paris

Un jeune hiver se levait sur Paris
Adolescent de rire dur qui brille,
Les filles frileuses de l'air doré
Se faisaient des forêts une fourrure,

La ville ressemblait à la vie
Lorsque de sa malingre misère
Resurgit on ne sait quelle gloire.
Et nos pleurs se firent larmes d'orgueil.

Georges-Emmanuel Clancier
Une voix

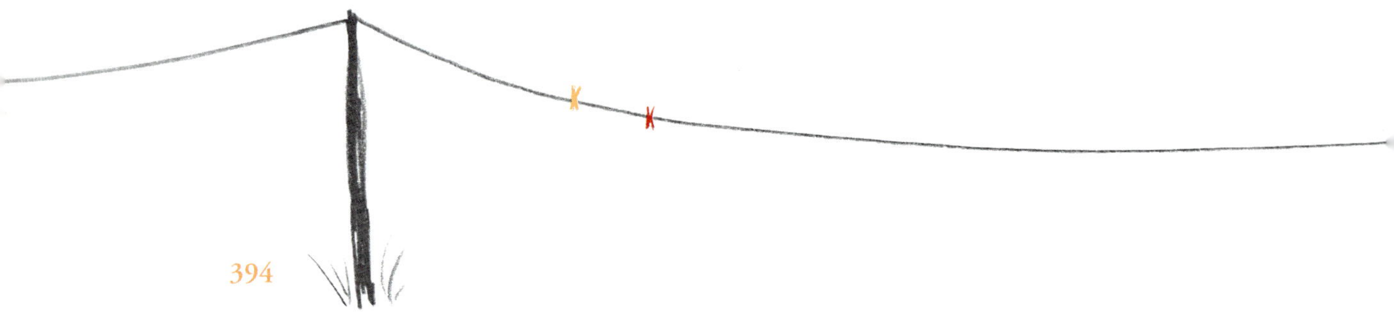

3 Décembre

Neige incertaine

Dans l'interminable
Ennui de la plaine
La neige incertaine
Luit comme du sable.

Le ciel est de cuivre
Sans lueur aucune.
On croirait voir vivre
Et mourir la lune.

Comme des nuées
Flottent gris les chênes
Des forêts prochaines
Parmi les buées.

Le ciel est de cuivre
Sans lueur aucune.
On croirait voir vivre
Et mourir la lune.

Corneille poussive
Et vous, les loups maigres,
Par ces bises aigres
Quoi donc vous arrive ?

Dans l'interminable
Ennui de la plaine
La neige incertaine
Luit comme du sable.

Paul Verlaine
Romances sans paroles

4 Décembre

Petite pluie et brouillard d'hiver

Dans la petite pluie et le brouillard d'hiver,
Les colombiers de notre maison sont déserts :
Ils sont dressés à l'angle morne des toitures
Comme pour regarder, par-dessus la maison,
A travers le brouillard pluvieux, l'horizon
Où sont partis les pigeons bleus, à l'aventure.

Voici l'hiver et la solitude à présent ;
L'herbe folle envahit les corbeilles d'automne
Où les grands dahlias mouillés parfois frissonnent
En s'effeuillant sur la pelouse quand le vent
Vient gémir sourdement aux fenêtres fermées.
– Ne pleure pas : nous serons ceux qui restent tard,
Au coin du feu, par les nuits longues de brouillard,
Dans la clarté de la bonne lampe allumée.

Nous entendrons le mauvais temps battre très fort.
Nous entendrons la pluie à grands coups sur les toits
Et ce sera comme aux meilleurs soirs d'autrefois,
Quand veillaient les enfants et qu'il pleuvait dehors
Cependant qu'on leur racontait « La Belle au bois ».

Francis Carco
La Bohème et mon cœur

Mélèzes

Te souviens-tu du sable à deux ?
Me voici seule sur la neige.
Je t'écris, petit amoureux,
Dos aux squelettes des mélèzes,
Dans l'odeur du genévrier.

Je t'ai perdu, mon amoureux.

Ô de ce temps sableux avais-je,
Comme une avare en ses greniers,
Mis trop peu de ce sable à deux ?

Renée Brock
Poésies complètes

6 Décembre

La ferme

Dans la plaine onduleuse et nue,
Sous les brumes d'un ciel d'hiver,
La ferme isolée est perdue
Ainsi qu'un îlot dans la mer.

À peine un fil bleu de fumée
Au piéton la montre de loin,
Quand, dans sa course accoutumée,
Du bois noir il tourne le coin ;

Et, le soir, la rougeur de l'âtre,
À travers la vitre qui luit,
À peine la désigne au pâtre
Poussant son troupeau dans la nuit.

Parmi la bruine et le givre
Elle dort d'un profond sommeil :
Mais en mars on la voit revivre
Aux tiédeurs du premier soleil.

Les alouettes reparues
Mettent le ciel en belle humeur,
Tandis que le fer des charrues
Prépare la place au semeur.

Bientôt le grain se gonfle et germe ;
Avril pluvieux et riant
Étend tout autour de la ferme
Un large tapis chatoyant :

Sainfoin, frissonnantes avoines,
Seigles verts plus mouvants encor,
Trèfles aux rougeurs de pivoines,
Et champs de colza couleur d'or.

Puis vient l'ardente canicule,
Et, le soir, sous les cieux obscurs,
Le souffle chaud du crépuscule
Apporte une odeur de blés mûrs.

Alors le travail des batteuses
Emplit l'air de ronflements sourds ;
Le sol des routes caillouteuses
Tremble au poids des chariots lourds ;

Et comme une ruche trop pleine,
Sous le soleil aux feux plongeants,
La ferme répand dans la plaine
Tout son monde : bêtes et gens.

André Theuriet
Le Chemin des bois

7 Décembre

L'hiver de Paris

À M. d'Avaux, maître des requêtes

D'Avaux, qui me vois tout transi,
Trouves-tu pas ce froid ici
Plus grand que celui de décembre,
Et qu'il fait meilleur dans ta chambre,
Le dos tourné devers le feu
Passer le temps à quelque jeu,
Rire et se provoquer à boire,
Que pour aller chercher la foire,
Passer, comme je fais souvent,
Sur le Pont-Neuf, le nez au vent ?
L'air qu'on y respire est de glace :
On n'y peut marcher sans grimace.

Boisrobert

8 Décembre

Sonnet

Que j'aime le premier frisson d'hiver ! le chaume,
Sous le pied du chasseur, refusant de ployer !
Quand vient la pie aux champs que le foin vert embaume,
Au fond du vieux château s'éveille le foyer ;

C'est le temps de la ville. – Oh ! lorsque l'an dernier,
J'y revins, que je vis ce bon Louvre et son dôme,
Paris et sa fumée, et tout ce beau royaume
(J'entends encore au vent les postillons crier),

Que j'aimais ce temps gris, ces passants, et la Seine
Sous ses mille falots assise en souveraine !
J'allais revoir l'hiver. – Et toi, ma vie, et toi !

Oh ! dans tes longs regards j'allais tremper mon âme ;
Je saluais tes murs. – Car, qui m'eût dit, madame,
Que votre cœur sitôt avait changé pour moi ?

Alfred de Musset
Premières poésies

TAXIS
TAXIS

Les pas

L'hiver, quand on fermait,
À grand bruit lourd, les lourds volets,
Et que la lampe s'allumait
Dans la cuisine basse,
Des pas se mettaient à sonner, des pas, des pas,
Au long du mur, sur le trottoir d'en face.

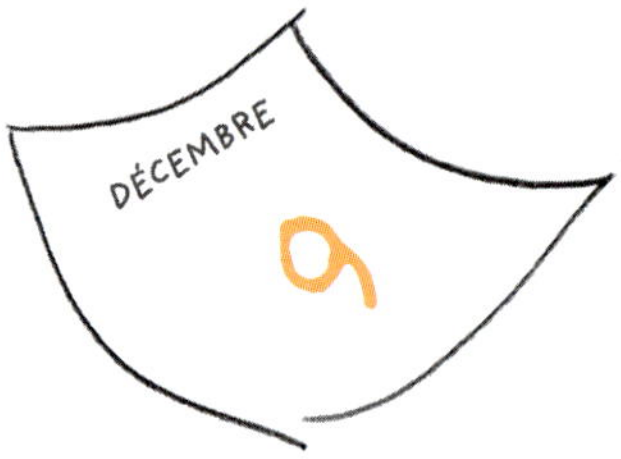

Tous les enfants étaient rentrés,
Rompant leurs jeux enchevêtrés ;
Le village semblait un amas d'ombres
Autour de son clocher,
D'où les cloches déjà laissaient tomber,
Une à une, les heures sombres
Et les craintes sans nombre :
Paquets de peur, au fond du cœur,

Et malgré moi, je m'asseyais tout contre
Les lourds volets et j'écoutais et redoutais
Ces pas, toujours ces pas,
Qui s'en allaient à la rencontre
De je ne savais quoi d'obscur et de triste, là-bas.

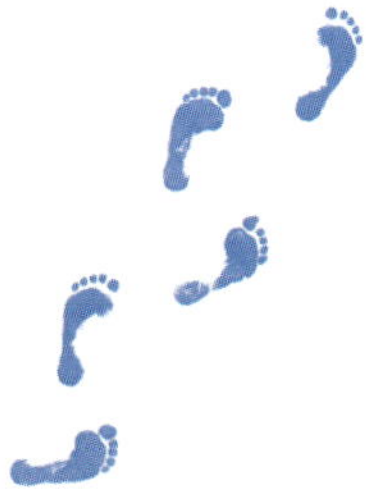

Je connaissais celui de la servante,
Celui de l'échevin, celui du lanternier,
Celui de l'âpre et grimaçante mendiante
Qui remportait des blaireaux morts, en son panier ;
Celui du colporteur, celui du messager,
Et ceux de Pieter Hoste et de son père

Émile Verhaeren
Toute la Flandre

10 Décembre

Neige sur Amsterdam

Regardez, la neige tombe ! Oh, il faut que je sorte ! Amsterdam endormie dans la nuit blanche, les canaux de jade sombre sous les petits ponts neigeux, les rues désertes, mes pas étouffés, ce sera la pureté, fugitive, avant la boue de demain. Voyez les énormes flocons qui s'ébouriffent contre les vitres. Ce sont les colombes, sûrement. Elles se décident enfin à descendre, ces chéries, elles couvrent les eaux et les toits d'une épaisse couche de plumes, elles palpitent à toutes les fenêtres. Quelle invasion ! Espérons qu'elles apportent la bonne nouvelle.

Albert Camus
La Chute

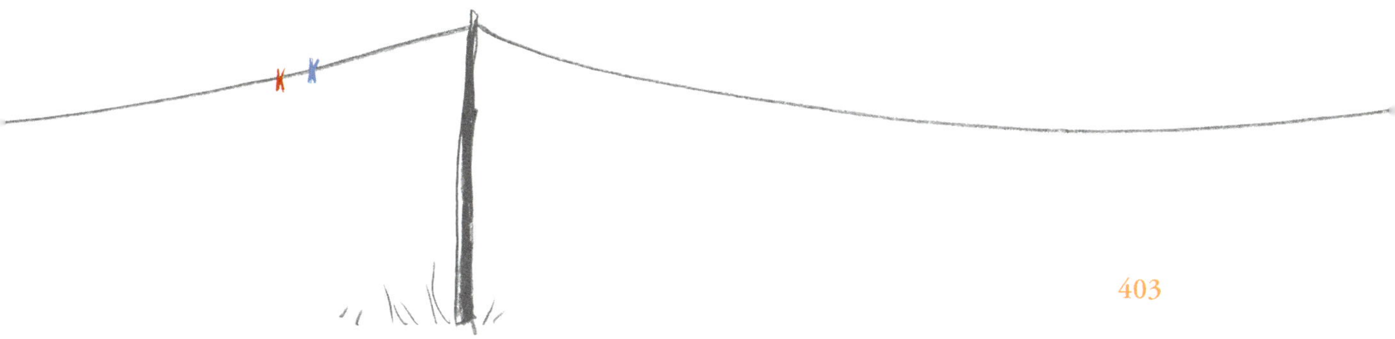

11 Décembre

Il fait froid

L'hiver blanchit le dur chemin
Tes jours aux méchants sont en proie.
La bise mord ta douce main ;
La haine souffle sur ta joie.

La neige emplit le noir sillon.
La lumière est diminuée…
Ferme ta porte à l'aquilon !
Ferme ta vitre à la nuée !

Et puis laisse ton cœur ouvert !
Le cœur, c'est la sainte fenêtre.
Le soleil de brume est couvert ;
Mais Dieu va rayonner peut-être !

Doute du bonheur, fruit mortel ;
Doute de l'homme plein d'envie ;
Doute du prêtre et de l'autel ;
Mais crois à l'amour, ô ma vie !

Crois à l'amour, toujours entier,
Toujours brillant sous tous les voiles !
À l'amour, tison du foyer !
À l'amour, rayon des étoiles !

Aime, et ne désespère pas.
Dans ton âme, où parfois je passe,
Où mes vers chuchotent tout bas,
Laisse chaque chose à sa place.

La fidélité sans ennui,
La paix des vertus élevées,
Et l'indulgence pour autrui,
Éponge des fautes lavées.

Dans ta pensée où tout est beau,
Que rien ne tombe ou ne recule.
Fais de ton amour ton flambeau.
On s'éclaire de ce qui brûle.

À ces démons d'inimitié
Oppose ta douceur sereine,
Et reverse-leur en pitié
Tout ce qu'ils t'ont vomi de haine.

La haine, c'est l'hiver du cœur.
Plains-les ! mais garde ton courage.
Garde ton sourire vainqueur ;
Bel arc-en-ciel, sors de l'orage !

Garde ton amour éternel.
L'hiver, l'astre éteint-il sa flamme ?
Dieu ne retire rien du ciel ;
Ne retire rien de ton âme !

Victor Hugo
Les Contemplations

12 Décembre

Décembre allume ses fenêtres

Tout à coup, j'ai toute la vieillesse du monde dans les os.
Décembre allume ses fenêtres
Et c'est la benne des saisons qui bascule en me fendant l'être.
Voici le vieil hiver fumant, éventré de soleils fourchus
On attend sur l'étang du gel l'écart éblouissant d'un prince
Mais le ciel de Seine a terni les feux mordorés des vitrines
Et la brume qui vient aux dents est trouble du brouillard des mots.
Je suis étranger à ces lieux où la publicité, la mort, sont sourdement complices
Je suis né contre des forêts où l'air vert était sec de houx.
Ma mère, à cette saison-ci, rentrait des lessives gelées :
La chemise aux deux bras levés, le drap raidi comme un chemin.
J'ai trop vécu pour refuser fidélité à mon enfance
Fidélité à mon amour et belles rives au temps pourri.
Tu peux venir au creux de moi comme une barque qui s'amarre
Escomptant qu'un arbre haleur lui délimite la contrée.

Luc Bérimont
Un feu vivant

13 Décembre

Hiver, bel hiver...

Hiver, bel hiver, beau berceau,
Toute la journée est éteinte,
La neige amassée au carreau
Est du bleu même des jacinthes,
Le temps passé n'a plus d'écho.

Dans l'alcôve ce bleu neigeux
Tend une écharpe de silence,
Et c'est le voile de nos jeux,
C'est le bain de nos préférences,
Et la lueur de nos aveux.

Sur la terrasse vont les pas
Des promeneurs d'un autre monde.
Notre univers est loin de là,
Le temps nous porte vers une onde
Où l'amour nous reconnaîtra.

À cœurs donnés, à cœurs donnants
La parole est une étrangère.
Comme l'oiseau passant au vent
Nos soupirs ont l'âme légère
Mais nos vœux sont plus exigeants.

De ses mains blanches le repos
Défend l'instant de toute crainte.
La neige amassée au carreau
Est du bleu même des jacinthes
En cet hiver, en ce berceau.

Louise de Vilmorin

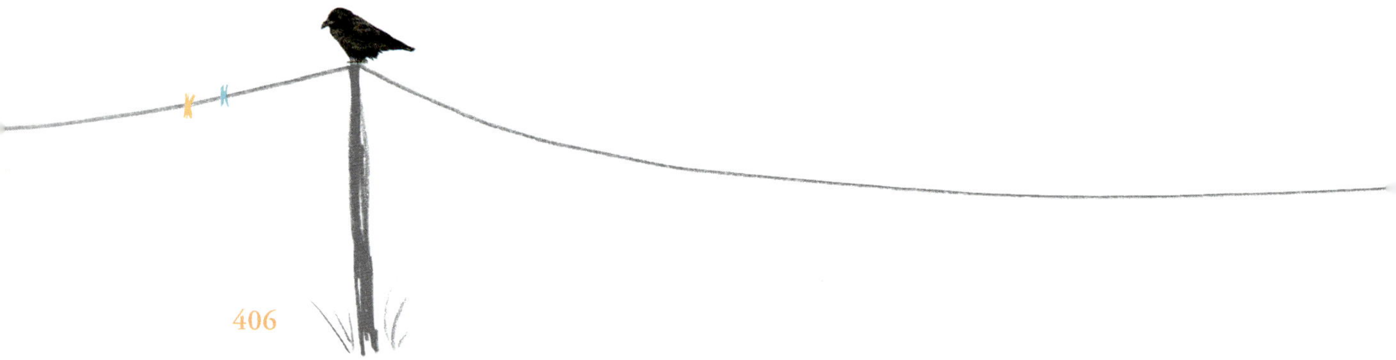

14 Décembre

Adieux de Jeanne d'Arc à sa maison

Ô maison de mon père où j'ai filé la laine,
Où, les longs mois d'hiver assise au coin du feu,
J'écoutais les chansons de la vieille Lorraine,
Le temps est arrivé que je vous dise adieu.

Tous les soirs passagère en des maisons nouvelles
J'entendrai des chansons que je ne saurai pas
Tous les soirs, au sortir des batailles nouvelles,
J'irai dans des maisons que je ne saurai pas…

Quand pourrai-je le soir filer encor la laine,
Assise au coin du feu pour les vieilles chansons ;
Quand pourrai-je dormir après avoir prié
Dans la maison fidèle et calme à la prière ;

Quand nous reverrons-nous ? Et nous reverrons-nous ?
Ô maison de mon père, ô ma maison que j'aime !

Charles Péguy
Jeanne d'Arc

15 Décembre

Le message

La nuit d'hiver étend ses voiles ;
Au ciel neigeux quelques étoiles
A peine ont lui.
Tiens, ô ma colombe fidèle,
Cache ce billet sous ton aile,
Car c'est pour lui.

Ah ! qu'il fait noir sous les bois de Saint-Guy !

Vole, vole, vers sa demeure,
Pourquoi laisse-t-il passer l'heure,
L'heure d'amour ?
La vieille Hélène est endormie :
Il m'appellerait son amie
Jusques au jour.

Ah ! qu'il fait noir sur l'étang de la tour !

Comme un flambeau, blanche colombe,
A travers le givre qui tombe
Guide ses pas.
Chante de loin, s'il vient … s'il m'aime !
Et ne reviens jamais toi-même,
S'il ne vient pas !

Ah ! qu'il fait noir dans les ravins là-bas !

Emile Deschamps
Poésies complètes

Il va neiger…

Il va neiger dans quelques jours. Je me souviens
de l'an dernier. Je me souviens de mes tristesses
au coin du feu. Si l'on m'avait demandé : qu'est-ce ?
j'aurais dit : laissez-moi tranquille. Ce n'est rien.

J'ai bien réfléchi, l'année avant, dans ma chambre,
pendant que la neige lourde tombait dehors.
J'ai réfléchi pour rien. À présent comme alors
je fume une pipe en bois avec un bout d'ambre.

Ma vieille commode en chêne sent toujours bon.
Mais moi j'étais bête parce que tant de choses
ne pouvaient pas changer et que c'est une pose
de vouloir chasser les choses que nous savons.

Pourquoi donc pensons-nous et parlons-nous ? C'est drôle ;
nos larmes et nos baisers, eux, ne parlent pas,
et cependant nous les comprenons, et les pas
d'un ami sont plus doux que de douces paroles.

On a baptisé les étoiles sans penser
qu'elles n'avaient pas besoin de nom, et les nombres,
qui prouvent que les belles comètes dans l'ombre
passeront, ne les forceront pas à passer.

Et maintenant même, où sont mes vieilles tristesses
de l'an dernier ? À peine si je m'en souviens.
Je dirais : laissez-moi tranquille, ce n'est rien,
si dans ma chambre on venait me demander : qu'est-ce ?

Francis Jammes

17 Décembre

Sonnet

Je ne suis pas de ceux pour qui les causeries,
Au coin du feu, l'hiver, ont de grandes douceurs ;
Car j'ai pour tous voisins d'intrépides chasseurs,
Rêvant de chiens dressés, de meutes aguerries.

Et des fermiers causant jachères et prairies,
Et le juge de paix avec ses vieilles sœurs,
Deux revêches beautés parlant de ravisseurs,
Portraits comme on en voit sur les tapisseries.

Oh ! combien je préfère à ce caquet si vain,
Tout le soir, du silence – un silence sans fin ;
Être assis sans penser, sans désir, sans mémoire ;

Et seul, sur mes chenets, m'éclairant aux tisons,
Écouter le vent battre, et gémir les cloisons,
Et le fagot flamber, et chanter ma bouilloire !

Sainte-Beuve
Les Poésies de Joseph Delorme

18 Décembre

Quand les volets battent le granit

Le mur est gris, la tuile est rousse,
L'hiver a rongé le ciment ;
Des pierres disjointes la mousse
Verdit l'humide fondement ;
Les gouttières, que rien n'essuie,
Laissent, en rigoles de suie,
S'égoutter le ciel pluvieux,
Traçant sur la vide demeure
Ces noirs sillons par où l'on pleure,
Que les veuves ont sous les yeux ;

La porte où file l'araignée,
Qui n'entend plus le doux accueil,
Reste immobile et dédaignée
Et ne tourne plus sur son seuil ;
Les volets que le moineau souille,
Détachés de leurs gonds de rouille,
Battent nuit et jour le granit ;
Les vitraux brisés par les grêles
Livrent aux vieilles hirondelles
Un libre passage à leur nid !

Leur gazouillement sur les dalles
Couvertes de duvets flottants
Est la seule voix de ces salles
Pleines des silences du temps.
De la solitaire demeure
Une ombre lourde d'heure en heure
Se détache sur le gazon :
Et cette ombre, couchée et morte,
Est la seule chose qui sorte
Tout le jour de cette maison !

Alphonse de Lamartine
La Vigne et la maison

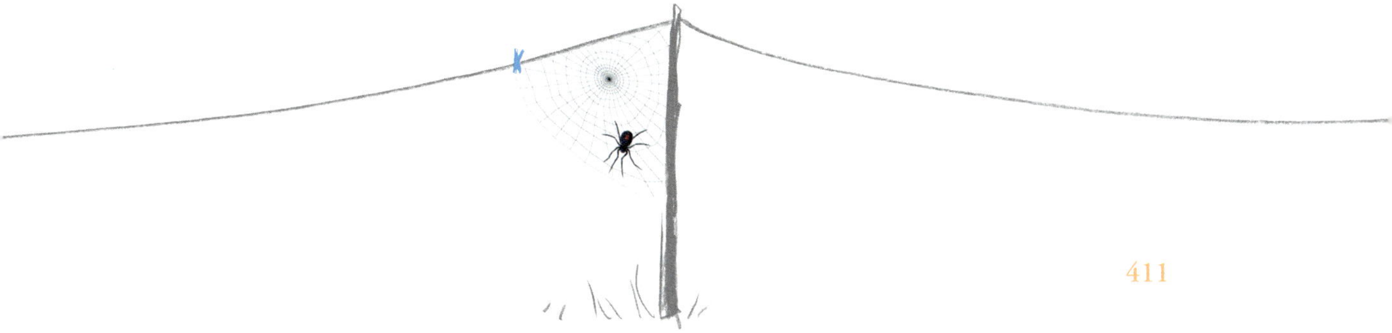

19 Décembre

L'hiver est un pays...

L'hiver est un pays de barques noires et blanches
Chargées de neige et pressées l'une contre l'autre,
Le long des pannes immobiles des vieux ports.
Elles attendent des pêcheurs, des plaisanciers ;
Et se balancent, lentement, dans de l'eau sombre
En laissant voir parfois dans ce noir et ce blanc
Un peu de flottaison rouge, mangée de moules.

Louis Brauquier
Je connais des îles lointaines

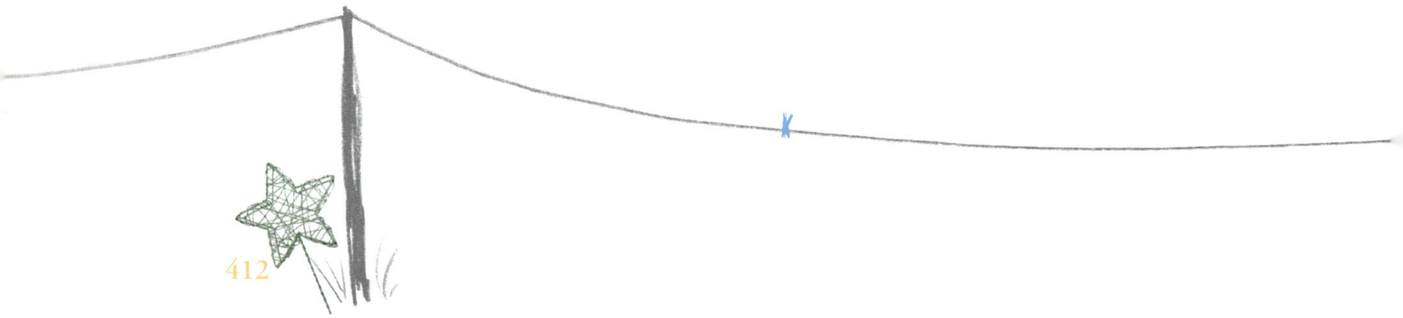

Contes des temps de neige

Qu'il est doux, qu'il est doux d'écouter des histoires,
Des histoires du temps passé,
Quand les branches d'arbres sont noires,
Quand la neige est épaisse et charge un sol glacé !
Quand seul dans un ciel pâle un peuplier s'élance,
Quand sous le manteau blanc qui vient de le cacher
L'immobile corbeau sur l'arbre se balance,
Comme la girouette au bout du long clocher !

Alfred de Vigny

Hiver

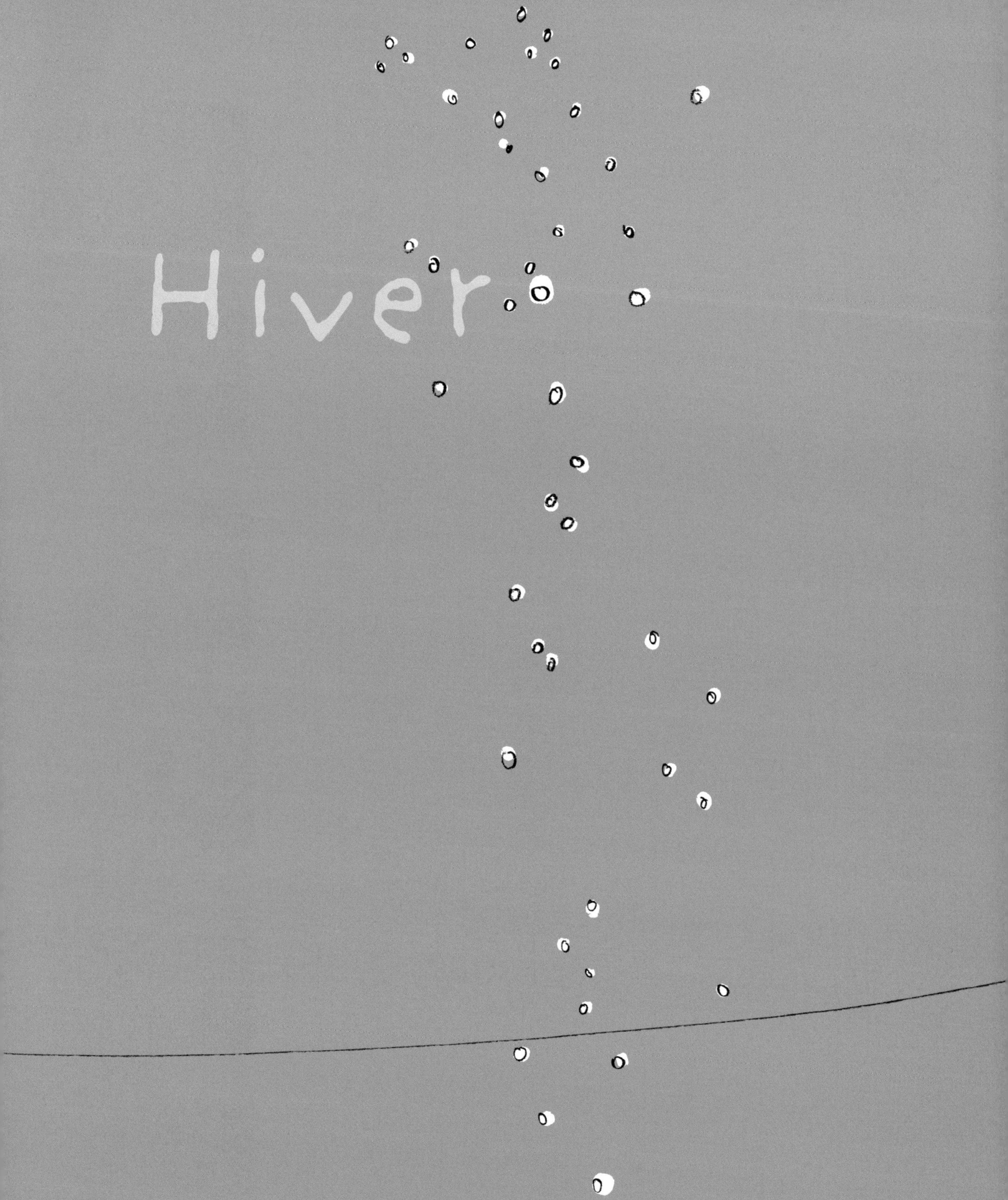

Décembre

Voici qu'un deuil nouveau couvre le voisinage,
Déjà l'eau des étangs gèle dans les roseaux,
Et déjà les chemins sont pleins de ton carnage,
Hiver ! cruel chasseur de feuilles et d'oiseaux.

Vincent Muselli
Points et contrepoints

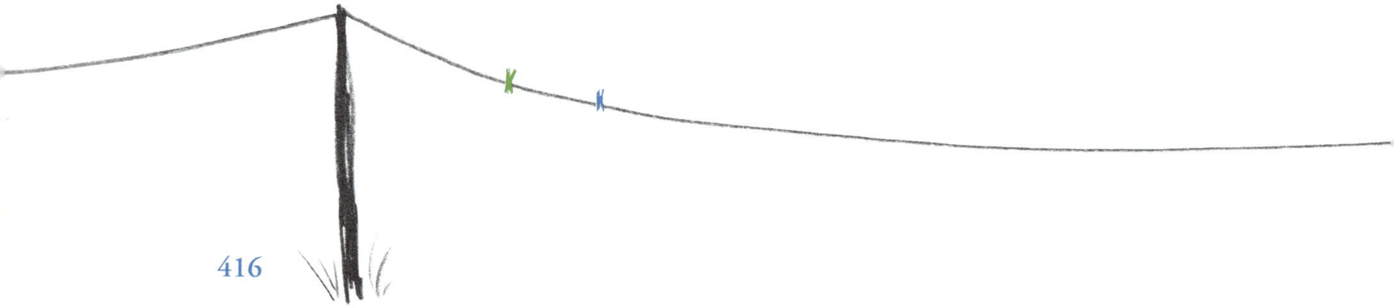

22 Décembre

Lorsqu'en la saison il gèle…

Lorsqu'en la saison il gèle
Au monde Jésus-Christ vint,
L'âne et le bœuf l'échauffaient
De leur souffle dans l'Étable…
Que d'ânes et de bœufs je sais,
Dans ce royaume de Gaule,
Que d'ânes et de bœufs je sais
Qui n'en auraient pas tant fait !

On dit que ces pauvres bêtes
N'eurent pas vu le poupon
Qu'elles se mirent à genoux,
Humblement, baissant la tête…
Que d'ânes et de bœufs je sais
Qui n'en auraient pas tant fait !

Mais le plus beau de l'histoire,
Ce fut que l'âne et le bœuf
Ainsi passèrent tous deux
La nuit sans manger ni boire…
Que d'ânes et de bœufs je sais
Qui n'en auraient pas tant fait !

Bernard de la Monnoye
Poèmes de Noël

23 Décembre

Hiver : Noël vocal et instrumental

Vielles, violes de gambe,
Cornemuses d'harmonie,
Les aveugles sont ingambes
Et les sourds bénissent la cérémonie.

– En voyant l'enfant
Ils se réjouirent,
Tous ces pauvres gens.
Et les rois mages aussi
En voyant l'enfant de la Vierge Marie.

L'étable était chaude
Et le bœuf au front frisé,
Qui tirait la langue
Pour lécher l'enfant.

Vielles, violes de gambe,
Cornemuses d'harmonie,
Les aveugles sont ingambes
Et les sourds bénissent la cérémonie.

Cette Trinité nouvelle,
L'Étoile pour les jongleurs et les adorateurs,
Elle est née sous les étoiles
Pour les instruments, les chrétiens et les chanteurs.

Caresse des carpes sur les harpes d'eau,
Paresse des harpes, tout chante son los :
Et la terre et l'eau, la terre en prière
Et l'eau sous le ciel trempé d'ombre au bord.

Vielles, violes de gambe,
Cornemuses d'harmonie,
Les aveugles sont ingambes
Et les sourds bénissent la cérémonie.

Maurice Fombeure
À dos d'oiseau

24 Décembre

Nuit de Noël

La terre est noire ;
L'église, blanche.
Que cache-t-elle
Pour être ainsi
Tellement belle
Dans l'air noirci ?
Rien qu'un enfant
Qui vient de naître
Entre deux bêtes
Si ingénues
Que, dans leur ombre,
Il tient le monde
Dans son poing nu.

Maurice Carême
Tambour battant

Chant pour Noël

Mon enfant, Noël est venu,
C'est le joli temps de la neige.
Mon enfant, Noël est venu,
Des sabots à ses pieds nus.

D'un arbre d'hiver il fait
Un arbre de lumière ;
D'une nuit d'hiver il fait
Un midi parfait.
Noël est venu :
L'as-tu reconnu ?

Mon enfant, Noël est venu,
C'est le joli temps de la neige.
Mon enfant, Noël est venu,
C'est le temps des beaux pieds nus.

Des pieds nus qui vont tout droit
Vers de grandes merveilles.
Des pieds nus dansant de joie
Sur les carreaux froids !
Noël est venu !
Ah ! les beaux pieds nus !...

Mon enfant, Noël est venu,
C'est le joli temps de la neige.
Mon enfant, Noël est venu,
C'est le temps des beaux pieds nus.

Luc Decaunes
Chansons pour un bichon

26 Décembre

Noël

Le ciel est noir, la terre est blanche ;
– Cloches, carillonnez gaiement ! –
Jésus est né. – La Vierge penche
Sur lui son visage charmant.

Pas de courtines festonnées
Pour préserver l'enfant du froid,
Rien que les toiles d'araignées
Qui pendent des poutres du toit.

Je comprends tout ce qu'elles disent,
Car le poète est un oiseau ;
Mais, captif, ses élans se brisent
Contre un invisible réseau.

Des ailes ! des ailes ! des ailes !
Comme dans le chant de Ruckert,
Pour voler, là-bas avec elles
Au soleil d'or, au printemps vert !

Théophile Gautier

27 Décembre

Noël

Douce étable de la terre
Pas plus grande qu'appentis
On y met pelles et pioches
On y rentre les brebis.

Dans l'auberge haute et large
À l'enseigne des rieurs
On se dispute on se goberge
De volaille et de liqueurs.

Des draps blancs de quoi en somme
T'en payer toute la nuit
« Tu rigoles mon bonhomme
Pourquoi pas poulet au riz ».

Le Joseph, le malhabile
Sa casquette entre ses doigts
« Donnez-nous ce soir asile
Ma femme ne va pas bien ».

Cependant la neige tombe
Et par l'huis entrebâillé
Des étoiles d'argent nimbent
Le front blanc de sa moitié.

« Pour la nuit ou bien pour l'heure
Nous n'avons place pour toi
Couchez-vous si ça vous chante
Dans l'étable qui est là ».

Et du doigt désignant l'ombre
Il referme à double tour
Le battant de son auberge
Et la porte de son cœur.

Mais la nuit, malgré les rires
On entend bien des clameurs.
Nom de Dieu ! dit l'aubergiste
Y a le feu dans ma demeure.

Il bouscule la servante
Et s'acharne sur la clef.
Dans la nuit la neige bouge
Comme feuilles de lauriers.

Rassuré il se rapproche
De l'étable des rôdeurs.
Il voit double, il se rapproche
Aux piquets de la clôture.

Un enfant sur de la paille
Tout autour illuminé
Et les gens du voisinage
Debout près du monde entier.

René Guy Cadou
Hélène ou le règne végétal

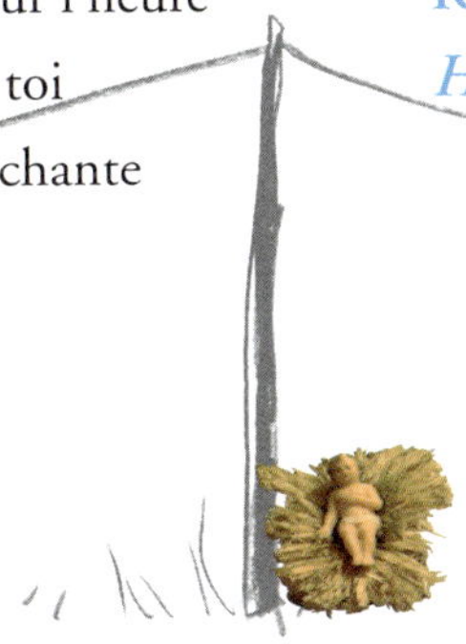

28 Décembre

Noël à Marseille

L'hiver qui, aux lieux où vous êtes, est tout hérissé de glaçons, est ici couronné de fleurs. Sincèrement, Mademoiselle, à l'heure même que je vous parle, l'on vient de m'envoyer des bouquets d'anémones, d'œillets, de narcisse, de jasmin, de fleurs d'orange, plus beaux que Mlle de Lorme n'en porte au mois de mai ; et ce qu'il y a de commode ici est que l'on fait des visites à la fin de décembre sans avoir besoin de feu, que l'on se promène sur le port comme l'on se promène aux Tuileries en juillet, qu'il ne pleut qu'en deux mois une fois, et que le soleil y est toujours aussi pur et aussi clair que dans la saison où il fait naître des roses. Mais le mal est que pour jouir de tous ces plaisirs innocents, il faut souffrir d'autres incommodités et que l'on ne peut s'approcher de l'Orient sans s'éloigner de Paris.

Je pourrais encore vous dire que la plus belle chose que l'on puisse voir est les galères, le jour de Noël, qu'elles ont toutes leurs tentes, leurs pavillons et leurs banderoles de cent couleurs différentes ; mais cela serait mieux de la main d'un peintre fameux que de la mienne. Au reste, Mademoiselle, il n'est pas jusques aux paroles qui ne perdent ici quelque chose de leur grâce et de leur agrément. Le nom d'esclave, qui est quelquefois si galamment placé dans des vers d'amour et dans les romans, ne remplit ici l'imagination que de grosses chaînes de fer, de bonnets rouges, de camisoles bleues, de têtes pelées, de mines de Turc et d'autres semblables choses, puisque l'on ne s'en sert jamais que pour parler de trois ou quatre mille forçats que l'on voit toujours sur le port.

Je vous en dirais davantage, mais comme vous saurez que nous avons changé de maison afin d'être plus près de Mme de Mirabeau, toutes les dames de la rue, pour recommencer leurs civilités à l'usage du pays, entrent présentement dans ma chambre pour me dire que je suis la bienvenue.

Mademoiselle de Scudéry
Correspondance

29 Décembre

Les femmes

Dans la maison du vigneron les femmes cousent
Lenchen remplis le poêle et mets l'eau du café
Dessus – Le chat s'étire après s'être chauffé

– Gertrude et son voisin Martin enfin s'épousent

Le rossignol aveugle essaya de chanter
Mais l'effraie ululant il trembla dans sa cage
Ce cyprès là-bas a l'air du pape en voyage

Sous la neige – le facteur vient de s'arrêter

Pour causer avec le nouveau maître d'école
– Cet hiver est très froid le vin sera très bon
– Le sacristain sourd et boiteux est moribond
– La fille du vieux bourgmestre brode une étole

Pour la fête du curé La forêt là-bas
Grâce au vent chantait à voix grave de grand orgue
Le songe Herr Traum survint avec sa sœur Frau Sorge

Kaethi tu n'as pas bien raccommodé ces bas

– Apporte le café le beurre et les tartines
La marmelade le saindoux un pot de lait
– Encore un peu de café Lenchen s'il te plaît
– On dirait que le vent dit des phrases latines

– Encore un peu de café Lenchen s'il te plaît
– Lotte es-tu triste Ô petit cœur – Je crois qu'elle aime
– Dieu garde – Pour ma part je n'aime que moi-même

– Chut À présent grand-mère dit son chapelet

– Il me faut du sucre candi Leni je tousse
– Pierre mène son furet chasser les lapins

Le vent fait danser en rond tous les sapins

Lotte l'amour rend triste – Ilse la vie est douce

La nuit tombait Les Vignobles aux ceps tordus
Devenaient dans l'obscurité des ossuaires
En neige et repliés gisaient là des suaires

Et des chiens aboyaient aux passants morfondus

Il est mort écoutez La cloche de l'église
Sonnait tout doucement la mort du sacristain
Lise il faut attiser le poêle qui s'éteint

Les femmes se signaient dans la nuit indécise.

Guillaume Apollinaire
Alcools

Souliers de velours

Marchons dans la neige blanche
Dans un espace sans bruit ;
Aux pas paisibles et lents,
À une allure tranquille,
Sous des voiles de blanches dentelles.

J'irai chaussée de soie,
Et toi de laine
Blanche comme le lait d'une vache blanche,
Plus belle
Que la poitrine d'une mouette.

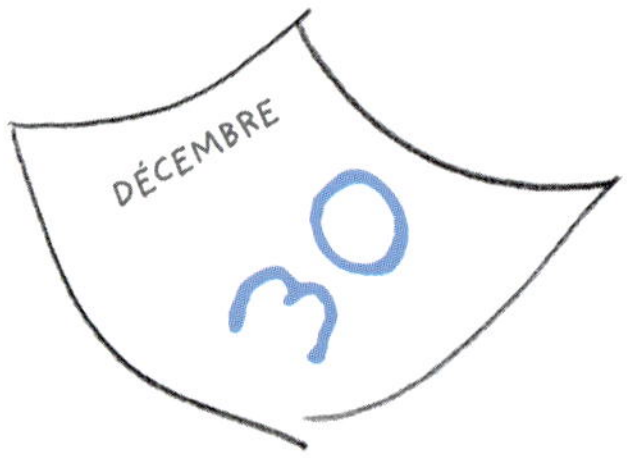

Nous marcherons à travers la ville silencieuse
Dans une paix sans vent ;
Nous marcherons sur du duvet blanc,
Sur une toison d'argent,

Sur quelque chose de plus doux que ceci.
Nous marcherons en souliers de velours :
Partout où nous irons
Le silence tombera comme des rosées
Sur le blanc silence.
Nous marcherons dans la neige.

Elinor Wylie

31 Décembre

Fin d'année

Sous des cieux faits de filasse et de suie,
D'où choit morne et longue la pluie,
Voici pourrir,
Au vent tenace et monotone,
Les ors d'automne ;
Voici les ors et les pourpres mourir.

Ô vous qui frémissiez, doucement volontaires,
Là-haut, contre le ciel, tout au long du chemin,
Tristes feuilles comme des mains,
Vous gisez, noires, sur la terre.

L'heure s'épuise à composer les jours ;
L'autan, comme un rôdeur, par les plaines circule ;
La vie ample et sacrée, avec des regrets sourds,
Sous un vague tombeau d'ombre et de crépuscule,
Jusques au fond du sol se tasse et se recule.

Dites, l'entendez-vous venir au son des glas,
Venir du fond des infinis là-bas,
La vieille et morne destinée ?
Celle qui jette immensément au tas
Des siècles vieux, des siècles las,
Comme un sac de bois mort, l'année.

Émile Verhaeren
Toute la Flandre

INDEX

Carnaval, in Emaux et camées, **22 février**
Premier sourire du printemps, in Emaux et camées, **1 mars**
Chant du grillon, in Poésies diverses, **16 mars**
Regardez les branches comme elles sont belles, **28 mars**
L'âpre hiver se dissipe. Traduction de l'Ode à Sextius d'Horace, **4 avril**
Paysage, in Premières poésies, **9 octobre**
Pensées d'automne, in Premières poésies, **10 novembre**
Noël, **26 décembre**

Paul Géraldy (1885-1983)
Le couvert au jardin..., in Vous et moi, © Stock, **29 juin**
Promenade trop longue, in Vous et moi, © Stock, **16 juillet**
Le jardin chaud, in Vous et moi, © Stock, **4 août**

Rosemonde Gérard (1871-1933)
Calendrier, in Les Pipeaux, **1 janvier**
Pourquoi dire : il fait beau temps, in Les Pipeaux, **21 avril**

Guido Gezelle (1830-1899)
Une branche de cerises, in Poésies flamandes, **20 juin**

André Gide (1869-1951)
La brise vagabonde, in Les Nouvelles Nourritures, © Gallimard, **18 février**
Printemps plein d'indolence, in Les Nouvelles Nourritures, © Gallimard, **15 mars**
Le ramier qui exulte, in Les Nouvelles Nourritures, © Gallimard, **20 juillet**

Fernand Gregh (1873-1960)
Matins d'avril, in La Maison de l'enfance, **10 avril**
Beaux jours d'octobre, in La Maison de l'enfance, **10 octobre**

Charles Guérin (1873-1907)
Juin flamboie, in Le Semeur de cendres, **5 juin**
L'odeur de vanille de la poussière humide des routes, in Le Cœur solitaire, **19 juin**

Luce Guilbaud (Née en 1941)
Année nouvelle, poème inédit cité par Jacques Charpentreau in Le Livre des fêtes et des anniversaires, © Editions Ouvrières, **7 janvier**

Emile Henriot (1889-1961)
Les Hirondelles, in Le Livre de mon père, © Plon, **24 septembre**

José Maria de Heredia (1842-1905)
Epiphanie, in Les Trophées, **8 janvier**
La sieste, in Les Trophées, **25 août**

François Hertel (1905-1985)
Soir automnal, in Strophes et catastrophes, 1943, **29 novembre**

Victor Hugo (1802-1885)
L'âpre hiver fondait en avalanche, in Les Châtiments, **10 janvier**
Mes deux filles, in Les Contemplations, **11 avril**
Chanson, in Les Contemplations, **7 mai**
Spectacle rassurant, in Les Rayons et les Ombres, **16 mai**
Quand mai se dépense tout entier, **25 mai**
Puisque mai tout en fleurs..., in Les Chants du crépuscule, **29 mai**
Le château de l'Arbrelles, in Toute la lyre, **25 juin**
Jour de fête aux environs de Paris, in Chansons des rues et des bois, **1 août**
Le geste auguste du semeur, in Chansons des rues et des bois, **4 septembre**
Chanson, in Chansons des rues et des bois, **10 septembre**
Les longs jours sont passés, in Toute la lyre, **18 septembre**
Le brouillard est froid, la bruyère est grise, in L'Art d'être grand-père, **12 novembre**
Il fait froid, in Les Contemplations, **11 décembre**

Francis Jammes (1868-1938)
J'allais dans le verger, in Deuil des primevères, © Mercure de France, **7 juillet**
Le village à midi, in De l'angélus de l'aube à l'angélus du soir, © Mercure de France, **27 août**
Et maintenant les troupeaux..., in Le Triomphe de la vie, © Mercure de France, **6 septembre**
Il va neiger..., © Mercure de France, **16 décembre**

Marquis Gustave de La Fare-Alais (1791-1846)
La fête des morts, **3 novembre**

Bernard de La Monnoye (1641-1728)
Lorsqu'en la saison il gèle..., in Poèmes de Noël, **22 décembre**

Jean de La Ville de Mirmont (1886-1914)
La gargouille, **31 octobre**

Jules Laforgue (1860-1887)
Complainte d'un autre dimanche, in Les Complaintes, **11 octobre**
Après-midi d'automne, **16 novembre**
Méditation grisâtre, in œuvres complètes, **27 novembre**

Alphonse de Lamartine (1790-1869)
Le papillon, in Nouvelles méditations poétiques, **12 février**
Ecoute le cri des vendanges, in La Vigne et la maison, **27 septembre**
Montagnes que voilait le brouillard de l'automne, in Milly ou la terre natale, **26 octobre**
L'automne, in Méditations poétiques, **22 novembre**
Les glaneuses de novembre, in La Vigne et la maison, **28 novembre**
Quand les volets battent le granit, in La Vigne et la maison, **18 décembre**

René Laporte (1905-1954)
Nefta, **18 août**

Charles Le Quintrec (Né en 1926)
Le blé, in Le Songe et le sang, © Albin Michel, **9 juillet**

Philéas Lebesgue (1869-1958)
Les pommes, in Les Servitudes, © Mercure de France, **19 septembre**

Jean Lebrau (1891-1983)
La route tournait..., in Corbières, © Gallimard, **23 novembre**

Leconte de Lisle (1818-1894)
Paysage de juin, in Poèmes antiques et modernes, **6 juin**
Les elfes, **22 juin**
Les éléphants, in Poèmes, **12 juillet**
Midi, in Poèmes antiques et modernes, **7 août**
Le soleil te parle en paroles sublimes, **16 août**
Le rêve du jaguar, **30 août**
La mort du soleil, in Poèmes barbares, **18 novembre**

Guillaume de Lorris (1200-1238)
Matin de mai, **27 mai**

Pierre Louÿs (1870-1925)
La pluie fine..., in œuvres, **29 avril**

Marguerite Magnin
Tout dort dans un monde ouaté, **11 janvier**

François de Malherbe (1555-1628)
Loin de l'hiver et de l'ombre, **9 juin**
Chanson, in Poésies, **15 juin**

Stéphane Mallarmé (1842-1898)
Renouveau, **17 mars**

Jean Mambrino (Né en 1923)
Noces, in La Ligne de feu, © José Corti, **25 février**

Marcabru (1110-1150)
Il est si beau que la rainette chante, **8 février**

Clément Marchand (Né en 1912)
Toussaint, in Les Soirs rouges, **2 novembre**

Guy de Maupassant (1850-1893)
Nuit de neige, in Des vers, **30 janvier**

Pierre Menanteau (1895-1992)
Le premier jour de l'an, in A l'école du buisson, **3 janvier**
Renouveau, in A l'école du buisson, **26 avril**
L'orme en été, **17 août**

Louis Mercier (1870-1952)
Chez nous, in Les Voix de la terre et du temps, **12 septembre**

Le repas préparé, in Aux flancs du vase, **23 août**
Automne, in Au jardin de l'infante, **21 octobre**
Douceur d'octobre, in Au jardin de l'infante, **30 octobre**

Joseph-Paul Schneider (1940-1998)
Automne précoce, **4 octobre**

Mademoiselle de Scudéry (1607-1701)
Noël à Marseille, in Correspondance, **28 décembre**

Georges Séféris (1900-1971)
Voir fleurir les amandiers, in Mythologie, © Mercure de France, **6 février**
L'essence jaune de l'été, in Cahiers d'études, © Mercure de France, **6 juillet**
Le lézard sur la pierre blanche, in Solciste d'été, © Mercure de France, **24 août**

Sabine Sicaud (1913-1928)
Chemins du Nord, in Les Poèmes de Sabine Sicaud, © Stock, 1964, **21 janvier**
La chanson du soleil, in Les Poèmes de Sabine Sicaud, © Stock, 1964, **21 mai**

Joséphin Soulary (1815-1891)
La veillée des rêves, in Poèmes et poésies, **19 janvier**

André Spire (1868-1966)
Dimanche de Pâques, © Gallimard, **23 mars**
Matin, © Gallimard, **11 septembre**

André Theuriet (1833-1907)
Juin tout flambant, in Le Chemin des bois, **1 juin**
A l'été, in Poésies rustiques, **10 août**
La ferme, in Le Chemin des bois, **6 décembre**

Paul-Jean Toulet (1867-1920)
Sous la cendre d'hiver, in Rimes et contrerimes, **4 février**
Pâle matin de février, in Rimes et contrerimes, **26 février**
Oliviers poudreux et mistral brûlant aux yeux, **15 août**
Un jour mol et soyeux, in Les Contrerimes, **13 septembre**

Paul Valéry (1871-1945)
La fileuse, in Poésies, © Gallimard, **14 mai**
Le cimetière marin, in Charmes, © Gallimard, **26 août**

Charles Van Lerberghe (1861-1907)
Quand vient le soir, in La Chanson d'Eve, **8 mai**
Ma sœur la Pluie, in La Chanson d'Eve, **27 juin**

Bernard de Ventadour (XIIe siècle)
L'hiver m'est fleur, **17 janvier**

Emile Verhaeren (1855-1916)
Le comte de la mi-carême, in Toute la Flandre, **21 février**
C'est un beau soir de mars, in Toute la Flandre, **8 mars**
A Pâques, in Les Blés mouvants, **24 mars**
Sur la glycine en fleur, in Toute la Flandre, **27 mars**
Les vergers de mai, in Toute la Flandre, **9 mai**
La bonne saison, in Toute la Flandre, **5 juillet**
Les greniers, in Les Flamandes, **9 septembre**
Sur la bruyère longue infiniment, in Les Villages illusoires, **30 novembre**
Les pas, in Toute la Flandre, **9 décembre**
Fin d'année, in Toute la Flandre, **31 décembre**
La plaine, in Les Villes tentaculaires, **20 septembre**
Un village, in Toute la Flandre, **1er octobre**
Un toit, là-bas, in Toute la Flandre, **8 novembre**

Paul Verlaine (1844-1896)
Pantomime, in Fêtes galantes, **31 janvier**
Le petit berger, **14 février**
L'espoir luit comme un brin de paille..., **13 juin**
Donc, ce sera par un clair jour d'été, in La Bonne Chanson, **3 juillet**
L'or des moissons mûres, in Sagesse, **22 juillet**
Chanson d'automne, in Poèmes saturniens, **1er septembre**
Il pleure dans mon cœur, in Romances sans paroles, **22 septembre**
La lune est rouge..., in Poèmes saturniens, **25 octobre**
Effet de nuit, in Poèmes saturniens, **25 novembre**
Neige incertaine, in Romances sans paroles, **3 décembre**

Boris Vian (1920-1959)
Poisson d'avril, © Héritiers Vian, Fayard-Pauvert, **2 avril**
Y a du soleil dans la rue, in Je voudrais pas crever, © Héritiers Vian, Fayard-Pauvert, **10 juillet**

Théophile de Viau (1590-1626)
Quand la bise souffle la neige sur les eaux, **2 février**
Contre l'hiver, **4 mars**
Tous nos arbres sont dépouillés, **5 mars**

Alfred de Vigny (1797-1863)
Quand la neige est épaisse, in Poèmes antiques et modernes, **5 janvier**
J'aime le son du cor, in Poèmes antiques et modernes, **5 novembre**
Contes des temps de neige, **20 décembre**

Louise de Vilmorin (1902-1969)
Hiver, bel hiver, **13 décembre**

Jean-Pierre Voidies
Mardi-Gras, in Par la plume du ballon bleu. Le Pavillon, **20 février**
14 juillet, in Par la plume du ballon bleu, Le Pavillon, **14 juillet**
Feu d'artifice, in Par la plume du ballon bleu, Le Pavillon, **15 juillet**

Liliane Wouters (Née en 1930)
Le jardin clos, in Fragments 2, © Liliane Wouters, **15 avril**

Elinor Wylie (1885-1928)
Souliers de velours, **30 décembre**

crédit photographique des illustrations couleur dans l'ordre d'apparition dans le livre : agence fotolia

framar ; angelo.gi ; Sergey Galushko ; Eric Gevaert ; aldan ; Zurawska ; Martine Affre Eisenlohr ; Mag ; imagine ; Sergey Galushko ; Dominique Vernier ; gilles deniaud ; jean-louis bouzou ; D.R. ; Eric Martinez ; Martine Affre Eisenlohr ; pgm ; Aquilegia ; Eric Gevaert ; Mag ; jean-louis bouzou ; martine wagner ; Irina Fischer ; Eric Gevaert ; Ingrid Holzki ; Eric Martinez ; FocalPoint ; Sergey Galushko ; chrisroll ; Alain Peranovich ; Pavel Losevsky ; tritrid ; VisualField ; MD ; Stephane Riess ; fioko ; amuel grondin ; ManicBlu ; Alexey Bannykh ; Tsombos Alexis ; •l3r€€z€l• ; Emmanuel Bergère ; Fedor Sidorov ; Ismael Montero ; alle ; Jerome Salort ; Albo ; Anette Linnea Rasmussen ; Kerioak ; Monika Adamczyk ; Nadezda Pyastolova ; Konstantin Kalishko ; AztecaMan ; Ferenc Szelepcsenyi ; Cecilia Lim ; Gaël Photographie ; Sean Wallace-Jones ; shapiso ; veroji ; Matt Baker ; Damien Goubeau ; Miroslava Arnaudov ; aceshot ; Monika Adamczyk ; Gérard.Kremmer ; martine wagner ; Cheryl Ann Quigley ; Alx ; Isis Ixworth ; Henryk Dybka ; Jon Le-Bon ; Charlotte Erpenbeck ; Olga Gabay ; Big Daddy ; Charlotte Erpenbeck ; Melisback ; Cecilia Lim ; Palindra ; Joanna Kilen-Redesiuk ; D.R. ; Ramona Heim ; MM ; Vetea Toomaru ; llandrea ; quayside ; Martin Abegglen ; Diane Webb ; tsach ; witkra ; Gaël Caté ; serge simo ; jerome aupeix ; Stephen Coburn ; Miroslava Arnaudova ; moonrun ; jean-louis bouzou ; Mark Bond ; Alexey Kotelnikov ; Alex Staroseltsev ; Guillaume Morel ; Gennadij Kurilin ; Martin Will ; charles taylor ; travis manley ; claudio calcagno ; Eric Martinez ; Mario Schneider ; Andreas Gerlach ; Marc Dietrich ; Jerome Salort ; sasha ; eblue ; Elena Elisseeva ; samuel grondin ; Patricia Liana Marinescu ; Yves Bonnet ; Monika Adamczyk ; Jean-Paul Bounine ; moonrun ; Hogo ; Pavlo Perets ; Pavlo Perets ; Olivier Martin ; Goran Bogicevic ; Gennadij Kurilin ; kernel ; Gérard.Kremmer ; Terebenthine ; Sally Wallis ; Elena Elisseeva ; Elena Elisseeva ; Gautier Willaume ; samuel grondin ; Helen Shorey ; Nguyen Thai ; Olga Langerova ; mark yuill ; framar ; klikk ; Sergey Tokarev ; Stéphane Hette ; Stjepan Banovic ; R.Bauer objectifs.de ; Kerioak ; FotoWorx ; Guillermo lobo ; framar ; Alexey Klementiev ; Steve Mann ; Gennadij Kurilin ; Melisback ; Jean-Paul Bounine ; Edyta Pawlowska ; Alx ; Annie Desaulniers ; Andrzej Tokarski ; Dubravko Grakalic ; benoitphoto ; Peterfactors ; Caroline Clarke ; Herbie ; Maceo ; Ismael Montero ; vlad ; Tomboy ; Alex Bramwell ; Ramon Grosso ; claudio calcagno ; Ismael Montero ; Luc Patureau ; Ismael Montero ; Ramon Grosso ; Tein ; john leaver ; Sébastien MIN ; Cecilia Lim ; Natalya Semenchuk ; john leaver ; Gennadij Kurilin ; Eric Isselée ; Alison Bowden ; Francois E. du Plessis ; benoitphoto ; samuel grondin ; Cecilia Lim ; Stephen Coburn ; Baloncici ; claudio calcagno ; Michael Shake ; Jo Ann Snover ; Edyta Pawlowska ; Sean Gladwell ; abbysarts ; Cecilia Lim ; martine wagner ; Clivia ; Miroslava Arnaudova ; Marc_Heiligenstein ; Alain Debaiffe ; Rade Lukovic ; alainmantin ; claudio calcagno ; Leon Forado ; reynald lassire ; Baloncici ; philippe simier ; samuel grondin ; Fedor Sidorov ; cphoto ; Joachim Angeltun ; Cecilia Lim ; Garret Bautista ; Pasq ; Cecilia Lim ; Maksym Gorpenyuk ; Leif Obornik ; Cecilia Lim ; lordsbaine ; Nathalie Pecqueur ; Roger Asbury ; Marc Dubus ; claudio calcagno ; Cecilia Lim ; Roman Popov ; Andy Sears; Penelope Berger ; octo ; Elena Elisseeva ; Vadim Andrushchenko ; Patrick Hermans ; Cecilia Lim ; Solodovnikova Elena ; Jafaris Mustafa ; AlienCat ; Goran Bogicevic ; Baloncici ; Mirek Hejnicki ; Justina Sevostjanova ; toufikbobo ; Ismael Montero ; Robert P. Mobley Jr. ; Julien Grondin ; Jean-Francois Perigois ; Alx ; Alx ; Fernando Cerecedo ; Alexey Maleev ; Tan Wei Ming ; Olga Lyubkina ; Sylvie Thenard ; Baloncici ; Petr Gnuskin ; Sally Wallis ; Maria Brzostowska ; Petr Gnuskin ; Marion Wear ; Beth Van Trees ; Max ; Guy Sagi ; veroji ; Petr Gnuskin ; Petr Gnuskin ; jacques-philipp ; Siberia ; Scott Maxwell ; samuel grondin ; Elena Elisseeva ; Pascal Thevenet ; Roland Letscher ; samuel grondin ; AlienCat ; Jon Peters ; Snowshill ; Sylvie Thenard ; Jozsef Szasz-Fabian ; Monique Pouzet ; Geza Farkas ; Eric Isselée ; imagine ; Marc Dietrich ; Sascha Burkard ; Olga Langerova ; Kerioak ; imagine ; claudio calcagno ; Thomas Valle ; Veschagina Tatyana ; Geneviève Marx ; Robyn MacKenzie ; jean-louis bouzou ; Joanna Kilen-Redesiuk ; philippe sejalon ; Volodymyr Vasylkiv ; philippe simier ; Sylwia Nowik ; chickenstock ; Ilgiz Khabibullin ; Scott Maxwell ; James Steidl ; Elena Elisseeva ; Sylvie Thenard ; TSOMBOS Alexis ; Scott Maxwell ; jean-louis bouzou ; Scott Maxwell ; LDiza ; quayside ; kristian sekulic ; James Cox ; quayside ; Adrian Hillman ; southmind ; Baloncici ; jean-louis bouzou ; Michael Marschall ; Kirill Zdorov ; Colette Picca ; marilyn barbone ; Firefly ; Michael Kempf ; elledeegee ; Emilia Stasiak ; Eric Martinez ; Tiana Rakotozanany ; llandrea ; Sherri Camp ; marilyn barbone ; Ray Kasprzak ; thierry planche ; Albo ; jérôme caffin ; Frédéric Laurent ; YvesBonnet ; Julianna Tilton ; Margo Harrison ; Amjad Shihab ; emile13 ; Baloncici ; Monika Adamczyk ; Stéphane Hette ; kernel ; kernel ; cmapuk_0nline ; caraman ; Marco Regalia ; Jo Ann Snover ; Carl Subick ; Clint ; Jo Ann Snover ; Roger Asbury ; Maksim Sokolov ; Mauro Rodrigues ; Marco Regalia ; Eddie Wheel ; AlienCat ; Clint ; aldan ; danimages ; Juburg ; Norman Chan ; Marco Regalia ; llandrea ; philippe Le Carer ; corinne matusiak ; Alx ; AZ ; steven pike.